Informatik aktuell

Herausgeber: W. Brauer
im Auftrag der Gesellschaft für Informatik (GI)

Peter Holleczek (Hrsg.)

PEARL 93

Workshop über Realzeitsysteme

Fachtagung der GI-Fachgruppe 4.4.2
Echtzeitprogrammierung, PEARL
Boppard, 2./3. Dezember 1993

Springer-Verlag
Berlin Heidelberg New York
London Paris Tokyo
Hong Kong Barcelona
Budapest

Herausgeber

Peter Holleczek
Universität Erlangen-Nürnberg
Regionales Rechenzentrum
Martensstraße 1, D-91058 Erlangen

Programmkomitee

Ch. Andres	München
W. Gerth	Hannover
W. A. Halang	Hagen
K. Mangold	Konstanz
H. Rzehak	Neubiberg
U. Schneider	Mittweida
G. Thiele	Bremen
H. Weber	Esslingen
H. Windauer	Lüneburg

CR Subject Classification (1993): C.3

ISBN-13:978-3-540-57473-6   e-ISBN-13:978-3-642-78658-7
DOI: 10.1007/978-3-642-78658-7

Satz: Reproduktionsfertige Vorlage vom Autor/Herausgeber

33/3140-543210 – Gedruckt auf säurefreiem Papier

Vorwort

Die GI-Fachgruppe 4.4.2 Echtzeitprogrammierung, obwohl gerade 'im zweiten Jahr', zeigt eine erfreuliche Resonanz: Die Mitgliederzahl überstieg bereits Anfang '93 die Zahl 100. Zurückblicken kann die Fachgruppe auch auf eine erfolgreiche Jahrestagung 1992 mit lebhaftem Besuch und engagierten, teils sogar kontroversen Vorträgen und Diskussionen. Es war daher wohl keine Frage, daß die Fachgruppe auch 1993 in vergleichbarem Gewande eine Jahrestagung abhalten würde.

Als Leitthema gab sich die Fachgruppe für dieses Jahr die 'Programmentwicklung für verteilte Echtzeit-Systeme', wohl wissend, daß mittlerweile mit dem Umsichgreifen von Rechnernetzen in Produktions- wie Büroumgebung verteilte Systeme nahezu die Regel sind. Dem Gewinn an Leistung bzw. Funktionalität durch verteilte Systeme steht leider auch das Problem der Komplexität und Handhabbarkeit entgegen. Hohe Anforderungen an die Qualität der Programmentwicklung sind quasi ein Gebot. Dem Leitthema sind demzufolge eine Reihe von Vorträgen gewidmet, die für eine Aufarbeitung in konzeptioneller wie technologischer Sicht dienen sollen. Auch der Frage der Wahrung der Echtzeitfähigkeit wird von verschiedener Seite Raum gegeben. Berichte aus der Praxis namhafter deutscher Firmen untermauern die Bedeutung verteilter Echtzeitsysteme in der Ausrüstung von Automatisierungsanlagen.

Zu einem der Höhepunkte der Veranstaltung könnte sich gleichwohl ein Bericht über einen nicht unwesentlichen Teilaspekt der deutschen Weltraum-Mission D-2 entwickeln: Die Methoden zur Erfassung, Visualisierung und Abspeicherung der Experimentdaten in Echtzeit und die Bedeutung, die sie im Laufe der Mission erlangt haben. Nicht außer Acht gelassen werden sollen jedoch die Entwicklungen im Umfeld, ohne die auch die etwas spektakuläreren Anwendungen keine Basis hätten.

Bemerkenswert war ein deutlicher Anstieg der Qualität der eingereichten Beiträge auf breiter Front, die dem Redaktionskollegium ein Zurückweisen aufgrund des begrenzten Veranstaltungsrahmens schwer machte. Publiziert werden die Beiträge zu dieser Veranstaltung wieder in der Springer-Reihe Informatik aktuell, die es erlaubt, dem sorgsam erarbeiteten Inhalt auch ein ansprechendes Erscheinungsbild zu verleihen.

Die Veranstaltung wäre sicher nicht möglich gewesen ohne eine großzügige Unterstützung der Firmen Siemens, Digital, ATM und Werum.

Ich darf der Veranstaltung - auch im Namen des Redaktionskollegiums und der Fachgruppe - viel Erfolg wünschen, verbunden mit der Hoffnung, die Veranstaltung möge sich von der im Lande andauernden Rezession weiterhin so unbeeindruckt zeigen wie bisher.

P. Holleczek   Erlangen, September 1993

Inhaltsverzeichnis

<u>Sprachen und Betriebssysteme</u>

Entwicklung verteilter Realzeitprogramme
Eine Übersicht

Albert Fleischmann
Digital Equipment GmbH
München

1. Einleitung

Betrachtet man den Begriff Realzeit im engeren Sinn unterliegen alle Programme Zeitrestriktionen und sind damit Realzeitprogramme. Ein Schachprogramm das viele Stunden oder sogar Tage braucht um einen Zug zu berechnen wird nur von wenigen Benutzern akzeptiert werden, obwohl die errechneten Schachzüge von höchster Qualität sein können. Bei dieser Art von Programmen sind die Auswirkungen von nicht eingehaltenen´ Zeitbedingungen lediglich ungehaltene Benutzer (weiche Zeitbedingungen), was jedem auch beim Kauf einer Zugfahrkarte oder eines Flugtickets hinlänglich bekannt sein dürfte. Dagegen können nicht eingehaltene Zeitbedingungen bei Avionikprogrammen katastrophale Auswirkungen haben (harte Zeitbedingungen).

Programme mit harten als auch weichen Zeitbedingungen sind heute fast immer auch verteilte Programme, da durch die Verteilung die Rechnerleistung zum Einhalten der Zeitbedingungen gezielter ereicht werden kann. Die Rechnerleistung kann dort eingebracht werden wo sie am besten zum Erreichen der Zeitrestriktionen beiträgt.

Beispiele für verteilte Programme mit Realzeitanforderungen sind Kommunikationssoftware, Programme zur Kontrolle von Fertigungsanlagen aber auch kommerzielle Anwendungen für die automatische Abwicklungen von Geschäftsvorfällen wie z.B. EDI Anwendungen (EDI = Electronic Data Interchange).

2. Verteilte Systeme und Verteilte Programme

Verteilte Systeme:
Dem Autor ist keine allgemein akzeptierte Definition für den Begriff ´verteiltes System´ bekannt. Deshalb soll durch die Beschreibung einiger wesentlicher Charakteristiken eines verteilten Systems dem Leser ein Gefühl vermittelt werden was damit gemeint ist (siehe auch /SLKR87/,/NEHM85//BSTA88/).

Verteilte Systeme bestehen aus einer Menge von Rechnern die durch ein Kommunikationsnetz verbunden sind. Programme die auf den einzelnen

Rechnerknoten eines solchen verteilten System ausgeführt werden, können über das Kommunikationsnetzwerk Informationen austauschen.
Außerdem können Rechnerknoten eines verteilten Systems aus mehreren Prozessoren bestehen die über gemeinsamen Speicher gekoppelt sind.

Parallele Programme:
Parallele Programme sind charakterisiert durch eine Menge von Anweisungsfolgen wobei jede dieser Anweisungsfolgen durch einen oder mehereren voneinander unabhängigen selbständigen Kontrollflüssen ausgeführt wird /ANSC83/. Die Anweisungsfolge die durch einen selbständigen Kontrollfluß ausgeführt wird, wird häufig ebenfalls als Prozeß bezeichnet.
Programme die irgendwelchen Zeitbedingungen unterliegen sind fast immer auch Programme die als ein System von parallelen Prozessen realisiert werden. Die Zeitanforderungen aus Benutzersicht werden auf Zeitanforderungen für die Ausführung einzelner Prozesse heruntergebrochen.
Prozesse werden benutzt um Aufgaben zu zuordnen. So sind z.B. bestimmte Prozesse, unter Berücksichtigung von Zeitrestriktionen, für die Behandlung von bestimmten zusammengehörigen externen Ereignissen zuständig. Prozesse die für bestimmte Aufgaben zuständig sind arbeiten mit anderen Prozessen zusammen, um das gemeinsame Ziel zu erreichen. Dazu tauschen Prozesse Informationen aus und synchronisieren ihre Aktivitäten. Werden die einzelnen Prozesse eines Programms auf verschiedenen Rechnern eines verteilten Systems ausgeführt wird es verteiltes Programm genannt.
Betrachtet man Programme die auf verteilten Systemen ausgeführt werden kann zwischen Network Computing und Cooperative Computing unterschieden werden /SHATZ89/,/CODO88/.

Network Computing:
Network Computing ist charakterisiert durch eine Menge von Prozessen die mehr oder weniger unabhängig voneinander auf verschiedenen Rechnerknoten eines verteilten Systems ausgeführt werden. Ein Prozeß führt dabei aus Sicht des Benutzer ein Anwendungsprogramm unabhängig von anderen Anwendungsprogrammen aus. Das verteilte System dient im wesentlichen dazu, daß Prozesse Resourcen gemeinsam nutzen. Beispiele für gemeinsam benutzte Resourcen sind Drucker oder gemeinsame Daten. Ein spezieller Drucker steht nur an einem bestimmten Knoten des verteilten Systems zur Verfügung. Zu druckende Dateien werden zu diesen Knoten gesendet, wo sie dann ausgedruckt werden. Dieser Knoten wird dann zusammen mit der entsprechenden Systemsoftware aus Sicht der Benutzer (den Clients) als Druckserver bezeichnet. Weitere Beispiele für Server sind Mailserver, Datenbankserver, CAD-Server etc.. Clients fordern von den Servern also entsprechende Dienste an wobei die Clientprogramme voneinander unabhängig sind. Das folgende Bild zeigt das Prinzip dieser sogenannten Client/Server Systeme.

Bei Client/Server Systemen repräsentiert ein Client den Benutzer eines verteilten Systems. Server repräsentieren die einzelnen vom System bereitgestellten allgemein benötigten Dienste, vergleichbar den Funktionen eines Betriebssystems. Das folgende Bild zeigt ein Beispiel für ein Network Computing System.

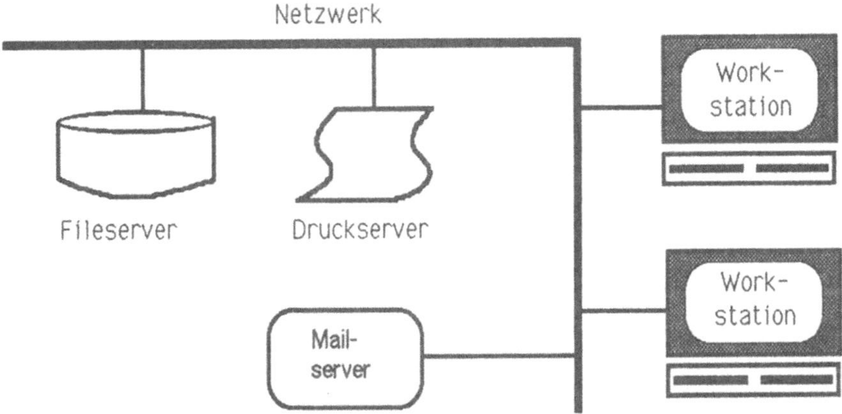

Aus Benutzersicht kann ein Client/Server System nahezu nicht von einem zentralen System unterschieden werden. Der Benutzer oder sogar der Pragrammierer eines Client/Server Systems sieht nahezu nicht wenn das Anwendungsprogramm (Client) Funktionen benutzt, die auf einem anderen Rechnerknoten (Server) ausgeführt werden. Ein wesentlicher Vorteile eines Client/Server ist, daß es leicht durch weitere Server erweitert werden kann und es in der vertrauten Form eines Zentralsystems benutzt werden kann.
Ein Client aktiviert die Funktionen von Servern meistens durch sogenannte Remote Procedure Calls (RPC oder Fernaufrufe). Ein RPC ist wie ein Prozeduraufruf für verteilte Systeme. Nach der Ausführung des Fernaufrufs wird das aufrufende Programm am Clientknoten angehalten, der Kontrollfluß wandert zum Server, wo die entsprechende Servicefunktion ausgeführt wird, nach dessen Beendigung wandert der Kontrollfluß wieder zum Client zurück wo das angehaltene Clientprogramm fortgesetzt wird.

Das folgende Bild zeigt die Struktur eines Client Server Systems basierend auf Remote Procedure Calls.

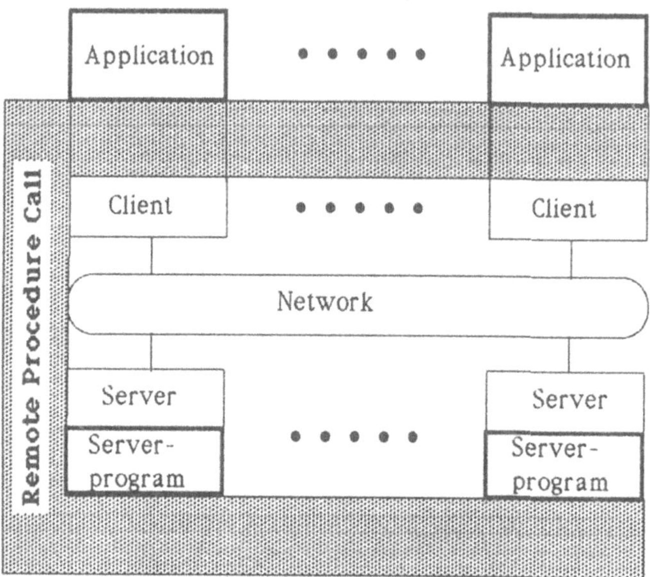

Cooperative Computing

Bei cooperative Computing wird eine Menge von Prozessen auf verschiedenen Knoten eines verteilten Systems ausgeführt. Allerdings sind dies gleichberechtigte Prozesse die zusammenarbeiten um ein gemeinsames Ziel zu erreichen. Bei kooperativen Zielen wird die Parallelität bzw. Verteilung eines Programms nicht hinter Programmkonstrukten wie z.B. RPCs verborgen.
Die Zusammenarbeit von Prozessen wird realisiert durch den Austausch von Informationen und die Synchronisation ihrer Aktivitäten.
Das folgende Bild zeigt die Struktur von Cooperative Computing Systemen.

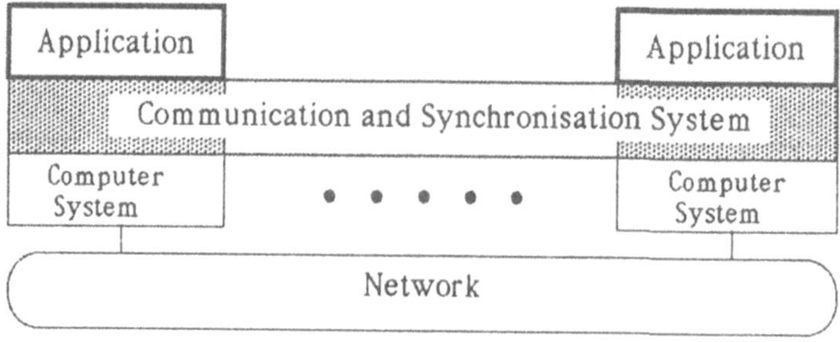

Beispiele für cooperative Systems sind die Automatisierung von technischen Prozessen oder Kommunikationssysteme.

3. Allgemeine Konzepte zur Programmentwicklung

Die Entwicklung verteilter Realzeitprogramme basiert auf den selben Grundsätzen wie sie für die Entwicklung von sequentiellen Standard-programmen verwendet werden. Ein integriertes Software Engineering Environment unterstützt verschiedene Life Cycles, Methoden mit den zugehörigen Werkzeugen und Projektmanagementaspekte. Das folgende Bild zeigt die Struktur eines integrierten Software Engineering Environment /CHAR86/.

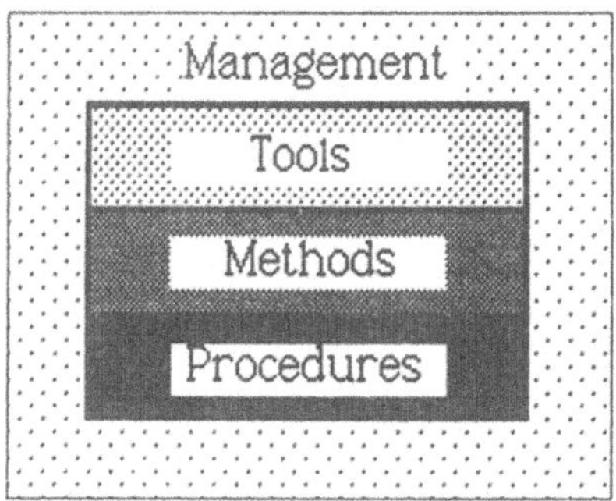

Life Cycles:
Die Basisaktivitäten zur Erstellung eines Programms sind Anforderungs-spezifikation, Entwurf, Implementierung und Test. Diese Aktivitäten oder Teile dieser Aktivitäten können in verschiedenen Reihenfolgen ausgeführt werden. Im klassischen Life Cycle werden diese Programmieraktivitäten in der strikten Reihenfolge Anforderungsdefinition, Entwurf, Implementierung und Test ausgeführt.
Beim Wasserfallmodell wird diese Reihenfolge etwas aufgeweicht. Nach einer bestimmten Phase kann nochmals auf die Vorgängerphase zurückgegangen werden.
Bei der evolutionären Entwicklung werden die einzelnen Entwicklungs-aktivitäten stark vermischt. Einer kurzen Anforderungsspezifikationsphase folgt eine kurze Entwurfsphase usw.. Diese kurzen klassischen Entwicklungs-zyklen werden beliebig oft wiederholt. In /AGRES86b/ werden verschiedene Arten von Life Cycles beschrieben.

Methoden:
Methoden sind die technischen 'how to's' um die Ergebnisse der einzelnen Entwicklungsaktivitäten zu bekommen und zu dokumentieren. Für die einzelnen Programmentwicklungsaktivitäten können verschiedene Methoden

angewendet werden. Sind diese Methoden aufeinander abgestimmt um z.B. die Ergebnisse der Anforderungsspezifikation auch nahtlos in den Entwurf einfließen lassen zu können spricht man häufig von einer Methodologie. Methoden basieren auf unterschiedlichen Konzepten und Sprachen die auf diesen Konzepten beruhen. Das folgende Bild zeigt die Struktur von Methoden.

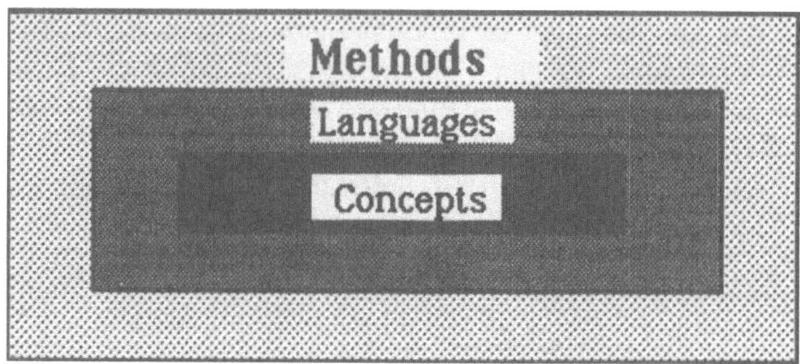

Programmiermethoden beruhen auf folgenden fünf Basiskonzepten:

- Funktionsorientiert

    Ein Problem wird in Form von Funktionsblöcken beschrieben. Prozeduren sind ein Beispiel für eine einfache funktionsorientierte Programmier-methode.

    Datenstrukturen und Funktionen die diese Datenstrukturen verwenden werden oft zu Einheiten zusammengefaßt und als Datentypen bezeichnet. Ein Programm wird dann aufgebaut aus einer Menge von solchen meist hierarchisch geordneten Datentypen.

    Funktionsorientierte Programmeiransätze sind für die Erstellung von Realzeitprogrammen nur bedingt geeignet da sie häufig kein Prozeßkonzept enthalten. Das folgende Bild zeigt ein einfaches Bild für eine informelle funktionsorientierte Programmstruktur.

Function A			
Function F	Function E	Function B	
		Function C	Function D

Weitere Beispiele für funktionsorientierte Programmiermethoden sind in /PRESS87/ beschrieben.

- Datenstrukturorientiert

Ausgangspunkt für die Programmentwicklung ist dabei die Struktur der Ein- und Ausgabedaten. Aus diesen Datenstrukturen wird die Programmstruktur abgeleitet. Ein bekanntes Beispiel für diese Vorgehensweise ist von Michael Jackson /CAM86/,/JACK75/ (meines Wissens nicht verwandt und nicht verschwägert mit dem Schlagerstar gleichen Namens).

Diese Art der Programmerstellung ist für die Entwicklung kommerzielle Programme geeignet und nicht für Realzeitprogramme gedacht. Das folgende Bild zeigt das Prinzip des datenstrukturorientierten Ansatzes.

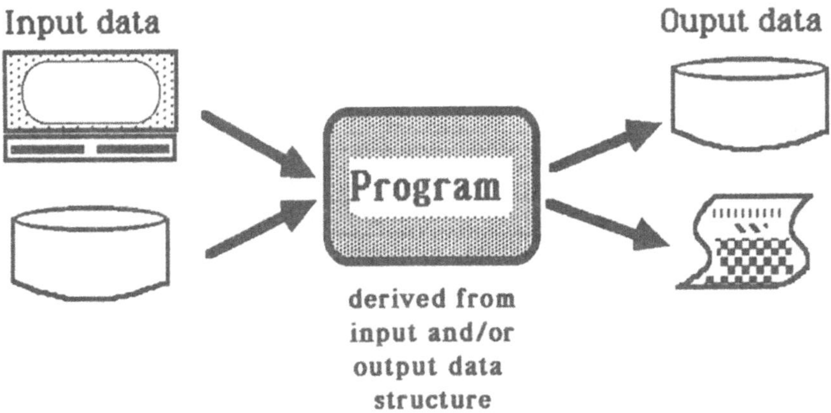

Weitere datenstrukturorientierte Methoden sind in /PRESS87/ beschrieben.

- Datenflußorientiert

Bei diesem Konzept wird der Fluß der Daten zwischen Datentransformationsblöcken betrachtet. Eine auf diesem Konzept beruhende Methode ist unter dem Namen 'Structured Analysis' bekannt. Das Beispiel im folgende Bild zeigt wie Daten zwischen den externen Komponenten (Rechtecke), den Transformationen (Kreise) und den Datenspeichern (Doppelstriche) fließen.

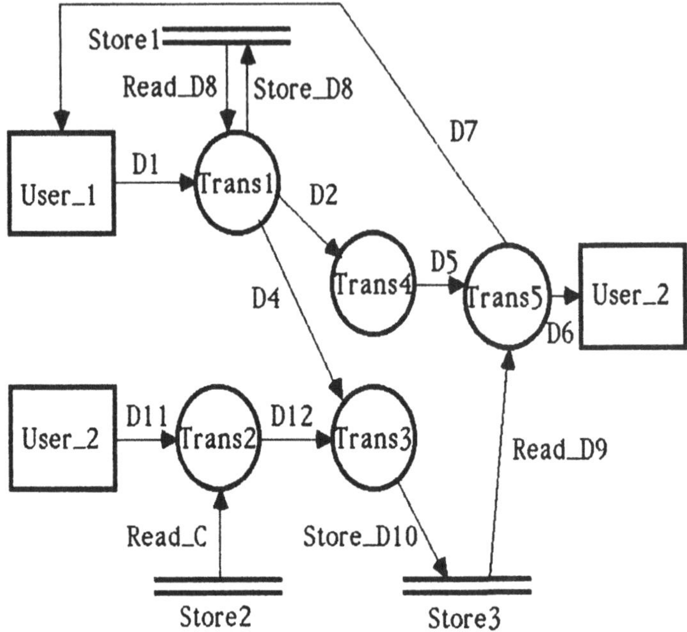

Datenflußorientierte Methoden werden in /DEMAR79/,/GASA79/ beschrieben.

Reine datenflußorientierte Methoden sind zur Entwicklung von Realzeitprogrammen nicht geeignet. Allerdings können sie durch kontrollflußorientierte Prgrammierkonzepte ergänzt werden damit sie für die Realzeitprogrammierung verwendet werden können /WAME85/.

- Kontrollflußorientiert

Bei kontrollflußorientierten Methoden wird das dynamische Verhalten von Softwaresystemen beschrieben. Ein Beispiel für eine kontrollflußorientierte Methode sind Zustandsdiagramme und Petri Netze. Kontrollflußorientierte Methoden sind sehr bedeutend für Realzeitptogramme da sie fast immer das Prozesskonzept unterstützen. Das folgende Bild zeigt den Kontrollfluß bei der Benutzung eines Telefons.

States / Input	IDLE	DIAL_TONE	RINGING	CONNECTION_ESTABLISHED	BUSY
OFF_HOOK	DIAL_TONE				
	DIAL_TONE				
ON_HOOK	QUIET	QUIET	QUIET	QUIET	QUIET
	IDLE	IDLE	IDLE	IDLE	IDLE
DIAL_IDLE_NUMBER		RING_BACK_TONE			
		RINGING			
CALLED_PARTY_OFF_HOOK			CONNECTED		
			CONNECTION_ESTABLISHED		
CALLED_PARTY_ON_HOOK				QUIET	
				IDLE	
DIAL_BUSY_NUMBER		BUSY_TONE			
		BUSY			

- Objektorientiert

Dieses in den letzten Jahren sehr aktuell gewordene Konzept ist eine Weiterentwicklung der abstrakten Datentypen. Objekte bestehen aus einer Datenstruktur und den zugehörigen Operationen auch Methoden genannt, um auf die Datenstruktur zu zugreifen. Die Operationen eines Objekts werden durch 'Messages' angestoßen /PETE87/ .

Das folgende Bild zeigt die Struktur eines Objekts.

Object

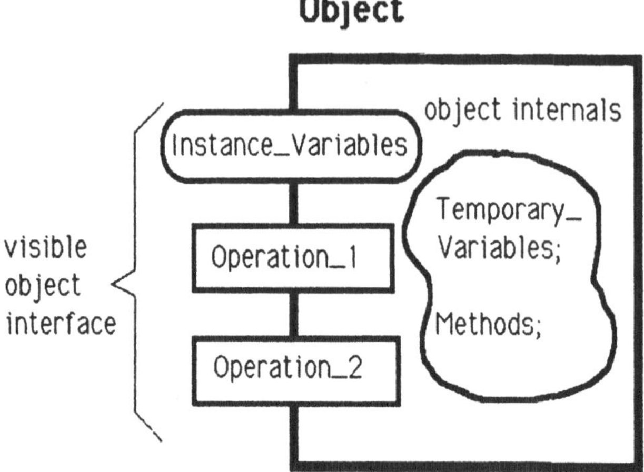

Das Konzept der abstrakten Datentypen wurde durch das Klassenkonzept, die Vererbung und die Polymorphie erweitert. Objekte gehören einer Objektklasse an. Objektklassen können von anderen übergeordneten Objektklassen abgeleitet werden (Vererbung).
Es wurden und werden zahlreiche Versuche unternommen um den objektorientierten Ansatz für parallele und verteilte Programme zu verwenden. Allerdings bereitet insbesondere die Vererbung hier einige Schwierigkeiten (siehe Kapitel 5).

Entwicklungsmethoden die in der Praxis verwendet werden enthalten meist mehrere der oben beschriebenen Basiskonzepte. Methoden zur Entwicklung von Realzeitprogrammen stellen meist ein kontrollflußorientiertes Konzept in den Mittelpunkt und fügen daten- oder objektorientierte Methoden hinzu.

Tools helfen die mit einzelnen Methoden verbundenen Aktivitäten zu automatisieren.

Software developement management hat die Aufgabe die einzelnen Aspekte der Programmentwicklung zusammenzuhalten um das vorgegebene Ziel zu erreichen.

4. Konzepte zur Entwicklung Paralleler Programme

Methoden zur Entwicklung von parallelen Programmen gehen meist von einem kontrollflußorientierten Konzept aus. Das kontrollflußorientierte Basiskonzept wird ergänzt durch funktionsorientierte oder objektorientierte Elemente. Dabei spielt das Prozesskonzept eine besondere Rolle.
Konzepte für die Entwicklung verteilter paralleler Programme können nach folgenden Kriterien klassifiziert werden:

- Dekomposition eines Programms in Prozesse
- Kommunikation zwischen Prozessen
- Synchronisation von Prozessen
- Beschreibung des Verhaltens von Prozessen einschließlich von Zeitanforderungen

4.1 Dekomposition in Prozesse

Cooperative Programme werden als eine Menge von Prozessen strukturiert. Die Anzahl dieseer Prozese kann statisch oder dynamisch sein. Ist die Prozesstruktur statisch ist die möglich Anzahl der Prozesse zur Übersetzungszeit bekannt. Dies schließt jedoch nicht aus, daß zur Speicherplatzoptimierung die Anzahl der Prozesse zur Laufzeit verändert wird.
Bei einer dynamischen Prozesstruktur ist die Anzahl und Identifikation von Prozessen zur Übersetzungszeit nicht bekannt. Während der Laufzeit kann auf einem Stück Code eine beliebige Anzahl von Prozessen gestartet werden.
Um für große Programme zusätzlich Strukturierungsmöglichkeiten zu haben werden häufig Prozesse zu Gruppen, Blocks, Module etc. zusammengefaßt.
Das folgende Bild zeigt wie in SDL /SDL/, einer Sprache zur Spezifikation von Kommunikationssystemen, Systembeschreibungen struktuiriert werden.

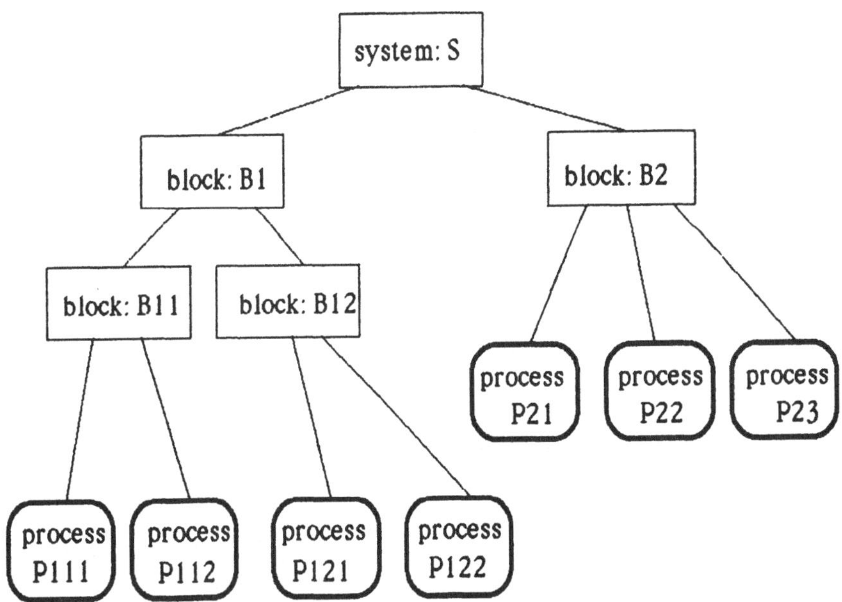

In PEARL /PEARL81/ wird ein Programm in Module zerlegt wobei ein Modul ein oder mehrere Prozesse (Tasks) und ein oder mehrere Prozeduren enthalten kann.

4.2 Kommunikation

Parallele Prozesse die zu einem Programm gehören tauschen Informationen aus um ihre Zusammenarbeit zu koordinieren. Prozesse können Informationen direkt oder indirekt austauschen.

4.2.1 Indirekter Informationsaustausch

Indirekter Informationsaustausch bedeutet, daß Prozesse Informationen über gemeinsame Daten austauschen. Operationen auf diesen Daten können von verschiedenen Prozessen ausgeführt werden. Diese gemeinsamen Daten können sehr einfach sein wie z.B. eine Binärvariable die von einem Prozeß beschrieben und von einem anderen gelesen wird. Gemeinsame Daten können auch sogenannte Datenobjekte sein. Dies sind Datenstrukturen mit einer Menge von Operationen mit denen auf die Datenstruktur zugegeriffen werden kann. Die Operationen eines solchen Objekts können von mehreren Prozessen aufgerufen werden. Das folgende Bild zeigt den Informationsaustausch über ein gemeinsames Objekt.

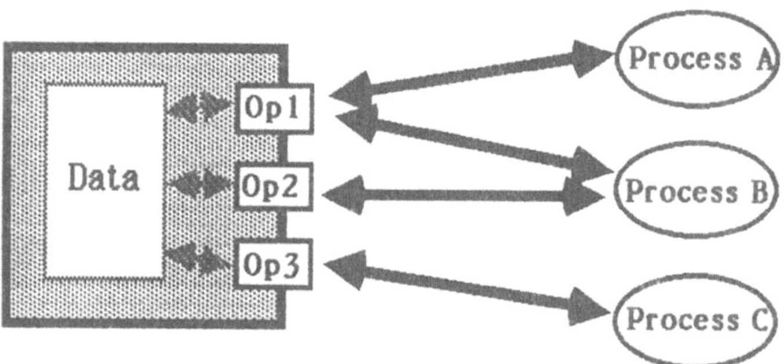

Die Operationen eines gemeinsamen Objekts werden üblicherweise als Prozeduren realisiert. Gemeinsame Daten lassen sich sehr einfach durch gemeinsamen Speicher realisieren. Die Prozesse die über gemeinsame Daten kommunizieren habe direkten Zugang zu den entsprechenden gemeinsamen Speicher der die gemeinsamen Daten enthält.
Standard PEARL hat die Möglichkeit sogenannte globale Variable zu definieren. Auf diese globalen Variablen können prinzipiell alle Prozesse (Tasks) schreibend oder lesend zugreifen.
Wird ein paralleles Program auf einem verteilten System ausgeführt, ohne gemeinsamen Speicher zwischen Prozessen auf verschiedenen Knoten, muß der Zugriff auf gemeinsame Daten anders realisiert werden. Der Zugriff auf gemeinsame Daten in verteilten Systemen wird durch sogenannte Remote Procedure Calls (Fernaufrufe) nachgebildet.

Remote Procedure Calls:

Wie schon mehrfach erwähnt wird der Fernaufruf überwiegend bei
Client/Server Systeme (Network Computing) verwendet. Fernaufrufe sind
ähnlich den normalen Prozeduraufrufen. Da das aufrufende Programm sich
nicht im selben Adressbereich wie das gerufene Programm befindet ist eine
Parameterübergabe per Adresse nicht möglich. Parameter können nur per
Wert übergeben werden. Das folgende Bild zeigt das Realisierungsprinzip für
Remote Procedure Calls.

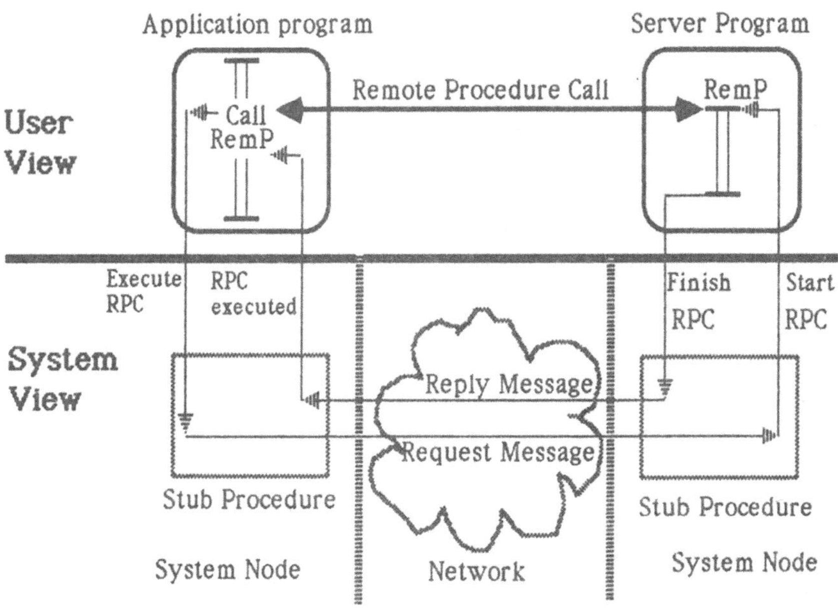

4.2.2 Direkter Informationsaustausch

Beim direkten Informationsaustausch verwenden die kommunizierenden
Prozesse keine gemeinsamen Daten. Prozesse kommunizieren durch
expliziten Nachrichtenaustausch. Um die verschiedenen Aspekte des
Nachrichtenaustauschs zu beschreiben wird ein Modell verwendet das im
folgenden Bild gezeigt wird /NEHM85/.

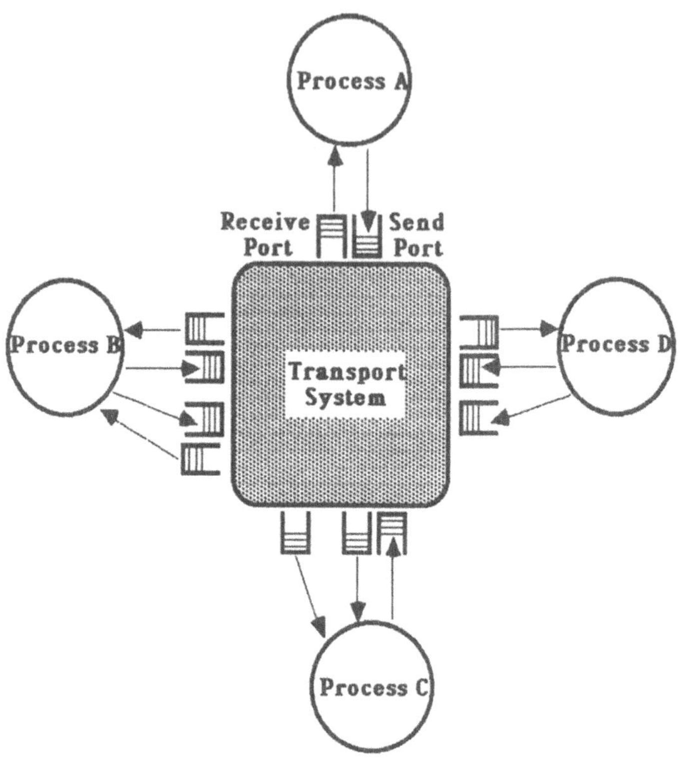

Ports sind die Zugriffpunkte zum Transportsystem. Es wird zwischen Empfangs- und Sendeports unterschieden. Nachrichten werden über Sendeports an das Transportsystem gegeben bzw. werden vom Transportsystem über Empfangsports erhalten. Im Allgemeinen können Prozesse mit mehreren Sende- und Empfangsports verbunden sein. Die verschiedenen Arten des Nachrichtenaustauschs wie sie in konkreten Methoden verwendet werden sind Variationen dieses Grundmodells. Folgende Aspekte des Grundmodells können variiert werden /SLKR87/ :
- Richtung des Nachrichtenaustauschs
- Adressierung von Nachrichten
- Art der Transaktion

Richtung des Nachrichtenaustauschs:
Durch Nachrichtenmechanismen können Informationen unidirektional oder bidirektional ausgetauscht werden:

- Unidirektional:
  Die Information kann nur in eine Richtung gesendet werden. Bei einer Interaktion werden Daten von einem Sender zu einem oder mehereren Empfängern transferiert.

- Bidirektional:
  Bei dieser Art des Nachrichtenaustauschs können bei einer Interaktion Informationen in beide Richtungen transferiert werden. Informationen gehen vom Sender zum Empfänger und der gibt in der gleichen Transaktion Informationen an den Sender zurück.

Adressierung der Nachrichten:

Es gibt verschiedene Möglichkeiten die an einer Nachrichteninteraktion beteiligten Prozesse zu identifizieren. Diese Identifikation kann indirekt oder direkt erfolgen.

Bei einer indirekten Identifikation wird der Portname bei der direkten Identifikation der Prozeßname verwendet. Die verschiedenen Arten der Adressierung zeigt das folgende Bild.

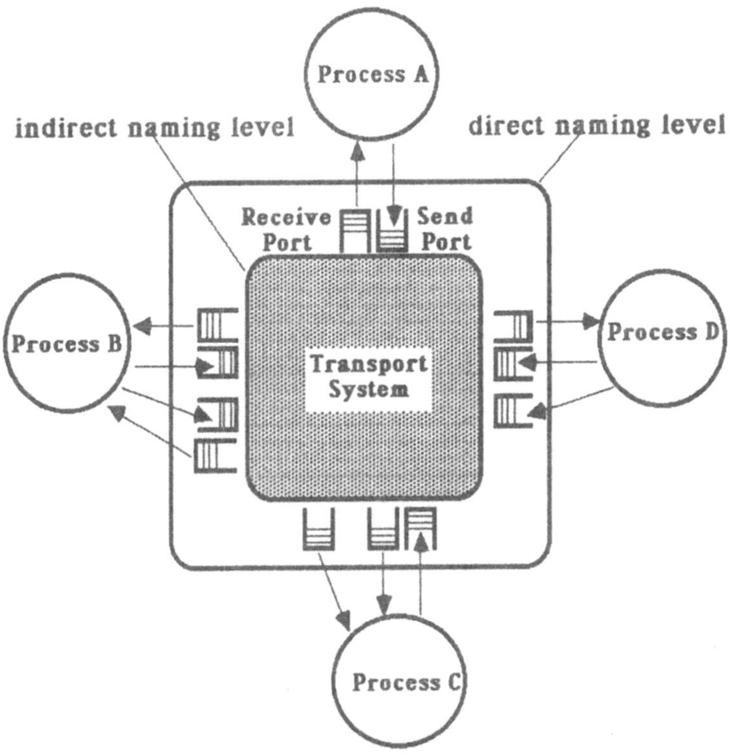

Eine Nachricht wird an den lokalen Sendeport übergeben und wird zum entsprechenden lokalen Empfangsport transferiert, wo sie vom entsprechenden Prozeß entnommen wird. Die Beziehung zwischen Sende- und Empfangsports wird seperat definiert. Dies kann zur Übersetzungs- oder zur Laufzeit erfolgen. Wird die Verbindung schon während der Übersetzungszeit

festgelegt spricht man von statischen, andernfalls von dynamischen Verbindungen.

Dynamische und statische Verbindungsdefinitionen können symmetrisch und
unsymmetrisch sein. Symmetrisch bedeutet das der Sender den Empfänger
und der Empfänger den Sender festlegen muß. Bei einer unsymmetrischen
Verbindungsdefinition können drei Varianten unterschieden werden:
- Ein Sender definiert den Empfänger aber der Empfänger definiert nicht den
  Sender.
- Ein Sender definiert nicht den Empfänger aber der Empfänger definiert den
  Sender.
- Weder der Sender definiert den Empfänger noch der Empfänger definiert
  den Sender.

Besteht die Möglichkeit der dynamischen Verbindungsdefinition können
durch die Verwendung von Adressvariablen Verbindungen zur Laufzeit
berechnet werden. Der Inhalt einer Adressvariablen definiert den Sender
bzw. den Empfänger.

Transaktions/Interaktionsmuster:
Die Transaktionsmuster beschreiben wieviele Prozesse an einer Interaktion
beteiligt sind. Bei bidirektionalen Interaktionen können nur ein Sender und
ein Empfänger beteiligt sein. Dagegen können bei unidirektionalen Interaktionen mehrere Prozesse beteiligt sein. Prinzipiell sind folgende Muster
möglich:

1-1 :   An einer Interaktion ist ein Sender und ein Empfänger beteiligt

1-n :   An einer Interaktion sind mehrere Empfänger beteiligt. Dieses
            Transaktionsmuster wird auch als multi destination
            Kommunikation oder Broadcasting bezeichnet.

n-1 :   An einer Interaktion sind mehrere Sender und nur ein Empfänger
            beteiligt. Dieses Transaktionsmuster kann bei fehlertoleranten
            Systemen verwendet werden um Daten zur gleichen Zeit von
            verschieden Quellen einzusammeln.

n-m :   An einer Transaktion sind mehrere Sender und Empfänger beteiligt.
            Diese Art des Nachrichtenaustauschs ist sehr schwer zu
            implementieren.

4.2.2 Beziehung zwischen Kommunikationsart und Systemarchitektur

Parallele Programme können prinzipiell auf einem zentralen oder verteilten System ausgeführt werden. Gemäß /BSTA88/ können somit folgende Arten der logischen bzw. physikalischenVerteilung unterschieden werden:

1. Ein logisch verteiltes Programm wird auf einem verteilten System ausgeführt.
   Ein typisches Beispiel dafür sind Prozesse die auf verschiedenen Workstations ausgeführt werden und die über Nachrichten miteinander kommunizieren. Andere Beispiele dafür sind Progarmme zur Automatisierung von technischen Prozessen und Kommunikations- programme.

2. Logisch verteilte Programme die auf einem nicht verteilten System ausgeführt werden.
   Als 'Kommunikationssystem' wird hier der gemeinsame Speicher benutzt. Ein Beispiel dafür sind Programme in Standard PEARL.

3. Logisch nicht verteilte Programme werden auf einem verteilten System ausgeführt.
   Hier wird versucht die physikalische Verteilung durch entsprechende Programmierkonstrukte wie z.B. Fernaufrufe möglichst zu verbergen.

4. Logisch nicht verteilte Programme laufen auf einem physikalisch nicht verteilten System
   Hier werden zur Kommunikation zwischen Prozessen nur gemeinsamer Speicher verwendet.

Ein Program kann eine Mischung zwischen Typ 1 und Typ 4 sein. Mehrere Systeme mit gemeinsamen Speicher sind über ein Netzwerk verbunden. Prozesse auf einem System mit gemeinsamen Speicher benutzen diesen zur Kommunikation. Prozesse auf Knoten die nur über ein Netzwerk verbunden sind kommunizieren über Nachrichten. Das folgende Bild zeigt ein Beispiel eines solchen gemischten Systems.

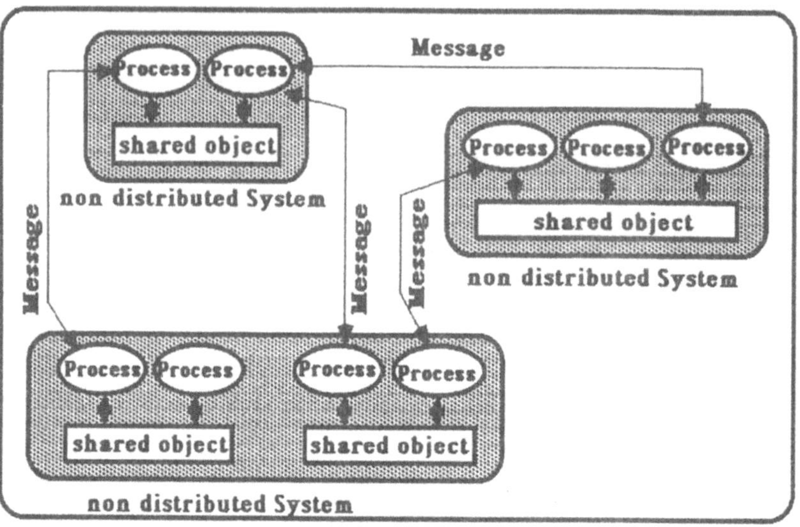

4.3 Synchronisation

4.3.1 Synchronisation bei indirekter Kommunikation

Die Kommunikation zwischen Prozessen erfordert, daß die einzelnen Aktionen zum Austausch von Informationen aufeinander abgestimmt werden. Werden gemeinsame Objekte zum Austausch von Informationen verwendet, kann nicht gleichzeitig von zwei Prozessen das gemeinsame Objekt gelesen und verändert werden. Um die Aktionen von parallelen Prozessen zu synchronisieren wurden zahlreiche Mechanismen vorgeschlagen die im wesentlichen den im folgenden beschriebenen Klassen zugeordnet werden können /ANSC83/.

Einschränkungen der Parallelität:
Prozesse die gemeinsame Daten benutzen dürfen nie gleichzeitig laufen. Dies bedeutet wenn ein Prozess ausgeführt wird, der mit ein oder mehreren anderen Prozessen über gemeinsame Objekte verfügt, müssen diese Prozesse für diese Zeit blockiert oder beendet sein.
In PEARL kann der Grad an Parallelität durch die Operationen SUSPEND, TERMINATE, CONTINUE, ACTIVATE etc. kontrolliert werden.

Prozess Orientierte Synchronisation:
Bei prozeßorientierten Synchronisationsmechanismen sind die einzelnen Synchronisationsoperationen um den Zugriff auf gemeinsame Daten zu kontrollieren in den jeweiligen Prozessen enthalten. Das folgende Bild zeigt das Prinzip der prozeßorientierten Synchronisationsmechanismen.

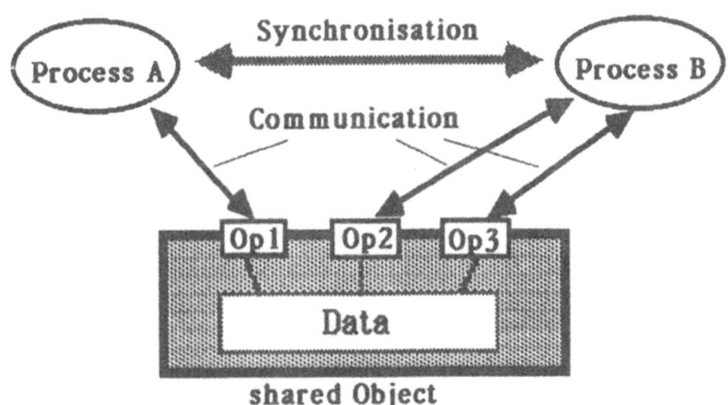

Semaphore sind das bekannteste Beispiel für einen prozessorientierten Synchronisationsmechanismus. Ein Semaphor ist eine positive Integer-variable auf der die Operationen P und V definiert sind. Dies sind die einzigen Operationen mit denen auf eine Semaphorvariable zugegeriffen werden kann.

Führt ein Prozess A auf der Semaphorvariablen s die Operation P(s) aus, so wird der Wert der Semaphorvariablen um eins erniedrigt fall s > 0 ist. Im Fall s=0 wird der Prozess A in seiner Ausführung blockiert. Die Operation V erhöht den Wert einer Semaphorvariablen um eins. Falls durch eine ausgeführte V Operation eine blockierte P Operation beendet werden kann wird der entsprechende Prozeß wieder deblockiert.

Das folgende Bild zeigt ein Beispiel für die Verwendung von Semaphoren. Prozeß A führt auf einem gemeinsamen Objekt die Operation Op1 und Prozeß B die Operation Op2 aus. Um die Konsistenz des gemeinsamen Objekts zu wahren dürfen die Operationen Op1 und Op2 nicht gleichzeitig ausgeführt werden. Der Anfangswert des Semaphors s das zur Synchronisation des Zugriffs verwendet wird ist s=1.

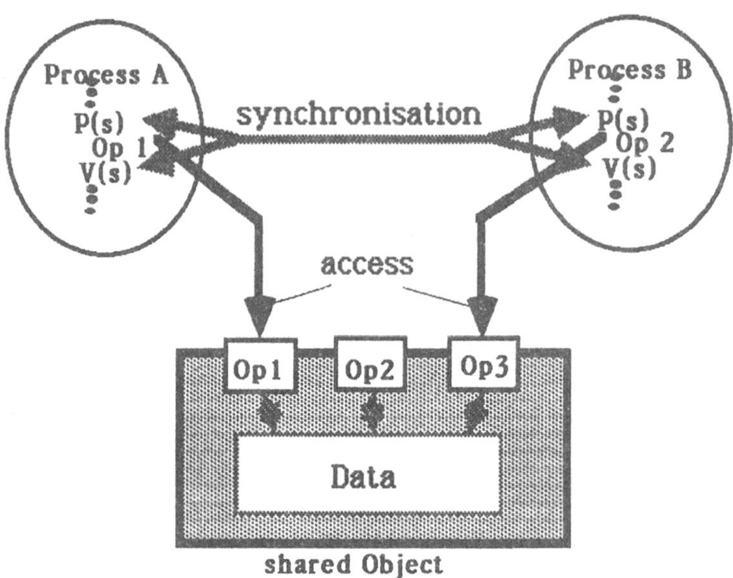

Statt mit P und V wie in der Originalliteratur werden in PEARL die entsprechenden Operationen mit REQUEST und RELEASE bezeichnet.

Resourceorientierte Synchronisationsmechanismen:

Bei resourceorientierten Synchronisationsmechanismen sind die Synchronisationsoperationen nicht in den Prozessen enthalten sondern sind Bestandteil des gemeinsamen Objekts. Das folgende Bild zeigt das Prinzip von resourcenorientierten Synchronisationsmechanismen.

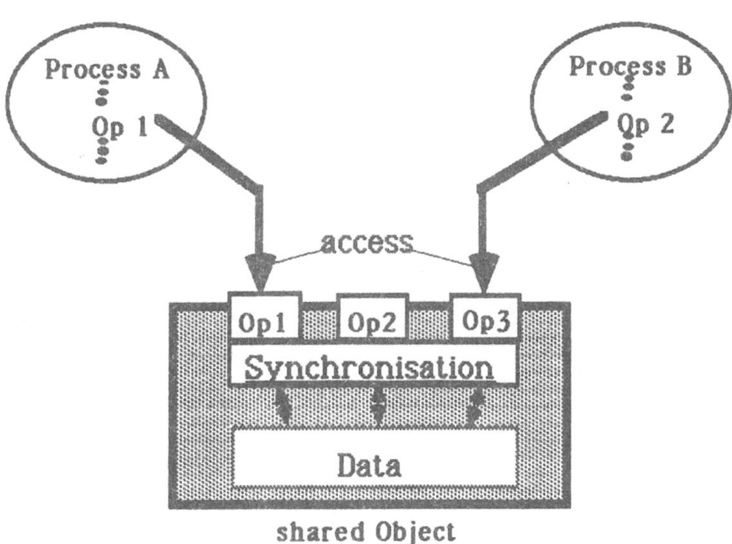

shared Object

Ein bekanntes Beispiel für einen resourcenorientierten Synchronisations-mechanismus sind Monitore /HOARE74/. Ein Monitor besteht aus einer Datenstruktur und einer Menge von Operationen. Zusätzlich existiert für einen Monitor noch eine Initialisierungsroutine die ausgeführt wird bevor eine andere Operation ausgeführt werden kann.
Die Operationen eines Monitors sind die einzige Möglichkeit auf die Datenstruktur zu zugreifen. Die Operationen eines Monitors sind ähnlich einer Prozedur. Allerdings können die Operationen eines Monitors nur unter gegenseitigen Ausschluß ausgeführt werden. Dies stellt sicher das auf die Datenstruktur eines Monitors nie gleichzeitig von mehreren Prozessen aus zugegriffen wird. Führt ein Prozeß A eine Monitoroperation aus und ein weitere Prozeß versucht ebenfalls eine Monitoroperation des gleichen Monitors auszuführen wird er solange blockiert bis der Monitor vom Prozeß A verlassen wurde.
Zusätzlich zum exklusiven Zugriff auf Monitore gibt es noch die Möglichkeit der bedingten Synchronisation. Bedingte Synchronisation wird benötigt wenn der Zustand der Monitordatenstruktur es nicht erlaubt eine Monitoroperation zu beenden. Der ausführende Prozeß wird dann blockiert und der Monitor freigegeben für andere Prozesse. Durch die Operationen der anderen Prozesse kann ein Zustand erreicht werden der es erlaubt einen blockierten Prozeß fortzusetzen. Das folgende Bild zeigt ein Beispiel für die Verwendung eines Monitors.

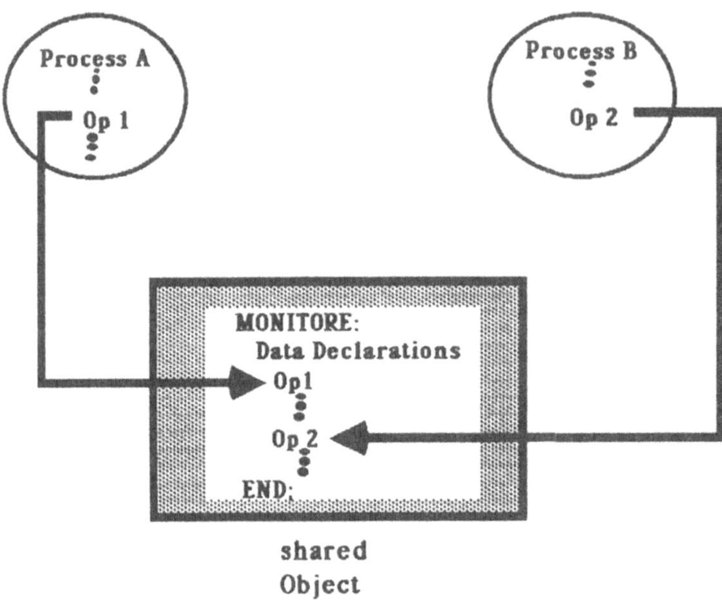

4.3.1 Synchronisation bei indirekter Kommunikation

Bei der direkten Kommunikation können drei Arten des Nachrichtenaustauschs unterschieden werden:

Asynchroner Nachrichtenaustausch

Asynchroner Nachrichtenaustausch bedeutet, daß der Sender einer Nachricht nie blockiert wird. Die Nachrichten werden in einer Schlange gespeichert. Der Empfänger prüft ob die erwartete Nachricht am Kopf der Schlange steht und entfernt sie. Beim asynchronen Nachrichtenaustausch sind Prozesse nur sehr lose aneinander gekoppelt.

Eingeschränkter asynchroner Nachrichtenaustausch

Ein Problem des asynchronen Nachrichtenaustauschs ist, daß eine unendlich lange Schlange zwischen Sender und Empfänger liegt. Dafür wäre unendlich viel Speicherplatz notwendig den es nicht gibt. Um dieses Problem zu lösen wird eine obere Grenze für die Schlange festgelegt. Ist diese Grenze erreicht wird der sendende Prozesse solange blockiert bis durch das Entfernen einer Nachricht wieder der nötige Platz geschaffen wurde um die neue Nachricht einzutragen.

Synchroner Nachrichtenaustausch

Beim asynchronen Nachrichtenaustausch warten Sender und Empfänger aufeinander. Der Sender drückt dem Empfänger die Nachricht ´in die Hand´.

Durch asynchronen Nachrichtenverkehr sind Prozesse sehr eng aneinander gekoppelt.

4.4 Verhalten von Prozessen

Jeder Prozeß verfügt über eine Menge lokaler und möglicherweise gemeinsamer Variablen. Zusammen mit dem Befehlszähler definieren die Werte dieser Variablen den Zustand eines Prozesses. Durch die Ausführung des Prozesses wird der Zustand eines Prozesses fortlaufend verändert. Die Historie eines Prozesses ist somit eine Folge von Zuständen zusammen mit den entsprechenden Übergängen. Das folgende Bild zeigt das Schema der Geschichte eines Prozesses (S=Zustände, T= Transitionen/Übergänge).

$$S_1 \xrightarrow{T_1} S_2 \xrightarrow{T_2} S_3 \xrightarrow{T_3} \bullet\bullet\bullet\bullet\ S_i \xrightarrow{T_i} S_{i+1} \xrightarrow{T_{i+1}} \bullet\bullet\bullet\bullet$$

Die Ausführung eines parallelen Programms kann modelliert werden als die überlappte Ausführung von Transitionen für die einzelnen Prozesse. Können zwei Transitionen in verschiedenen Prozessen wirklich parallel ausgeführt werden, wie bei einem verteilten System, so wird in diesem Überlappungsmodell angenommen, daß parallele Transitionen in beliebiger Reihenfolge ausgeführt werden können. Das Verhalten eines Prozesses wird durch die für ihn erlaubten Zustands/Transitionsreihenfolgen definiert, wobei durch die Synchronisationsmechanismen die gegenseitigen Abhängigkeiten der jeweiligen Zustandsfolgen festlegt wird. Das Verhalten eines Prozesses kann durch die erlaubte Sequenz von Zuständen oder durch den Anfangszustand und die erlaubten Folgen an Transitionen definiert werden. Die erlaubten Sequenzen von Zuständen oder Transitionen können dabei explizit oder implizit angegeben werden.

Explizite Verhaltensbeschreibung:
* Zustandsfolgen
  Die erlaubten Folgen von Zuständen werden explizit beschrieben d.h. nur die beschriebenen Zustandsfolgen sind erlaubt. Beispiele für diese Art der Verhaltensbeschreibung sind Zustandsdiagramme, Petrinetze und Programmiersprachen. Um den Schreibaufwand zu reduzieren werden häufig Hauptzustände eingeführt die eine Zustandsmenge repräsentieren. Hauptzustände sind Zustände die für die Interaktion mit anderen Prozessen wesentlich sind.
  Das folgende Bild zeigt wie in ESTELLE /ESTELLE/ Zustandsübergänge beschrieben werden.

from	< present major state >	
when	< interaction >	
provided	< condition >	
to	< next major state >	
begin	< statement list >	**end**

Eine Transition kann ausgeführt werden wenn ein Prozeß sich in dem in der from Klausel angegebenen Hauptzustand befindet, die in der when Klausel angegebene Interaktion mit anderen Prozessen (Nachrichtenaustausch) möglich ist und die lokalen Variablen sich in den in der in der provided Klausel definierten Zustand befinden. Beim Übergang zu dem in der to Klausel angegebenen neuen Hauptzustand werden die lokalen Variablen gemäß der in der begin/end Klausel angegebenen Befehlsfolge verändert.

* Aktionsfolgen
Die erlaubten Folgen von Transitionen werden explizit durch Verhaltensausdrücke beschrieben. Ein Beispiel für diese Beschreibungsart ist CCS (Calculus of Communicating Systems) von Milner /MILN80/. Das folgende Bild zeigt ein Beispiel für einen CCS Verhaltensausdruck bzw die entsprechende Darstellung als Baum. Die Buchstaben a,b,c,d bezeichnen z.B. Nachrichten die von anderen Prozessen empfangen werden. Im Anfangszustand wartet der beschriebene Prozeß entweder auf die Nachricht a oder c. empfängt er die Nachricht a erwartet der Prozeß danach die Nachricht b usw..

Behavior tree   **Behavior Expression**

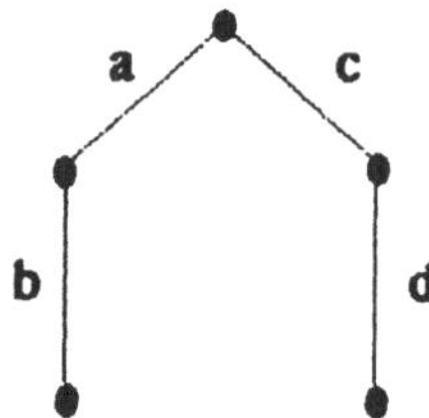

a * b * NIL + c * d * NIL

Implizite Verhaltensbeschreibung:
Die erlaubten Zustandsfolgen werden durch ein Prädikat beschrieben das eingehalten werden muß. Die Prädikate definieren die erlaubten Eigenschaften der Zustands- oder Transitionssequenzen. Bekannte Möglichkeiten das Verhalten von Prozessen implizit zu beschreiben sind Prädikate oder Ausdrücke der Temporalen Logik /LAMP83/,/MAWO84/.

Das folgende Bild zeigt ein Beispiel für eine Verhaltensbeschreibung mit einem Prädikat nach /HOARE85/. Das Prädikat beschreibt eine Eigenschaft (Fairness) des Verhaltens eines Schokoladenautomaten. Nach dem Einwurf einer Münze erhält man einen Schokoladenriegel. Es kann nicht mehrmals hintereinander eine Münze eingeworfen werden und man bekommt keinen Riegel.

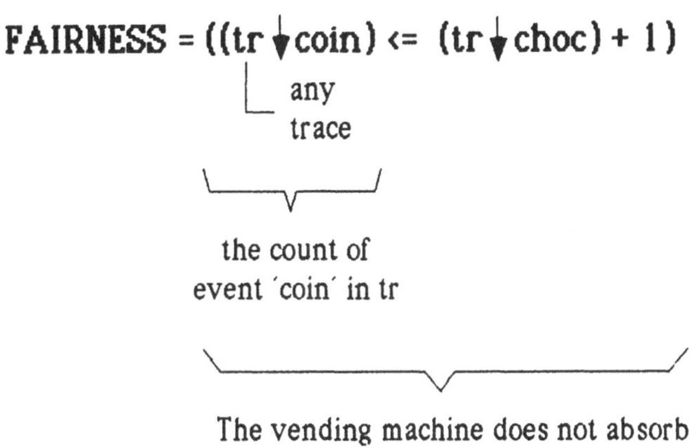

4.5 Zeitanforderungen

Da hier überwiegend Systeme betrachtet wurden mit harten Zeitanforderungen sollen auch die Möglichkeiten betrachtet werden diese Zeitanforderungen zu formulieren. In der Anforderungsspezifikation werden nur die externen Zeitbedingungen abhängig von den Ereignissen an den Systemschnittstellen beschrieben.
Wie diese Anforderungen erfüllt werden können ist abhängig vom Systemdesign und muß daher auch vom Designer gelöst werden.
Die Ereignisse an der Systemschnittstelle können nach zwei Aspekten betrachtet werden /HAPI87/:
1. Die Wiederholungsrate
   Die Wiederholungsrate legt fest innerhalb welchen Zeitintervalls ein bestimmtes Ereignis an die Systemumgebung ausgegeben wird.
2. Die Input-to-Output Antwortzeit
   Die Antwortzeit legt fest nach welcher Zeit nach dem Eintreffen eines Ereignisses die Antwort ausgegeben werden muß.

Da Art wie diese Zeitanforderungen beschrieben wird hängt sehr stark von der Art ab wie das Verhalten von Prozessen beschrieben wird. Bei einer expliziten Verhaltensbeschreibung kann an diese eine Art Zeitbemaßung angefügt werden (Übergang von Zustand 1 nach Zustand 2 benötigt x Milisekunden).

Eine Beschreibungsmöglichkeit des Zeitverhaltens bei einer impliziten Verhaltensbeschreibung ist dem Autor nicht bekannt.

5. Objekte + Prozesse = Subjektorientierte Programmierung

In den letzten Jahren wurde zahlreiche Versuche unternommen den vielversprechenden Ansatz der objektorientierten Programme für parallele und verteilte Realzeitprogramme zu nutzen /SGHM90/,/YOTO87/.
Dabei ist es bislang nicht überzeugend gelungen das Prozeßkonzept in die objektorientierte Philosophie einzubetten. Einige Autoren /WEG87/ behaupten sogar, daß objektorientierte Programmierung und Verteilung sich gegenseitig ausschließen, deshalb werden in diesem Umfeld hybride Sprachen die konventionelle Programmierung mit dem objektorientierten Ansatz verbinden.
Nach der Untersuchung des objektorientierten Ansatzes für verteilte Programme und einiger allgemeinen Betrachtungen über Subjekte soll am Ende dieses Artikels ein Versuch gewagt werden Prozesse und Objekte miteinander zu verbinden.

5.1 Verteilte objektorientierte Programme

Objektorientierte Methoden können auch zur Entwicklung verteilter Programme verwendet werden. Auf den ersten Blick bietet es sich nahezu an jedem Objekt oder einer Gruppe von Objekten einem Prozessor zu zuordnenObjekte der Klasse Prozeß können parallel ausgeführt werden. Jeder Prozeß hat dabei seinen eigenen Adreßraum auf den er direkt zugreifen kann. Ein Prozeß kann auf Resourcen außerhalb seines Adressraums nicht direkt zugreifen /WEG87/. Resourcen werden ebenfalls als Objekte modelliert und realisiert d.h. ein Prozeß greift durch ´Messages´ auf andere Objekte zu. Die Parameter von Nachrichten sind ebenfalls Objekte. Wird ein Nachrichten-parameter als Objekt betrachtet muß sehr aufwendig festgestellt werden auf welchen Knoten die entsprechende Klasse der er angehört liegt. Bei einem entsprechenden Vererbungsbaum muß dann festgestellt werden auf welchen verschiedenen Netzknoten die entsprechenden Klassen lokalisiert sind. Um auf Parameterwerte zugreifen zu können müssen die entsprechenden Klas-sendefinitionen zum entsprechenden Rechnerknoten transferiert werden. Vererbungskonzept und Verteilung lassen sich somit nur durch großen Auf-wand zusammenbringen.
Um dieses Problem zu umgehen wird zur Kommunikation zwischen Objekten der Klasse Prozeß bei verteilten Programmen ein konventioneller Nachrichtenmechanismus zur Kommunikation verwendet. /SCHILL90/.
Ein Überblick über verteilte objektorientierte Programmierung findet sich in /YOTO87/ und /SHM89/.

5.2 Subjekte und Prozesse

In der Umgangssprache bezeichnet das Wort Subjekt etwas Aktives das
etwas ausführt während mit einem Objekt etwas geschieht. Der Unterschied
und der Zusammenhang zwischen Subjekt und Objekt läßt sich im wesent-
lichen mit folgenden fünf Punkten beschreiben:
- Subjekte sind aktiv
- Objekte sind passiv
- Subjekte kommunizieren untereinander und synchronisieren ihr Verhalten
  dabei.
- Subjekte benutzen Objekte exklusiv
- Mehrere Subjekte benutzten ein bestimmtes Objekt

Das folgende Bild zeigt ein Beispiel für eine Subjekt/Objekt orientierte
Weltsicht. Die Subjekte Schmid und Schneider kommunizieren miteinander
und Schmid benutzt dann ein Objekt Fenster.

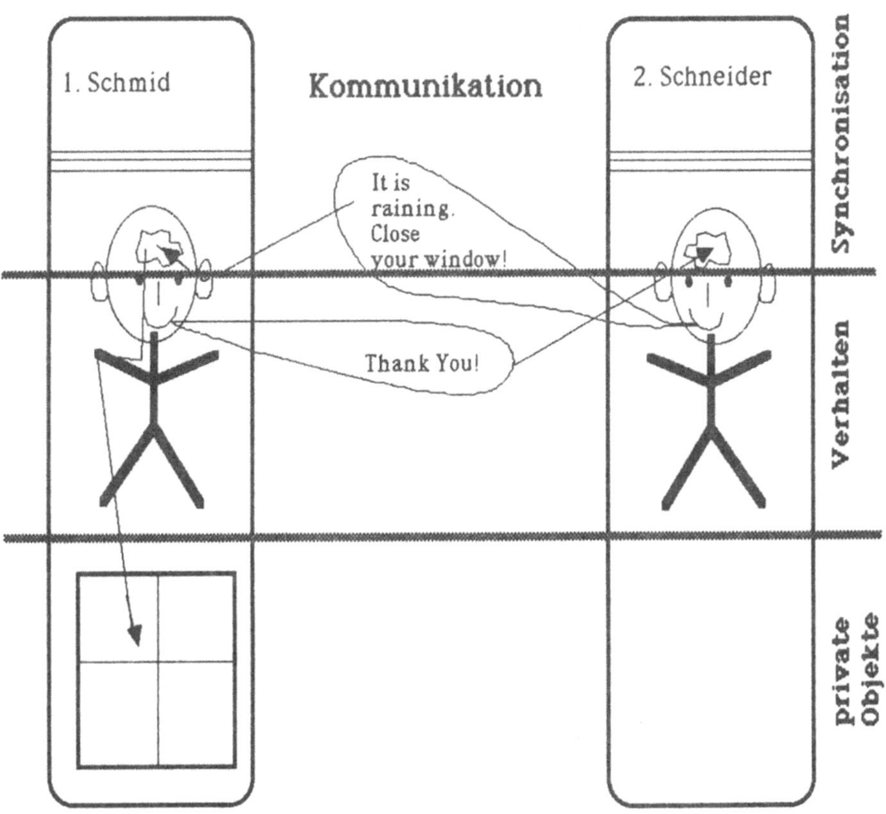

Diese allgemeinen Überlegungen zum Thema Subjekte und Objekte können auch auf die Programmierwelt übertragen werden.

Subjekte sind Prozesse die Nachrichten austauschen. Nachrichten werden von anderen Subjekten empfangen und zu anderen Subjekten gesendet. Empfangene Nachrichten lösen bei Subjekten Reaktionen aus. Eine mögliche Reaktion kann sein, daß eine bestimmte Methode eines Objekts aufgerufen wird. Die Parameter der Nachricht können dabei als Parameter für die aufgerufene Methode verwendet werden.

Umgekehrt können mit entsprechenden Methoden die Parameterwerte für eine Nachricht, die ein Prozeß senden möchte, ermittelt werden.

Mit diesem Nachrichtenaustausch ist eine Synchronisation verbunden, Diese Synchronisation kann programmiert werden abhängig vom empfangenden und sendenden Subjekt sowie der Art der Nachricht (Input Pool Konzept). Bestimmte Nachrichten werden sich nur gemerkt ohne daß vorher eine Reaktion ausgelöst wurde, d.h. die Nachricht wird lediglich zwischengespeichert. Dies entspricht dem asynchronen Nachrichtenaustausch. Andere Nachrichten werden erwartet und lösen unmittelbar eine Reaktion aus, was dem synchronen Nachrichtenaustausch entspricht. Es besteht auch die Möglichkeit daß bestimmte Nachrichten gepuffert werden, andere direkt vom Empfänger angenommen werden. Dies kann abhängen vom Absender und/oder Nachrichtennamen.

Das Verhalten eines Subjekts wird definiert durch die Reihenfolgen in denen Nachrichten gesendet oder akzeptiert werden, welche Objekte mit welchem Ergebnis benutzt werden und wie dieses Ergebnis in das weitere Verhalten eines Prozesses einfließt. Des weiteren ist es notwendig zu definieren welche Nachrichten von wem wie empfangen werden (Kommunikation und Synchronisation). Zur Beschreibung des Verhaltens eines Prozesses kann irgendeine der vorher beschriebenen Methoden zur Definition des Verhaltens eines Prozesses verwendet werden.

Objekte werden mit den Methoden aus der objektorientierten Programmierung beschrieben.

Das folgende Bild zeigt die Struktur eines solchen Subjekts bzw. Prozesses und wie es mit anderen kommuniziert. Nachrichten die ein Prozeß empfängt werden in einem Input pool gespeichert. Der Input Pool entspricht im wesentlichen einem Empfangsport. Die Verhaltensbeschreibung legt fest in welcher Reihenfolge Nachrichten aus dem eigenen Input Pool entnommen werden, zu anderen Prozessen gesendet und wann welche Objekte benutzt werden /FLEI94/.

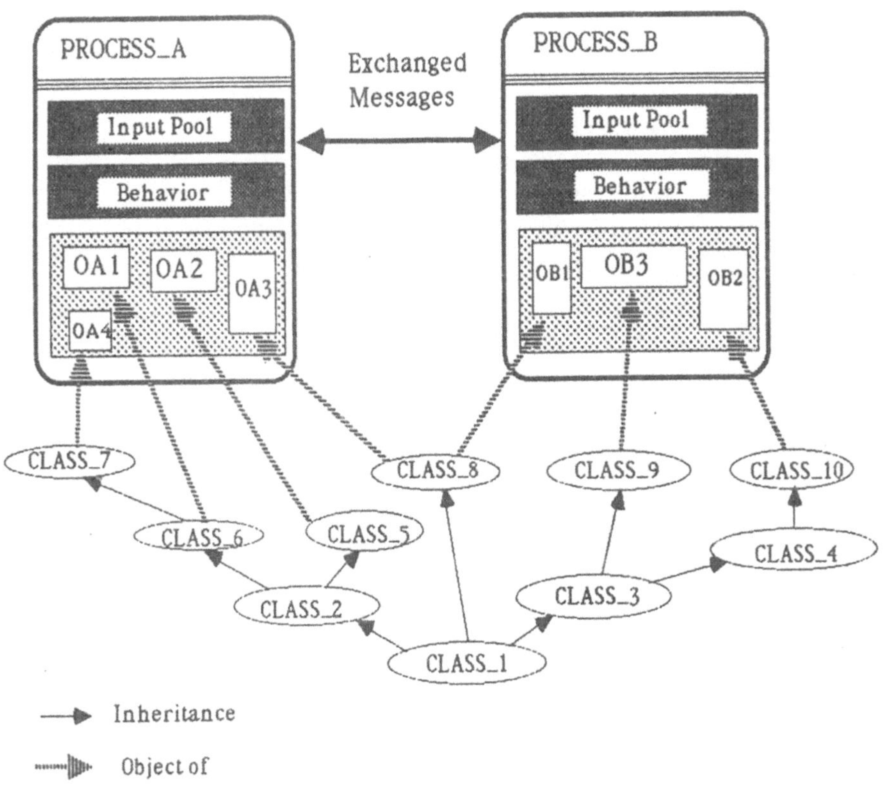

Die Verwendung gemeinsamer Objekte wird ebenfalls durch resourcen-
orientierte Synchronisationskonzepte kontrolliert.
Ausgangspunkt bei einer subjektorientierten Programmentwicklung sind die
Subjekte die bestimmte Aufgaben eines Programms wahrnehmen. Dann
werden die Objekte die sie dazu benötigen (die zugehörigen Werkzeuge)
definiert.

6. Schlußbemerkung

In den obigen Ausführungen sollte gezeigt werden wie sich einzelne
allgemeine Programmentwicklungskonzepte für zentrale als auch verteilte
Programme gliedern lassen. Dieses Gliederungsschema soll helfen die in der
Literatur beschriebenen Methoden einzuordnen und in einen Gesamt-
zusammenhang zu bringen. Mit dem Ansatz der subjektorientierten
Program-mierung soll der Versuch unternommen werden zwei
unterschiedliche Programmierkonzepte zusammen zu bringen, jedoch nicht
das eine in das andere einzuverleiben. Damit scheint es leichter möglich zu
sein verschiedene oben beschrieben Konzepte zu integrieren, ohne daß
Konzeptkonfliket ent-stehen.

Literatur:

/AGRES86/   Agresti W. W.
             What are the new Paradigms?
             in Agresti W. W. (Ed.)
             New Paradigms for Software Development
             IEEE Computer Society Press, 1986

/ANSC83/   Andrews G. R., Schneider F. B.
             Concepts and Notations for Concurrent Programming
             ACM Computing Surveys, March 1983

/BSTA88/   Bal H.E. , Steiner J. G., Tannenbaum A.S.
             Programming Languages for Distributed Systems
             ACM Computing Surveys,1988

/CAM86/   Cameron J. R.
             An Overview of JSD
             IEEE Transactions of Software Engineering,
             February 1986

/CHAR86/   Charette R. N.
             Software Engineering Environments
             McGraw Hill, New York 1986

/CODO88/   Couloris G. F. , Dollimore J.
             Distributed Systems, Concepts and Design
             Addison-Wesley, Workingham, England 1988

/DEMAR79/   DeMarco T.
             Structured Analysis and System Specification
             Prentice Hall, Englewood Cliffs, 1979

/ESTELLE/   International Standard Organization,
             Information Processing Systems - Open System
             Interconnection- ESTELLE - A Formal Description
             Technique based on an extended state transition model
             ISO Draft Proposal 9074

/FLEI94/   Fleischmann A., et. al.
             Software Engineering for Distributed Software
             Springer Verlag, erscheint 1994

/GASA79/   Gane C. , Sarson T.
             Structured Systems Analysis: Tools and Techniques
             Prentice Hall International, New York 1979

/HAPI87/   Hatley D. J. , Pirbhai I. A.
             Strategies for Real-Time System Specification
             Dorset House Publishing, New York 1987

/HOARE74/   Hoare C. A. R.
             Monitors: An Operating System Structuring Concept
             Commun.ACM 17, 10 (October 1974)

/HOARE85/   Hoare C. A. R.
             Communicating Sequential Processes
             Prentice/Hall International, New Jersey 1985

/JACK75/   Jackson M.
             Principles of Program Design
             Academic Press, London 1975

/LAMP83/   Lamport L.
             Specifying Concurrent Program Modules
             ACM Transactions on Programming Languages and
             Systems, Vol. 5 , No. 2 , April 1983

/MAWO84/   Manna Z. , Wolker P.
             Synthesis of Communicating Processes from Temporal Logic
             Specifications
             ACM Transactions on Programming Languages and Systems,
             January 1984, Vol. 6 , No. 1

/MILN80/   Milner R.
             A Calculus of Communicating Systems
             Lecture Notes in Computer Science 92,
             Springer Verlag, Heidelberg 1980

/NEHM85/   Nehmer J.
             Softwaretechnik für verteilte Systeme
             Springer Verlag, Heidelberg 1985

/PEARL81/   Programmiersprache PEARL
             (Programming Language PEARL)
             DIN 66253, 1981

/PETE87/   Peterson G.E.
                Object Oriented Computing,
                Volume 1: Concepts
                Volume 2: Implementations
                IEEE Computer Society Press, New York, 1987

/PRESS87/   Pressman R. S.
                Software Engineering, A Practitioner's Approach
                McGraw-Hill Book Company, New York 1987
                Proceedings Prozeßrechensysteme 88, Stuttgart 1988

/SDL/   SDL-Functional Specification and Descriptio Language
                CCITT Red Books Volume VI - Fascicle VI.10 and VI.11, 1984

/SGHM90/   Schill A., Heuser L., Mühlhäuser M.
                Using the Object Oriented Paradigm for Distributed
                Application Development
                in P.J. Kühn (Ed.), Kommunikation in verteilten Systemen,
                Informatik Fachberichte, Springer Verlag, Heidelberg 1989

/SHATZ89/   Shatz S. M., Wang J.-P.
                Distributed Software Engineering
                IEEE Computer Society Press, New York 1989

/SCHILL90/   Schill A.
                Distributed Application Development: Problems and Solutions
                Proceedings, International Networks and Data Communications
                Lillehammer, Norway, March 1990

/SLKR87/   Sloman M., Kramer J.
                Distributed Systems and Computer Networks
                Prentice Hall International, Englewood Cliffs 1987

/WAME85/   Ward P. T., Mellor S. J.
                Structured Development for Real-Time Systems
                Prentice Hall, Inc., Englewood Cliffs 1985

/WEG87/   Wegner P.
                Dimensions of Object Based Language Design
                OOPSALA '87 proceedings, ACM 1987

/YOTO87/   Yonezawa A., Tokoro M. (Ed.)
                Object-Oriented Concurrent Programming
                The MIT Press, Cambridge, Massachusetts 1987

Ausnahmebehandlung in verteilten Realzeitpogrammiersprachen

Ruth Schorr[1]
Lehrstuhl für Programmiersprachen
Universität Erlangen-Nürnberg
Martensstr. 3
91058 Erlangen

Zusammenfassung

Die Ausnahmebehandlung ist das programmiersprachliche Konzept um auf Ereignisse, deren Eintreten zur Laufzeit eines Programms erwartet wird, dem aber keine feste Position im Programmablauf zugeordnet werden kann, mit einer individuellen Bearbeitung zu reagieren. In dem vorliegenden Artikel wird die Ausnahmebehandlung in verteilten Realzeitprogrammiersprachen näher untersucht. Es wird dargestellt, welchen Einfluß die Kommunikation zwischen Prozessen auf die Behebung einer Ausnahmesituation hat. Darauf aufbauend wird ein Ausnahmekonzept für verteilte Programmiersprachen vorgeschlagen. Außerdem wird gezeigt, welche Möglichkeiten zur Ausnahmebehandlung die verteilten Realzeitprogrammiersprachen PEARL und ADA bieten und welche Verbesserungen bzw. Erweiterungen jeweils wünschenswert sind.

1 Einleitung

Aufgrund der Fortschritte der Mikroelektronik und der Verfügbarkeit von schnellen Kanälen zur Kommunikation haben verteilte Systeme in den letzten Jahren zunehmend an Bedeutung gewonnen. Aufgaben für verteilte Systeme sind z. B. viele Steuerungsprobleme, die in Fabriken, bei Flugzeugen, Schiffen oder Eisenbahnen auftreten. Bei einem Großteil dieser Probleme handelt es sich um Realzeitanwendungen. Der Einsatz von verteilten Systemen zur Realisierung der Steuerungsaufgaben setzt geeignete Realzeitprogrammiersprachen voraus.

Bei Anwendungen aus dem Bereich der Realzeitdatenverarbeitung mußten schon immer Ereignisse besonders beachtet werden, die dadurch charakterisiert sind, daß ihr Eintreten zur Laufzeit des Programms erwartet wird, dem Eintreten aber keine feste Position im Programmablauf zugeordnet werden kann. Beispiele hierfür sind der Überdruck in einem zu überwachenden Kessel oder das Auftreten von Turbulenzen während der Flugzeugführung durch einen Autopiloten. Die Ausnahmebehandlung ist das programmiersprachliche Konzept, um auf Ereignisse dieser Art mit einer individuell zugeschnittenen Bearbeitung zu reagieren.

1. Die Arbeit wurde zum Teil von der Deutschen Forschungsgemeinschaft (SFB 182 - Projekt B1) unterstützt.

Der vorliegende Artikel befaßt sich mit der Ausnahmebehandlung in verteilten Realzeitprogrammiersprachen. Nach einer kurzen Darstellung der Grundprinzipien der Ausnahmebehandlung, werden die Wechselwirkungen der charakteristischen Eigenschaft verteilter Systeme, die parallele Ausführung mehrerer Prozesse, die miteinander kommunizieren können, zur Ausnahmebehandlung untersucht. Auf der Grundlage der dabei gewonnenen Ergebnisse wird dann ein Ausnahmekonzept für verteilte Programmiersprachen erarbeitet. Daran anschließend werden die Ausnahmekonzepte der verteilten Realzeitprogrammiersprachen PEARL und ADA diskutiert.

2 Grundlagen der Ausnahmebehandlung

Eine Ausnahme ist ein Ereignis, das zur Laufzeit eines Programms eintritt. Das Eintreten dieses Ereignisses bewirkt eine sofortige Unterbrechung des Kontrolflusses des Programms. Der Kontrollfluß verzweigt zu einem speziell dafür vorgesehenen Programmstück. Jede Ausnahme wird mit einer Ausnahmebedingung assoziiert. Diese Bedingung charakterisiert die Ausnahme, d. h. sie beschreibt die Umstände, die zum Eintreten der Ausnahme führen. Ein Ausnahmebearbeiter ist das Programmstück, das ausgeführt wird, sobald die zugehörige Ausnahme eingetreten ist. Der Bearbeiter bestimmt, an welcher Stelle das durch die Ausnahme unterbrochene Programm nach seiner Auswertung fortgesetzt wird.

Betrachtet man die angegebenen Begriffsfestlegungen näher, so bleiben noch zwei ungeklärte Punkte. Zum einen, was versteht man unter der zugehörigen Ausnahme eines Bearbeiters. Da ein Bearbeiter erst dann ausgeführt wird, nachdem die entsprechende Ausnahme eingetreten ist, ist es zweckmäßiger die Frage zu beantworten, welcher Bearbeiter für eine Ausnahme zuständig ist. Zum anderen ist zu klären, an welchen Stellen das unterbrochene Programm nach der Bearbeiterausführung prinzipiell überhaupt fortgesetzt werden darf.

Zur Laufzeit kann ein Programm zu jedem Zeitpunkt als eine Folge von noch nicht vollständig abgearbeiteten Operationen angesehen werden. Eine derartige Folge bezeichnet man auch als Aufrufkette. Unter einer Operation kann man sich beispielsweise eine Prozedur, eine Funktion oder eine Methode vorstellen. Es sei nun angenommen, daß bei der Ausführung der innersten Operation eine Ausnahme eintritt. Für diese Ausnahme soll die Frage nach dem zuständigen Bearbeiter geklärt werden. Hierzu wird zuerst geprüft, ob die Operation, in der die Ausnahme eintritt eine entsprechende Bearbeiterdeklaration enthält. Falls dies der Fall ist, ist dieser Bearbeiter zuständig. Anderenfalls wird die Ausnahme entlang der umgekehrten Aufrufkette an die aufrufende Operation weitergereicht und diese Operation auf einen zuständigen Bearbeiter hin überprüft. Der Vorgang des Weiterreichens wiederholt sich solange, bis ein entsprechender Bearbeiter gefunden ist.

Bisher sah es so aus, als würde die Ausnahmebehandlung dem klassischen Prozedurkonzept entsprechen. Das Pendant zur Prozedur ist der Bearbeiter. Ein Prozeduraufruf ist mit dem Eintritt einer Ausnahme vergleichbar. Die Vorgehensweise zum Bestimmen des zuständigen Bearbeiters für eine eingetretene Ausnahme ist jedoch ein fundamentaler Unterschied zwischen den beiden Konzepten. Der zuständige Bearbeiter ist abhängig von der dynamischen Programmstruktur und kann somit nicht statisch ermittelt werden. Ein weiterer grundlegender Unterschied sind die Fortsetzungsmöglichkeiten für das unterbrochene Programm nach Abschluß der Bearbeiterauswertung. Allgemein kann man die verschiedenen Fortsetzungsmöglichkeiten in drei Kategorien einteilen. Diese Kategorien sind Fortsetzen, Beenden und Neustarten.

- Das Fortsetzen (RESUME) zeichnet sich dadurch aus, daß die Auswertung der entsprechenden Operation ohne Einschränkung wieder aufgenommen wird.

- Beim Beenden (TERMINATE) wird die Auswertung der entsprechenden Operation abgebrochen und die Kontrolle an den Aufrufer dieser Operation weitergegeben.

- Das Neustarten (RETRY) ist ebenfalls dadurch charakterisiert, daß die Abarbeitung der entsprechenden Operation abgebrochen wird. Daran anschließend wird die Operation sofort erneut gestartet.

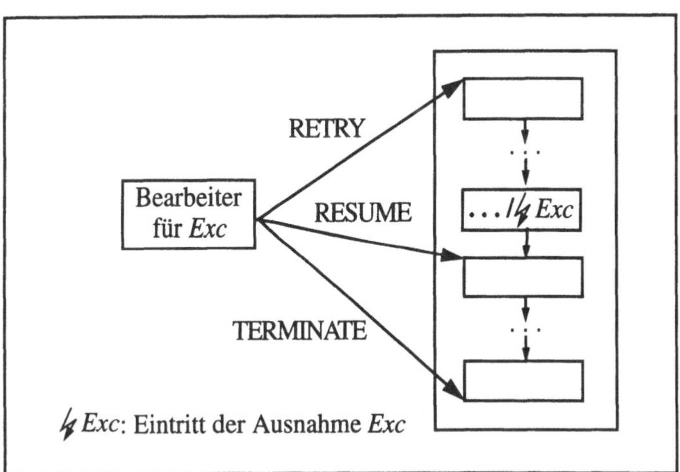

Abbildung 1: Fortsetzungsmöglichkeiten

Eine ausführliche Beschreibung auf welche Operationen innerhalb der Aufrufkette sich die Fortsetzungsmöglichkeiten beziehen dürfen, ist in [Fede90] zu finden.

3 Ausnahmebehandlung und Interprozeßkommunikation

Ein verteiltes System besteht aus mehreren Prozessen, die zum gleichen Zeitpunkt nebeneinander bestehen, um eine gemeinsame Aufgabe zu lösen. Zur Erledigung dieser

Aufgabe sind untereinander Absprachen notwendig. Dies geschieht durch das Austauschen von Nachrichten. Der signifikante Unterschied zwischen einem sequentiellen Programm und einem Programm, das durch einen Prozeß eines verteilten Systems gegeben ist, ist demnach der mögliche Informationsaustausch des Prozesses mit anderen Prozessen. Eine Darstellungsform für verteilte Systeme, die diesen Aspekt illustriert sind Prozeßdiagramme. Ein Prozeß wird hierbei als eine Folge von sequentiell ausgeführten Anweisungen verstanden. Die einzelnen Anweisungen werden auf einer von links nach rechts verlaufenden globalen Zeitachse aufgetragen. Die in der Realität vorhandene Zeitdauer zur Ausführung einer Anweisung wird vernachlässigt. Der Nachrichtenaustausch zwischen den Prozessen wird durch Pfeile illustriert. Jeder Pfeil ist mit dem Bezeichner der Variablen beschriftet, deren Wert ausgetauscht wird.

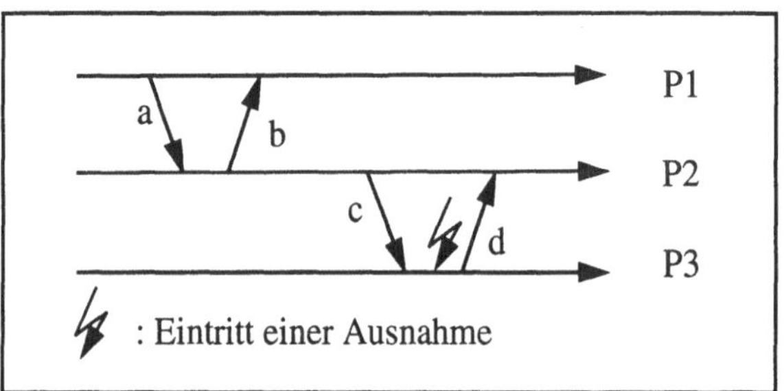

Abbildung 2: Prozeßdiagramm

Abbildung 2 zeigt einen Ausschnitt einer verteilten Berechnung dargestellt als Prozeßdiagramm. An der Anwendung sind die drei Prozesse P1, P2 und P3 beteiligt. Der Pfeil mit der Beschriftung c besagt, daß ein Nachrichtenaustausch zwischen den Prozessen P2 und P3 stattfindet. P2 übermittelt P3 den Wert seiner Variablen c. Innerhalb von P3 tritt kurz nach diesem Nachrichtenaustausch eine Ausnahme ein. Das Konzept zur Ausnahmebehandlung aus dem vorigen Kapitel würde nun fordern, die normale Auswertung des Programms sofort zu unterbrechen und die Ausnahmebearbeitung durchzuführen. Für ein verteiltes Programm würde dies bedeuten, daß immer alle Prozesse des Systems auf das Eintreten einer Ausnahme reagieren müßten, obwohl natürlich nicht immer wirklich jeder Prozeß von jeder Ausnahme betroffen ist.

Ein alternativer Ansatz wäre, daß eine Ausnahme lediglich von dem verursachenden Prozeß behandelt wird, d. h. von dem Prozeß, in dem die Ausnahme eingetreten ist. Dieses Vorgehen ist jedoch nicht ausreichend, da hierdurch die Ausnahmesituation in den allermeisten Fällen nicht beseitigt werden kann. Deutlich wird dieser Sachverhalt auch am Beispiel aus Abbildung 2. Eine Bereinigung der Ausnahmesituation alleine durch den Prozeß P3 ist nämlich nur dann möglich, wenn die Ursache unabhängig vom Nachrichtenaustausch für den Wert der Variablen c ist. Ist eine Abhängigkeit vorhanden, kann eine lokale Ausnahmebearbeitung von P3 nicht zum Erfolg führen.

Für die Ausnahmebehandlung in verteilten Systemen ist somit generell die Frage zu beantworten, welche Prozesse von einer eingetretenen Ausnahme betroffen sind. Für den Vorgang der Programmerstellung wäre es wünschenswert ein Sprachkonstrukt zu besitzen, mit dessen Hilfe eine Interpretation der Menge der betroffenen Prozesse automatisch möglich ist. Da der Nachrichtenaustausch zwischen Prozessen zu einer Ausbreitung der ausnahmebehafteten Daten führt, muß sich das Sprachkonstrukt auf den Nachrichtenaustausch beziehen. Das Sprachkonstrukt wird als kommunikationsabgeschlossene Einheit bezeichnet. Darunter versteht man eine Menge von Prozeßausschnitten, bei deren Ausführung kein Nachrichtenaustausch mit dem Rest des Systems erfolgt. Ein Prozeßausschnitt ist eine zusammenhängende Folge von Anweisungen eines Prozesses.

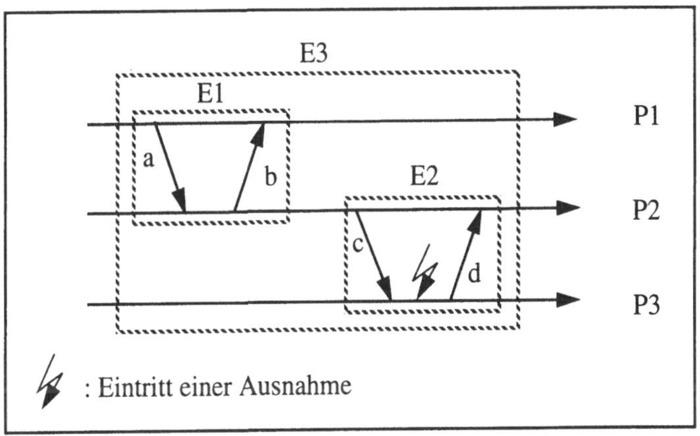

Abbildung 3: Kommunikationsabgeschlossene Einheiten

In der Abbildung 3 ist die Situation aus Abbildung 2 mit Hilfe von kommunikationsabgeschlossenen Einheiten strukturiert. Die Aufteilung einer Problemstellung in kommunikationsabgeschlossene Einheiten ist natürlich nicht eindeutig. So hätte man in dem Beispiel aus Abbildung 3 auch die Nachrichtenbewegungen für b und c zu einer kommunikationsabgeschlossenen Einheit zusammenfassen können und vieles andere mehr. Eine sinnvolle Interpretation des Begriffs der kommunikationsabgeschlossenen Einheit ist, darin eine abgeschlossene Teilaufgabe der zu lösenden Problemstellung zu sehen.

Tritt in einer kommunikationsabgeschlossenen Einheit eine Ausnahme ein, so sind alle Prozeßausschnitte von der Ausnahme betroffen. Ist eine vollständige Behebung der Situation in der aktuellen Einheit unmöglich, so wird die Ausnahme an die direkt umschließende Einheit weitergereicht. In dieser Einheit müssen wiederum alle Ausschnitte - jetzt die der umschließenden Einheit - an der Bearbeitung mitwirken. Auch kann die Ausnahme erneut weitergereicht werden.

Es ist gerechtfertigt zu fordern, daß alle Ausschnitte einer kommunikationsabgeschlossenen Einheit auf eine Ausnahme reagieren müssen, die in der Einheit eingetreten ist.
Gibt es Ausschnitte, bei denen die Ausführung eines Bearbeiters unnötig ist, so stehen
diese in keiner Beziehung zu den anderen Ausschnitten der Einheit und sollten deshalb
eine separate Einheit bilden. Diese separate Einheit kann natürlich Teil der ursprünglichen Einheit sein.

4 Wunschkonzept für verteilte Programmiersprachen

Dieses Kapitel gibt einen informellen Überblick über das Ausnahmekonzept für verteilte Programmiersprachen. Hierbei wird so vorgegangen, daß im ersten Abschnitt zunächst die Gemeinsamkeiten zur Ausnahmebehandlung in sequentiellen Programmiersprachen erläutert werden. Daran anschließend werden die charakteristischen Eigenschaften der Ausnahmebehandlung im Verteilten dargestellt. Eine ausführliche
Beschreibung des Konzepts ist in [Scho93] zu finden.

4.1 Allgemeines

Im vorherigen Kapitel wurde motiviert, daß die Ausnahmebehandlung in verteilten
Programmiersprachen besondere Anforderungen an Sprachmittel zur Strukturierung
von Programmen stellt. Ein Programm muß einer hierarchischen Anordnung von kommunikationsabgeschlossenen Einheiten entsprechen. Jeder Prozeß eines Programms ist
hierarchisch in Prozeßausschnitte zu gliedern. Kommunikationsabgeschlossene Einheiten sind das Sprachkonstrukt, in dem Ausnahmen eintreten, erkannt und bearbeitet werden.

Um das Eintreten einer Ausnahme zu veranlassen gibt es in sequentiellen Programmiersprachen zwei Möglichkeiten. Zum einen kann man mit Hilfe einer speziellen Anweisung (RAISE *<ExceptionIdentifier>*) explizit einen Bearbeiter aufrufen [Good75,
Fede90]. Zum anderen können Ausnahmen eingeplant werden [Fede90]. Eine Ausnahme bezeichnet man als eingeplant, falls ihr im Programmtext explizit eine Bedingung
zugeordnet wird. Zur Laufzeit eines Programms tritt eine eingeplante Ausnahme automatisch immer dann ein, wenn die zugehörige Bedingung erfüllt ist. Diese beiden
Möglichkeiten stehen in keinem Widerspruch zu der diskutierten Problematik der Ausnahmebehandlung im Verteilten.

4.2 Bestimmen der zuständigen Bearbeiter

Sobald eine Ausnahme eingetreten ist, muß in den davon betroffenen Prozessen jeweils
der Bearbeiter bestimmt werden. Hierzu wird zunächst geprüft, ob alle Prozeßausschnitte der Einheit, in der die Ausnahme eingetreten ist, einen Bearbeiter zur Verfügung stellen. Falls dies zutrifft, sind diese Bearbeiter zuständig. Anderenfalls wird die

Ausnahme an die umschließende Einheit weitergereicht. Die Forderung, daß immer alle Prozeßausschnitte einer Einheit an einer Ausnahmebearbeitung mitwirken müssen, gilt insbesondere auch für die Behandlung von Ausnahmen, die an eine Einheit weitergereicht werden. Das Weiterreichen der Ausnahme wiederholt sich demnach solange, bis eine Einheit gefunden ist, deren Prozeßausschnitte alle eine entsprechende Bearbeiterdeklaration enthalten.

Das Weiterreichen einer Ausnahme von einer Einheit zur umschließenden Einheit kann sich sowohl an der dynamischen als auch an der statischen Programmstruktur orientieren, je nachdem welche Möglichkeiten zur Schachtelung von kommunikationsabgeschlossenen Einheiten die zugrundeliegende konkrete Programmiersprache vorsieht.

Es ist nur sinnvoll, daß entweder alle Ausschnitte einer kommunikationsabgeschlossenen Einheit eine Bearbeiterdeklaration für eine Ausnahme enthalten oder aber kein Ausschnitt, da alle anderen Bearbeitervereinbarungen nutzlos sind.

4.3 Fortsetzungsmöglichkeiten

Nachdem für jeden betroffenen Prozeß der Bearbeiter bestimmt und ausgeführt ist, müssen die Anweisungen bestimmt werden, mit denen die unterbrochenen Prozeßabarbeitungen weitergeführt werden. Hierzu gibt es die Möglichkeiten des Fortsetzens, Beendens und Neustartens. Bei der Darstellung der Grundlagen der Ausnahmebehandlung in Kapitel 2 wurde erwähnt, daß sich diese Möglichkeiten auf verschiedene Operationen innerhalb der Aufrufkette beziehen dürfen. Da die Prozeßausschnitte einer kommunikationsabgeschlossenen Einheit keine Nachrichten mit dem Rest des Systems austauschen dürfen, ist im Verteilten lediglich die Bearbeitereinheit, d. h. die Einheit, die die zuständigen Bearbeiter zur Verfügung stellt, als Bezugseinheit für die Fortsetzungsmöglichkeiten zulässig.

Um Systemverklemmungen zu vermeiden ist zu beachten, daß alle Prozeßausschnitte nach ein und demselben Fortsetzungsmechanismus die unterbrochene Auswertung wieder aufnehmen müssen. Ohne diese Einschränkung bestünde z. B. die Gefahr, daß nach der Behandlung einer Ausnahmesituation ein Prozeßausschnitt fortgesetzt und ein anderer beendet wird. Jede Kommunikationsanforderung des fortgesetzten Ausschnittes an den beendeten würde zu einer Verklemmung führen. Auf programmiersprachlicher Ebene wird jede Fortsetzungsmöglichkeit durch eine entsprechende Fortsetzanweisung (RESUME, TERMINATE, RETRY) realisiert. Da semantische Eigenschaften eines Programms mit Hilfe des syntaktischen Programmtextes nicht zu entscheiden sind, ist die einzige Möglichkeit, in den Bearbeiterrümpfen nur eine Art von Fortsetzanweisungen zu erlauben.

4.4 Parametrisierung

Die Parametrisierung bezieht sich auf die Ausnahmebearbeiter. Durch die Verwendung von Parametern kann auf Daten zugegriffen werden, die zum Zeitpunkt des Eintretens einer Ausnahme zugänglich sind und auch für die Bearbeitung benötigt werden, dem Bearbeiter lokal aber nicht zur Verfügung stehen. Die spezielle Situation in verteilten Systemen erfordert, daß als Übergabemechanismus nur call-by-value zulässig ist, da eine RAISE-Anweisung mehrere Bearbeiter in verschiedenen Prozessen ansprechen kann.

5 Existierende Konzepte

PEARL und ADA sind Programmiersprachen, die für verteilte Realzeitanwendungen eingesetzt werden. Beide Sprachen besitzen auch spezielle Sprachmittel zur Ausnahmebehandlung. Im folgenden werden die Ausnahmekonzepte dieser Sprachen vorgestellt und bezüglich der in den vorigen Kapiteln erarbeiteten Forderungen diskutiert.

5.1 PEARL

Die Programmiersprache PEARL gibt es in den Ausprägungen Basic PEARL [DIN66253-1], Full PEARL [DIN66253-2] und Mehrrechner PEARL [DIN66253-3]. Hinsichtlich der Sprachelemente zur Ausnahmebehandlung unterscheiden sich die Ausprägungen nur geringfügig. Neben einer Reihe von systemdefinierten Ausnahmen sind auch anwendungsabhängige Ausnahmen und Bearbeiter erlaubt. Die Zuordnung von Bearbeitern zu Ausnahmen ist bestimmt durch die dynamische Programmstruktur. Nach Abschluß der Bearbeiterauswertung wird immer die Prozedur fortgesetzt, in der die Bearbeiterdeklaration lokalisiert ist. Bearbeiter können in PEARL nicht parametrisiert werden. Sprachelemente zur Ausnahmebehandlung, die sich speziell auf Prozesse (Tasks) beziehen sind nicht vorhanden.

Auf der Basis der mit PEARL gemachten Erfahrungen in Implementierungsprojekten wurde die Sprache mittlerweile überarbeitet [Stie89]. Ein Schwerpunkt der Weiterentwicklung lag bei den Sprachkonstrukten zur Ausnahmebehandlung. Die Änderungen wurden stark vom Ausnahmekonzept von ADA beeinflußt, das im folgenden vorgestellt wird.

5.2 ADA

Das Ausnahmekonzept, das ADA [DoD80] zur Verfügung stellt, entspricht in seinen Grundzügen dem, das auch andere Programmiersprachen, wie z. B. CLU oder ML anbieten. Es besteht die Möglichkeit, anwendungsspezifische Ausnahmen und Ausnahmebearbeiter zu vereinbaren. Der für eine Ausnahme zuständige Bearbeiter ist wie üblich von der dynamischen Programmstruktur abhängig. Eine Besonderheit in diesem Zusammenhang ist, daß Ausnahmen nicht nur in Prozeduren eintreten, erkannt und bearbeitet werden, sondern hier auch Blöcke (BEGIN-END-Blöcke, Schleifen, . . .) zulässig sind. Insgesamt ist somit für das Bestimmen des zuständigen Bearbeiters eine Kette von Sprachelementen zu betrachten, deren Aufbau sich sowohl aus der dynamischen als auch aus der statischen Programmstruktur ergibt. Als Fortsetzungsmöglichkeit erlaubt ADA lediglich das Beenden der Spracheinheit, die die Bearbeitervereinbarung enthält.

Darüberhinaus bietet ADA auch Sprachmittel an, die der speziellen Situation im Verteilten Rechnung tragen. Falls eine Kommunikationsanforderung an einen Prozeß (Task) gestellt wird, der bereits terminiert ist oder der terminiert bis die Anforderung erfüllt werden kann, so tritt automatisch die vordefinierte Ausnahme TASKING_ERROR ein. Ein Rendezvous wird abgebrochen, sofern während des Vorgangs eine Ausnahme eintritt, die lokal nicht bearbeitet werden kann. Die eingetretene Ausnahme wird an die beiden beteiligten Prozesse weitergereicht. Durch diese Konstruktion kann man erreichen, daß auf eine Ausnahme mehr als ein Prozeß reagieren muß. Ausgehend vom Prozeß, in dem die Ausnahme eingetreten ist, kann man schrittweise die betroffen Prozesse an der Ausnahmebearbeitung beteiligen, indem man in allen dafür in Frage kommenden Rendezvous eine entsprechende Ausnahme eintreten läßt. Diese Vorgehensweise versagt für die Prozesse, die nach dem Eintritt der Ausnahme nie wieder ein Rendezvous mit den anderen betroffenen Prozessen eingehen. Nachteilig ist auch, daß die Identifikation der betroffenen Prozesse jeweils explizit im Programm codiert werden muß, es also im Verantwortungsbereich des Programmierers liegt, alle betroffenen Prozesse zu beteiligen.

Ein wichtiges Hilfsmittel zur Ausnahmebehandlung im Verteilten stellt die Ausnahme FAILURE dar. Hier kann man explizit den Prozeß benennen, in dem die Ausnahme eintreten soll, d. h. an den sie geschickt werden soll. Hierdurch hat man eine weitere Möglichkeit eine prozeßübergreifende Ausnahmebearbeitung zu realisieren. Bedauerlich ist, daß in ADA die Parametrisierung von Bearbeitern nicht vorgesehen ist, so daß man den Prozeß, an den eine Ausnahme geschickt wird, mit keinerlei Information über die konkrete Situation versorgen kann.

6 Zusammenfassung

In diesem Artikel wurde die Ausnahmebehandlung in verteilten Realzeitprogrammiersprachen näher beleuchtet. Es zeigte sich, daß der Nachrichtenaustausch zwischen Prozessen einen großen Einfluß auf die Ausnahmebehandlung in verteilten Anwendungen hat. Als spezielles Problem ergab sich die Ermittlung der Prozesse, die von einer Ausnahme betroffen sind. Um eine systematische Identifizierung der betroffenen Prozesse zu ermöglichen, wurde das Konzept der kommunikationsabgeschlossenen Einheiten vorgestellt. Leider werden allgemein die Wechselwirkungen der Interprozeßkommunikation zur Ausnahmebehandlung von den existierenden Programmiersprachen noch recht stiefmütterlich behandelt.

Ein weiterer Gesichtspunkt der bei der Ausnahmebehandlung in verteilten Anwendungen berücksichtigt werden muß, hier jedoch aus Platzgründen nicht erörtert werden konnte, ist der gleichzeitige Eintritt von verschiedenen Ausnahmen in einer kommunikationsabgeschlossenen Einheit. Eine umfassende Beschreibung dieses Aspekts ist in [Scho93] zu finden.

Literatur

[CaRa86]   R. H. Campbell, B. Randell. Error Recorvery in Asynchronous Systems. *IEEE Transactions on Software Engineering*, 12(8):811-826, 1986.

[DIN66253-1]   Deutsches Institut für Normung: Informationsverarbeitung, Programmiersprache PEARL, Basic PEARL, DIN 66253 Teil 1, 1981.

[DIN66253-2]   Deutsches Institut für Normung: Informationsverarbeitung, Programmiersprache PEARL, Full PEARL, DIN 66253 Teil 2, 1982.

[DIN66253-3]   Deutsches Institut für Normung: Informationsverarbeitung, Programmiersprache PEARL, Mehrrechner PEARL, DIN 66253 Teil 3, 1988.

[DoD80]   Department of Defence (Hrsg.). *The Programming Language ADA-Reference Manual.* Lecture Notes in Computer Science 106. Springer-Verlag 1980.

[Fede90]   Ch. Feder. *Ausnahmebehandlung in objektorientierten Programmiersprachen.* Informatik-Fachberichte 235. Springer-Verlag 1990.

[Good75]   J. B. Goodenough. Exception Handling: Issues and a Proposed Notation. *Communications of the ACM*, 18(12):683-696, 1975.

[Scho93]   R. Schorr, *Ausnahmebehandlung in verteilten Programmiersprachen: Sprach- und Verifikationskonzepte.* Arbeitsberichte des IMMD Band 26 Nr. 8. Universität Erlangen-Nürnberg. 1993.

[Stie89]   K. Stieger, PEARL 90 - Die Weiterentwicklung von PEARL. In R. Henn, K. Stieger (Hrsg.) *PEARL 89 - Workshop über Realzeitsysteme,* Informatik-Fachberichte 231, Springer Verlag, Seiten 99 - 137, 1989.

PEARL als Spezifikationssprache

Wolfgang A. Halang und Bernd J. Krämer

FernUniversität
Fachbereich Elektrotechnik
58084 Hagen
{wolfgang.halang|bernd.kraemer}@fernuni-hagen.de

"Spezifikations-PEARL", bestehend aus einer erweiterten Teilmenge von PEARL und natürlichsprachlichen Kommentaren, wird eingeführt. Es wird gezeigt, daß diese Sprache besonders gut zur Spezifikation von Echtzeitanwendungen eingesetzt werden kann. Dies beruht auf der außerordentlich guten Anpassung von PEARL an die Anforderungen der Automatisierungstechnik, an die Begriffswelt der Ingenieure, der leichten Lesbarkeit und auf der Existenz von Sprachmitteln, die über den Umfang klassischer Programmiersprachen weit hinausgehen. Mehrrechner-PEARL ist sogar mehr Spezifikations- als Programmiersprache.

1 Einleitung und Motivation

Die in der Echtzeitprogrammierung vorherrschende Praxis ist durch den Einsatz ungeeigneter Hilfsmittel gekennzeichnet. So werden in den meisten Fällen für Echtzeitaufgaben nicht echtzeitfähige Sprachen eingesetzt. Dies zwingt den Programmierer dazu, die Unzulänglichkeiten der benutzten Sprache in komplizierter, für Dritte kaum nachvollziebarer und nicht portabler Weise durch Betriebssystemaufrufe, Assembler-Einschübe u.ä. wettzumachen. Diese Sachlage ist völlig unverständlich, da es schon seit langem originäre Echtzeitprogrammiersprachen wie PEARL mit umfassenden, anwendungsorientierten Ausdrucksmöglichkeiten gibt. Wahrscheinlich läßt sich der beklagenswerte Zustand der Echtzeitprogrammierung nur durch langfristig angelegte Aufklärungs- und Ausbildungsarbeit verändern.

Aus zwei Gründen könnte es nun sinnvoll sein, eine — erweiterte — Teilmenge von PEARL bereits in der Spezifikationsphase, d.h. im Vorfeld der eigentlichen Programmierung, zu verwenden: einmal, um den Entwickler von Echtzeitanwendungen an PEARL heranzuführen, und zum anderen, um den Prozeß der Software-Konstruktion und -Validierung durch die ausdrückliche Formulierung der Anforderungen und eine übersichtliche Darstellung der Systemarchitektur zu ergänzen. Dabei sollen zwar syntaktisch richtige Sprachkonstrukte benutzt, jedoch keine ablauffähigen PEARL-Programme erzeugt werden. Statt dessen setzen sich Programmspezifikationen aus Texten zusammen, in denen i.w. die Software-Struktur mit den genannten Sprachmitteln beschrieben und die Details und die Algorithmik durch in natürlicher Sprache abgefaßte Kommentare angegeben werden. Es ist das Ziel dieses Artikels, die Eignung von PEARL für den genannten Zweck nachzuweisen. Sie beruht einerseits wegen der Verwendung anwendungsnaher Begriffe auf dem inhärenten Dokumentationswert und der leichten Lesbarkeit von PEARL-Code und andererseits auf der Existenz von Sprachmitteln, die über den Umfang klassischer Programmiersprachen weit hinausgehen.

2 Zur Rolle von Spezifikationen in der Software-Entwicklung

Software-Entwicklungsprozeße umfassen alle Tätigkeiten von der Aufstellung des ersten Systemkonzeptes bis hin zur Auslieferung ausführbare Codes, seiner Nachbesserung und Weiterentwicklung während der Nutzung. Da es auch für Echtzeitanwendungen in der Regel kaum möglich ist, ein Systemkonzept unmittelbar in Code umzusetzen, müssen zahlreiche, aufeinanderfolgende und rückgekoppelte Schritte zur Erhebung und Spezifikation der Systemanforderungen sowie zum Grob- und Feinentwurf der Systemarchitektur ausgeführt werden, bevor die eigentliche Implementierung angegangen werden kann. Spezifikationen dienen dabei verschiedenen wichtigen Zwecken als Dokumentationsmedium und als Referenzobjekte [6]. Sie sollen

- Systemanforderungen wie die Funktionalität, das dynamische Verhalten (mögliche Nebenläufigkeit, erforderliche Synchronisationen etc.), das Zeitverhalten und andere Leistungsmerkmale sowie die Systemumgebung und ihre Schnittstelle zum System möglichst vollständig und präzise erfassen,

- Entwürfe unabhängig von Implementierungsdetails übersichtlich widergeben,

- eine wirksame Kommunikation über die geplanten Software-Objekte ermöglichen,

- weitere Entwurfs- und Implementierungsschritte leiten,

- Nachbesserungen sowie die Weiterentwicklung der Software unterstützen,

- die Wiederverwendung und Anpassung von Software-Objekten an neue Anforderungen erleichtern und

- bei verteilten Systemen die systematische Umsetzung ihrer Spezifikation in räumlich verteilt ablaufenden Programmcode befördern.

Um diese Rollen zu erfüllen, müssen Spezifikationssprachen verschiedene Eigenschaften wie Abstraktion, Genauigkeit der Modellbildung und Strukturierbarkeit nachweisen. Abstraktion verbessert die Lesbarkeit durch Auslassung von Einzelheiten, die für die gewählte Betrachtungsebene ohne Belang sind. Abstraktion läßt auch Raum für alternative, der jeweiligen Systemumgebung am besten angepaßte Entwurfsentscheidungen. Genauigkeit ist notwendig, um unterschiedliche Interpretationen ein und derselben Spezifikation auszuschließen und damit Fehlentwicklungen frühzeitig zu erkennen. Präzision erhöht zudem das Potential zur Bereitstellung von Analysemethoden zur Untersuchung der inneren Konsistenz und Vollständig sowie der Plausibilität von Anforderungen und Entwürfen. Die ausdrückliche und präzise Festlegung von Anforderungen ermöglicht es aber auch, für ein gegebenes Programm nachzuweisen, daß dieses die festgelegten Funktionen, Sicherheits-, Zuverlässigkeits- und Leistungsanforderungen innerhalb gegebener Randbedingungen erfüllt. Strukturierungskonzepte zur Modularisierung und hierachischen Zerlegung von Spezifikationen tragen dazu bei, die Komplexität einer gestellten Aufgabe besser zu bewältigen und arbeitsteilig zu erledigen. Die Lesbarkeit und Änderbarkeit von Software wird dadurch gleichfalls unterstützt. Spezifikationen sollten auch den Einsatz von Rechnern bei ihrer Konstruktion, Analyse und Validierung ermöglichen, denn rechnergestützte Werkzeuge sind ein entscheidender Faktor für die Akzeptanz von Sprachen und Entwurfsmethoden.

Weitere für die Akzeptanz von Spezifikationssprachen und -methoden kritische Merkmale betreffen ihre begriffliche Angemessenheit sowie die Möglichkeit, Spezifikationen nahtlos in den gesamten Software-Entwicklungsprozeß einzubetten. In der Software-Praxis werden häufig sogenannte strukturierte Methoden eingesetzt. Sie beruhen auf einer Mischung funktionaler und zustandsorientierter Verabeitungsmodelle sowie einem einfachen BNF-artigen Datenmodell und unterstützen eine graphische Darstellung von Datenflußbeziehungen und Abläufen. Varianten wie [4] nehmen für sich in Anspruch, speziell für die Echtzeitprogrammierung geeignet zu sein. Betrachtet man diese Methode jedoch genauer, so stellt man fest, daß die Erweiterung um endliche Zustandsautomaten zwar die Möglichkeit bietet, Kausalität im Sinne des Einflusses von Steuersignalen auf das Systemverhalten darzustellen, man ist aber nicht in der Lage, Echtzeitanforderungen wie Fertigstellungstermine, minimale Wartezeit oder maximale Bearbeitungszeiten festzulegen. Da auch das Zusammenspiel verschiedener Prozeßspezifikationen semantisch nicht exakt geklärt ist, können zuverlässige Vorhersagen über das Systemverhalten anhand solcher Spezifikationen nicht gemacht werden. Neben einem Mangel an Angemessenheit der Spezifikationsbegriffe besteht also ein entscheidendes Anwendungsproblem dieser und ähnlicher Methoden darin, daß ein systematischer Übergang von der Spezifikation zum ausführbaren Code nicht unterstützt wird.

3 Spezifikationskonzepte in PEARL

In diesem Abschnitt sollen jene bereits im normalen Umfang von PEARL vorhandenen Sprachkonstrukte vorgestellt und näher erläutert werden, die die oben genannten Anforderungen an Ausdrucksmittel für Spezifikationszwecke erfüllen. Allen aufgeführten Sprachelementen ist gemein, daß sie außerordentlich gut an die Anforderungen der Automatisierungstechnik angepaßt sind und ihre Syntax die für verteilte Echtzeitanwendungen wesentlichen Begriffe in leicht lesbarer Form widerspiegelt. Deshalb eignet sich PEARL sowohl als Programmier- als auch als Spezifikationssprache gerade für Ingenieure.

3.1 Modularisierung

Zur Strukturierung von Software unterstützt PEARL in besonders klarer Form ein durchgängiges Modularisierungskonzept. Dieses umfaßt nicht allein die eigentlichen Software-Module, sondern auch die mit System- und Problemteilen, Tasks und Prozeduren gegebenen weiteren Strukturierungsmöglichkeiten, die der Abgrenzung zwischen Software und anderen Systemteilen sowie zur Einbeziehungen der relevanten Einflußgrößen der Systemumgebung dienen. Auf diese Art und Weise können bereits in einer ganz frühen Phase des Software-Entwicklungsprozesses jedem Teilprozeß in zu automatisierenden technischen Prozessen bijektiv, d.h. eineindeutig, zugehörige Software-Module zugeordnet werden. Dadurch werden gleichzeitig eine arbeitsteilige Form der Software-Entwicklung und ggf. eine räumlich verteilte Implementierung vorbereitet. Geschrieben in PEARL stellen Module zunächst relativ bedeutungslose Hülsen dar, deren beabsichtigte Funktionalität allein durch intuitiv verständliche technische Begriffe und kurze natürlichsprachliche Kommentare festgelegt ist. In der Folge des Software-Entwicklungsprozesses werden dann diese Begriffe schrittweise verfeinert und ergänzt. Dieser Prozeß führt schließlich im Rahmen der konkreten Implementierung zu gültigem, ablauffähigem PEARL-Programmtext.

3.2 Verbindungsspezifikationen im Systemteil

Planung, Installation und Verwaltung von Prozeßein- und -ausgabeeinrichtungen (diese werden häufig auch MSR- oder PLT-Stellen genannt) nehmen einen breiten Raum in der Automatisierungstechnik ein. Die zugehörige Dokumentation ist i.a. sehr umfangreich und ihre Pflege erfordert einen erheblichen Aufwand. Das Vorliegen einer eindeutigen Beschreibung aller Prozeßschnittstellen ist eine grundlegende Voraussetzung für die Programmerstellung und muß deshalb in der Spezifikationsphase erhoben werden. PEARL unterscheidet sich von allen anderen Echtzeitprogrammiersprachen u.a. auch dadurch, daß die Beschreibung der Schnittstellen zur Außenwelt unabdingbarer Bestandteil von PEARL-Programmen ist. Dies gilt auch für die neuen, soeben normierten IEC-Sprachen [5]. Aus Portabilitätsgründen sind diese Beschreibungen in Systemteilen zusammengefaßt und eingekapselt. Es stellt eine nicht unbeträchtliche Arbeitserleichterung dar, die ohnehin notwendigen Beschreibungen der Geräteanschlüsse und -verbindungen gleich in Form von PEARL-Systemteilen vornehmen zu können. Der einzuhaltende Formalismus bedeutet wegen der leichten Lesbarkeit von PEARL keine Einschränkung im Hinblick auf die Verwendung solcher Schnittstellendokumentationen für verschiedene Zwecke und durch verschiedene Benutzergruppen. Weitergehende, von PEARL nicht benötigte Informationen können als Kommentare in entsprechende Systemteile aufgenommen werden.

3.3 Spezifikation externer Unterbrechungsquellen

Die Verwendung des Unterbrechungskonzeptes in Automatisierungsprogrammen birgt eine Reihe von Gefahren hinsichtlich Übersichtlichkeit, Verständlichkeit sowie Vorhersagbarkeit und Zuverlässigkeit des Systemverhaltens. Deshalb kommt der klaren Dokumentation aller in einem Programmsystem wirksamen Unterbrechungsquellen grundlegende Bedeutung zu. Auch dieser Anforderung an eine gute Software-Spezifikation trägt bereits der normale Sprachumfang von PEARL Rechnung. Unterbrechungen sind ebenso wie andere Prozeßeingänge in Systemteilen zu beschreiben.

3.4 Abstrakte Spezifikation benutzerdefinierter Datenstationen

Mit dem Konzept der Datenstation ("DATION") bietet PEARL ein Sprachmittel an, das es dem Entwickler erlaubt, völlig implementierungsunabhängig die aus Benutzersicht relevanten und für die Programmierung erforderlichen Charakteristika komplexer Peripheriegeräte oder Ein- und Ausgabeschnittstellen als Quellen und Senken von Bit-Strömen zu spezifizieren. Solche Spezifikationen geben eindeutig darüber Auskunft, welche Funktionalitäten der Entwickler von Anwendungsprogrammen einerseits erwarten kann, und welche Leistungen die entsprechenden Treiberprogramme andererseits bereitzustellen haben.

3.5 Strukturierung nebenläufiger Ablaufeinheiten in Tasks

Wie bereits oben erwähnt, stellt das Task-Konzept ein wichtiges Element zur Strukturierung von Programmsystemen dar. Es ist prinzipiell implementierungsunabhängig und dient i.w. zur Formulierung ereignisabhängiger Aktivitäten. Task-Objekte sind mit anderen Worten die Grundelemente reaktiver Systeme. Sie spezifieren die Funktionalität der Reaktionen, jedoch nicht, in welcher Art und Weise sie letztendlich erreicht werden, z.B. durch streng sequentielle, nebenläufige oder physisch parallele Ausführung. Der Entwickler hat somit die Möglichkeit, in der Spezifikationsphase alle in der Problemstellung enthaltenen Unabhängigkeiten zwischen einzelnen Aufgaben als solche zu modellieren, und ist nicht gezwungen, solche Aufgaben durch nicht erforderliche Sequentialisierungen überzuspezifizieren und somit den Spielraum für Implementierungsentscheidungen unnötig einzuengen.

3.6 Spezifikation der Einplanungsbedingungen

Die Ereignisse, die Anlaß zur Ausführung von Tasking-Operationen, insbesondere zu Task-Aktivierungen, geben, werden in PEARL durch Einplanungsbedingungen beschrieben. Bei letzteren handelt es sich um das Auftreten von Unterbrechungssignalen sowie um einzelne und um sich periodisch wiederholende Zeitpunkte. Entweder in natürlicher Sprache oder in einer anderen Form wird in jeder Spezifikation angegeben, welche Reaktion, in Form des Ablaufs einer oder mehrerer Tasks, beim Auftreten eines Ereignisses erwartet wird. Auch hier bietet sich eine Formulierung direkt in PEARL an, zumal deren Syntax Klartext sehr nahe kommt.

3.7 Mehrrechner-PEARL

Die obigen Ausführungen haben gezeigt, daß sequentielles PEARL, sei es nun in der
Form von Basic PEARL, Full PEARL oder PEARL 90 [2], bereits eine ganze Reihe
von Sprachelementen besitzt, die schon bei der Systemspezifikation gute Dienste leisten
können. Für das 1989 normierte Mehrrechner-PEARL gilt, daß es eigentlich sogar mehr
Spezifikations- als Programmiersprache ist. Es enthält die folgenden Elemente, die zur
Spezifikation des Verhaltens verteilter Systeme unentbehrlich sind:

- Sprachmittel zur Beschreibung des gerätetechnischen Aufbaus,

- Sprachmittel zur Beschreibung der Software-Konfiguration,

- Sprachmittel zur Spezifikation der Kommunikation und ihrer Eigenschaften
  (Peripherie- und Prozeßanschlüsse, physikalische und logische Verbindungen, Über-
  tragungsprotokolle) sowie

- Sprachmittel zur Angabe der Bedingungen und der Art der Durchführung dynamischer Rekonfigurierungen im Fehlerfalle.

Demgegenüber gibt es nur wenige ausführbare Sprachkonstrukte im klassischen Sinne,
und zwar zur Ausführung des Botschaftenaustausches. Auch wenn man PEARL nicht zur
Programmierung einsetzt, sollte man es zur Spezifikation des Aufbaus und des Verhal-
tens verteilter Systeme anwenden, weil diese Möglichkeiten von praktisch keiner anderen
Sprache geboten werden und weil sich auch Mehrrechner-PEARL durch hervorragende
Lesbarkeit und Verständlichkeit auszeichnet.

4 Beispiele

Um ein Beispiel für die Anwendung ausgewählter PEARL-Sprachelemente für Spezifikationszwecke zu geben, betrachten wir auf Grund des für diesen Artikel nur begrenzt zur
Verfügung stehenden Platzes die in Abschnitt 6.9 von [9] ausführlich beschriebene und
schließlich voll in PEARL kodierte Heizungsregelung für zwei Wohnungen. Die entsprechende Automatisierungs-Software wird in einem Modul zusammengefaßt. Vom Systemteil, der ja ausschließlich der Spezifikation dient, sei hier allein die Beschreibung zweier
Unterbrechungssignale widergegeben:

```
AUSFALL   : Hardware-Adresse, an die das Ausfallsignal angeschlossen wird.
TERMINAL : Hardware-Adresse des Bedien-Terminals.
```

Die Ablaufsteuerung der Heizungsregelung wird dann in "Spezifikations-PEARL" wie
folgt beschrieben:

```
/* Initialisierung der einzelnen Regelkreisparameter. */
WHEN AUSFALL  ACTIVATE Stoerungsprotokollierung-und-Beseitigung;
WHEN TERMINAL ACTIVATE Interaktive-Temperatursollwerteingabe;
ALL Abtastintervall-Wohnung-1 ACTIVATE Temperaturregelung-Wohnung-1;
ALL Abtastintervall-Wohnung-2 ACTIVATE Temperaturregelung-Wohnung-2;
ALL Abtastintervall-Kessel    ACTIVATE Temperaturregelung-Kesselwasser;
```

Wegen der Unmißverständlichkeit genau definierter wissenschaftlich-technischer Begriffe genügt sehr oft eine verbale Beschreibung der Algorithmik zur eindeutigen Spezifikation einer bestimmten Funktionalität. In unserem Beispiel könnte man schreiben:

```
/* Die Regelung der Wohnungstemperaturen erfolgt mit */
/* einer diskretisierten Form des PID-Algorithmus.   */
/* Die Wassertemperatur des Kessels wird mit dem      */
/* Zweipunktalgorithmus geregelt.                     */
```

Für verteilte Systeme wurden eine ganze Reihe von Spezifikationsmethoden entwickelt. Eine davon ist die "Conic"-Umgebung [7, 8]. Betrachtet man Conic, und insbesondere die in den beiden zitierten Artikeln angegebenen Beispiele, näher, so stellt man fest, daß die wesentlichen Conic-Spezifikationskonstrukte eins-zu-eins auf in Konfigurationsteilen verwendete Mehrrechner-PEARL-Anweisungen abgebildet werden können.

5 Konzeptionelle Schwächen von PEARL

Zwar hebt sich PEARL wegen seiner unerreicht guten und anwendungsadäquaten Ausdrucksmöglichkeiten deutlich von allen anderen industriellen Echtzeitprogrammiersprachen ab, jedoch gibt es auch Bereiche, in denen PEARL Schwächen aufweist. Diese betreffen seine Eignung sowohl als Realzeitprogrammier- als auch als Spezifikationssprache. Die wesentlichen Mängel werden im folgenden kurz dargestellt.

Termine In PEARL können Tasks Prioritäten zugewiesen werden, um bei Konkurrenzsituationen um Betriebsmittel Ausführungsreihenfolgen festzulegen. Dieses Prioritätskonzept ist abhängig von Zusammenhang, Umgebung und Implementierung und somit nicht sachgerecht. Was der Benutzer eigentlich will — und zwar schon auf der Spezifikationsebene — ist, für Systemreaktionen Fertigstellungstermine anzugeben.

Terminüberschreitungen Wird aber die anwendungsorientierte Möglichkeit der Spezifizierung von Deadlines für die Task-Bearbeitung geschaffen, so entsteht sofort das Problem von Überlastungen und Terminüberschreitungen. Im Interesse von Vorhersehbarkeit und Verläßlichkeit des Systemverhaltens ergibt sich daraus die Notwendigkeit, die möglichst frühzeitige Behandlung entsprechender Ausnahmesituationen spezifizieren zu können.

Synchronisierung Zur Synchronisierung kennt PEARL nur die implementierungsnahen prozeduralen Konstrukte (sehr) niedrigen Niveaus Semaphor und Bolt (in Full PEARL). Auf der Spezifikationsebene sind diese völlig ungeeignet und auf der Programmierebene stellen sie den fehleranfälligsten Teil der Sprache dar [1]. Darum sind andere, und zwar funktionale und strukturierte Synchronisationselemente einzuführen. Bei der Behandlung wechselseitiger Ausschlüsse muß klar ersichtlich sein, welche Betriebsmittel in welcher Weise zu schützen sind. Weiterhin müssen maximale Wartezeiten vor Eintritt in kritische Regionen, maximale Aufenthaltszeiten darin sowie geeignete Ausnahmereaktionen spezifizierbar sein. Auf der Task-Ebene besteht Bedarf an Ausdrucksmöglichkeiten zur abstrakten Beschreibung von Nebenläufigkeit und von Vorgänger-Nachfolger-Beziehungen.

Zeit- und Ereignisüberwachungsmechanismen Häufige Aufgaben in der Automatisierungstechnik sind Überwachungen, ob, wann und in welcher Reihenfolge bestimmte Ereignisse eintreten. Diese Aufgaben sind zwar in natürlicher Sprache leicht und deutlich zu formulieren, jedoch in PEARL nur mit unübersichtlich großem prozeduralen Aufwand.

Um hier Abhilfe zu schaffen, wurden bereits geeignete zusätzliche Sprachmittel definiert [3]. Ihre syntaktische Form folgt der Tradition bisheriger PEARL-Versionen, d.h. die Formalisierung ist äußerst gering ausgeprägt, so daß auch diese Sprachkonstrukte ohne vorherige Schulung von Ingenieuren sofort gelesen und unmißverständlich interpretiert werden können. Diese neuen Sprachelemente bilden zusammen mit der in Abschnitt 3 genannten Teilmenge von PEARL und Kommentaren in natürlicher Sprache *"Spezifikations-PEARL"*.

6 Schlußfolgerung

Wir haben in diesem Artikel dargelegt, daß eine erweiterte Teilmenge von PEARL zur Spezifikation von Echtzeitanwendungen eingesetzt werden kann. Dabei werden zwar syntaktisch richtige Sprachkonstrukte benutzt, jedoch keine ablauffähigen PEARL-Programme erzeugt. Statt dessen setzen sich Programmspezifikationen aus Texten zusammen, in denen i.w. die Software-Struktur mit den ausgewählten Sprachmitteln beschrieben und die Details und die Algorithmik durch in natürlicher Sprache abgefaßte Kommentare angegeben werden. Insbesondere haben wir nachgewiesen, daß das so definierte *"Spezifikations-PEARL"* die folgenden Eigenschaften besitzt, die allgemein an gute Spezifikationssprachen gestellt werden:

- Abstraktion, d.h. unwesentliche Details werden unterdrückt, die Begriffswelt des Anwendungsbereichs wird unterstützt und auf die Implementierung wird nicht Bezug genommen; Anwendungskonzepte, -strukturen, Beziehungen und Abläufe sind leicht erkennbar,

- leicht lesbare, aber dennoch präzise Notation,

- Möglichkeit zur eindeutigen und vollständigen Beschreibung von Anforderungen und Entwürfen,

- Unterstützung der wirksamen Kommunikation zwischen Auftraggebern, Entwicklern und Anwendern über zu entwickelnde Systeme,

- leichte Erweiterbarkeit von Spezifikationen in ausführbare Prototypen und

- systematische Einbindung der Spezifikationsmethode in den gesamten Entwicklungsprozeß.

Literatur

[1] A. Ghassemi: *Untersuchung der Eignung der Prozeßprogrammiersprache PEARL zur Automatisierung von Folgeprozessen.* Dissertation, Universität Stuttgart, 1978.

[2] GI-Fachgruppe 4.4.2 "Echtzeitprogrammierung, PEARL": *PEARL'90 Sprachreport,* Version 1.0. Bonn: Gesellschaft für Informatik, 1993.

[3] W.A. Halang und A.D. Stoyenko: Extending PEARL for Industrial Real-Time Applications. *IEEE Software,* 10, 4, 65–74, 1993.

[4] D.J. Hatley und I.A. Pirbhai: *Strategien für die Echtzeitprogrammierung.* München-Wien: Carl Hanser Verlag 1993.

[5] Internationale Norm IEC 1131-3: *Programmable Controllers. Part 3: Programming Languages.* Genf: International Electrotechnical Commission 1992.

[6] B. Krämer und Luqi: Specification-based software construction. In: B.D. Shriver (Hrsg.), *Proc. 23rd Annual Hawaii International Conference on System Sciences,* Vol. II. North Hollywood: Western Periodicals Company 1990.

[7] J. Kramer, J. Magee und K. Ng: Graphical Configuration Programming. *IEEE Computer,* 53 – 65, Oktober 1989.

[8] J. Kramer, J. Magee und A. Finkelstein: A Constructive Approach to the Design of Distributed Systems. *Proc. 10th International Conference on Distributed Computing Systems,* Paris, 1990.

[9] R. Lauber: *Prozeßautomatisierung,* Band 1, 2. Auflage. Berlin-Heidelberg-New York-London-Paris-Tokio: Springer-Verlag 1989.

Interpretation graphischer Echtzeit-Spezifikationen mittels Graphgrammatiken

Christiane Feder-Andres
sd&m GmbH
Thomas-Dehler-Straße 18
D-81737 München

Zusammenfassung

Die Erfahrung der industriellen Softwareerstellung lehrt, daß die meisten Software-fehler bereits vor der eigentlichen Implementierungsphase gemacht werden. Korrekt-heitsprüfungen sollten somit in den frühen Phasen der Softwareentwicklung durchge-führt werden. Ein Ansatz zum Auffinden möglicher Fehler während der Entwurfs-phase, ist das dynamische Ausführen der Spezifikation. In dem vorliegenden Artikel beschreiben wir, wie Spezifikationen von Echtzeitsystemen mittels Graphgrammati-ken interpretiert, d.h. ausführbar gemacht werden können. Prozeßgraphen beschreiben die Ablaufstrukturen einzelner Prozesse des Echtzeitsystems. Die Semantik des Sen-dens und Empfangens von Nachrichten wird mittels Graphproduktionen beschrieben. Das dynamische Verhalten kommunizierender Prozesse ergibt sich aus der Anwen-dung der Graphproduktionen auf die Prozeßgraphen. Der vorgestellte Interpretierer ist eingebettet in eine Entwicklungsumgebung für verteilte Anwendungen.

1.   Einleitung

Ebenso wie jedes andere industrielle Produkt unterliegt auch das Produkt Software be-stimmten Qualitätsanforderungen. Nach der DIN Definition 55350 [2] ist Qualität definiert als

> "... die Gesamtheit von Eigenschaften und Merkmalen eines Produktes oder einer Tätigkeit, die sich auf deren Eignung zur Erfüllung gegebener Erfordernisse be-ziehen."

Die Anforderungen, die an Programme zur Steuerung von Echtzeitsystemen gestellt werden, sind gemäß der DIN Definition 44300 [3] folgendermaßen definiert:

> "Echtzeitbetrieb ist ein Betrieb eines Rechensystems, bei dem Programme zur Verar-beitung anfallender Daten ständig betriebsbereit sind ... "

Es wird darüber hinaus natürlich von Echtzeitprogrammen, ebenso wie von allen anderen Arten von Softwaresystemen, erwartet, daß sie auf korrekte Eingaben korrekte Ergebnisse liefern und auf fehlerhafte Eingaben eine wohldefinierte, angemessene Reaktion zeigen. Dies ist umso wichtiger, als Software in immer umfangreichere Systeme integriert wird und dabei immer verantwortungsvollere Aufgaben übernimmt. Man denke hierbei nur an vollautomatisierte Fertigungsstraßen in der Automobilindustrie, Kraftwerkssteuerungen oder Autopiloten in Flugzeugen.

Neben diesem Sicherheitsaspekt spielt der Kostenaspekt bei der Softwareerstellung eine nicht unerhebliche Rolle. Eine Untersuchung von Boehm [4] hat gezeigt, daß die Kosten, die durch die Korrektur von Fehlern verursacht werden, ansteigen, je früher die Fehler gemacht und je später sie entdeckt werden. Die Tragweite dieses Ergebnisses wird umso deutlicher, wenn man sich vor Augen führt, daß ein Großteil der Fehler, die erst während oder nach der Programmabnahme entdeckt wurden, ihre Ursache bereits in der Analyse- und Spezifikationsphase hatten.

Die Konsequenz, die aus diesen Beobachtungen gezogen wurde ist eine die Software-Entwicklung begleitende und in den Entwicklungsprozeß fest integrierte Qualitätssicherung (siehe zum Beispiel [1] und [9]). Insbesondere besteht die Qualitätskontrolle nicht mehr nur aus dem Testen des Programmcodes, sondern umfaßt auch Qualitätssicherungsmaßnahmen während der Problemanalyse- und Entwurfsphase. Ein Ansatz zum Auffinden möglicher Fehler in der Entwurfsphase ist das Testen des dynamischen Verhaltens des spezifizierten Systems. Diese Tests werden erleichtert, wenn die vorgegebene Spezifikation interpretiert, d.h. ausgeführt werden kann.

Im folgenden Abschnitt beschreiben wir, welche Art von Korrektheitsprüfungen für Spezifikationen durchgeführt werden können. Daraus werden die Anforderungen an ein Werkzeug abgeleitet, mit dessen Hilfe eine vorgegebene Spezifikation getestet werden kann. Wir haben unseren Überlegungen eine graphische Spezifikationsmethode zugrunde gelegt. Als Beschreibungsmittel für die Semantik der "Sprachelemente" der Methode haben wir Graphgrammatiken gewählt. Wie Graphgrammatiken eingesetzt werden können, um das dynamische Verhalten der Spezifikation zu modellieren, wird im dritten und vierten Kapitel erläutert. Realisiert man die Graphproduktionen und wendet sie auf eine ebenfalls mittels eines Graphen beschriebene Spezifikation an, so hat man einen Interpretierer vorliegen. Der von uns realisierte Interpretierer ist in eine Entwicklungsumgebung für verteilte Anwendungen integriert, die wir abschließend kurz vorstellen.

2.   Testen von Spezifikationen

Die Überprüfung der Korrektheit von Spezifikationen findet am Ende der Entwurfsphase, noch vor Eintritt in die Implementierungsphase, statt. Dabei kann zum einen die Richtigkeit der Spezifikation gegenüber der Anforderungsdefinition, also die externe Korrektheit, und zum anderen die interne Korrektheit der Spezifikation geprüft werden.

Welche Arten von Prüfungen möglich sind, hängt wesentlich von der gewählten Spezifikationsmethode ab. Wir haben dieser Arbeit die graphische Spezifikationsmethode PASS (Parallel Activities Specification Scheme) zugrunde gelegt, die für den Entwurf kommunizierender Prozeßsysteme entworfen wurde. Eine ausführliche Beschreibung dieser Methode gibt Fleischmann [5]. Wir erläutern nachfolgend lediglich die Grundprinzipien der Methode, die für das weitere Verständnis notwendig sind.

2.1 Eine graphische Spezifikationsmethode

Die Spezifikationsmethode PASS beschreibt das Verhalten von Prozeßsystemen mithilfe einer Menge von Graphen. Für jeden Prozeß wird das Ablaufverhalten durch einen Graphen beschrieben, wobei die Knoten Aktionen des Prozesses beschreiben und die Kanten die Reihenfolge dieser Aktionen festlegen. Mögliche Aktionen eines Prozesses sind interne Berechnungen, das Senden von Nachrichten oder das Empfangen von Nachrichten. Prozesse können miteinander entweder synchron oder asynchron kommunizieren. Konkret heißt das für den Fall des Sendens einer Nachricht folgendes:

Bei synchroner Kommunikation versucht der Sendeprozeß dem Empfangsprozeß die Nachricht direkt zu übergeben ("Rendezvous"). Dabei wartet der Sendeprozeß so lange, bis der Empfänger die Nachricht annimmt, oder die Übertragung wegen Zeitüberschreitung abgebrochen wird. Wartet dagegen der Empfänger bereits auf die Nachricht, so kann die Übertragung sofort abgeschlossen werden und sowohl Sender als auch Empfänger können ihre individuelle Verarbeitung fortsetzen.

Von asynchroner Kommunikation spricht man, wenn der Empfänger über einen Wartebereich verfügt, in den gesendete Nachrichten eingetragen werden. Der Sender der Nachricht wird dabei nur so lange blockiert, bis die Nachricht im Wartebereich abgelegt ist. Ist der Wartebereich voll, so wird der Sendeprozeß solange blockiert, bis entweder wieder Platz im Wartebereich ist oder die Übertragung wegen Zeitüberschreitung abgebrochen wird. Der Empfänger liest die Nachrichten aus seinem ihm eindeutig zugeordneten Wartebereich. Die Größe des Wartebereichs, d.h. die maximale Zahl eintragbarer Nachrichten bestimmt das Maß an Parallelität kommunizierender Prozesse.

Wir legen dem Lebenszyklus von PASS-Prozessen ein implementierungsbezogenes Prozeßzustandsmodell zugrunde, das wir im folgenden kurz erläutern (siehe dazu Abbildung 1). Jeder Prozeß kann zu einem Zeitpunkt genau einen der Zustände "aktiv", "lauffähig", "wartend" oder "ruhend" annehmen.

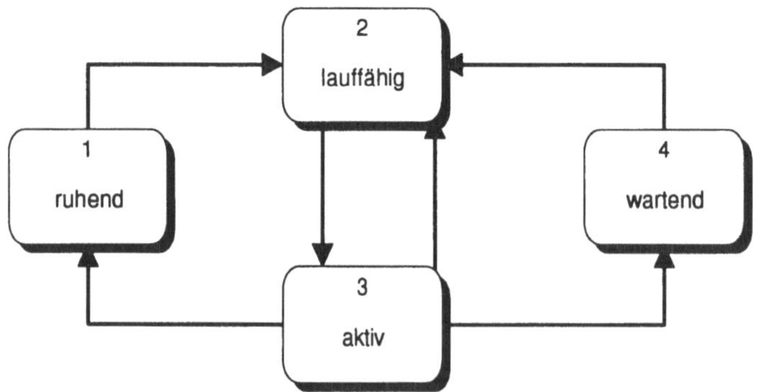

Abbildung 1: Zustandsmodell für Prozesse

Zunächst sind alle Prozesse lauffähig. Der Prozeß, dem ein Prozessor zugeteilt ist, ist aktiv. Nur ein aktiver Prozeß kann Berechnungen durchführen. Hat ein aktiver Prozeß eine Kommunikationsanweisung erfolgreich ausgeführt, wird er in den Zustand "lauffähig" versetzt. Anschließend wird aus allen einem Prozessor zugeordneten lauffähigen Prozessen wieder ein Prozeß ausgewählt und in den Zustand "aktiv" versetzt. Kann ein aktiver Prozeß eine Sende-

oder Empfangsanweisung nicht wie gewünscht ausführen - weil z.B. der Partnerprozeß bei synchroner Kommunikation noch nicht wartet - wird er in den Zustand "wartend" versetzt. Sobald der Partnerprozeß dann die passende Kommunikationsanweisung ausführt, wird der wartende Prozeß in den Zustand "lauffähig" versetzt. Ein aktiver Prozeß, der lediglich eine interne Berechnung durchführt, bleibt im Zustand "aktiv". Sobald ein Prozeß vollständig abgearbeitet oder explizit beendet ist, wird er in den Zustand "ruhend" versetzt und ist damit allen weiteren Prozessorvergabe-Betrachtungen entzogen. Erst durch eine erneute explizite Aktivierung kann dieser Prozeß wieder "lauffähig" werden.

2.2 Korrektheit von Echtzeit-Spezifikationen

Für die Spezifikationsmethode PASS umfaßt die Überprüfung der internen Korrektheit die Prüfung auf Vollständigkeit und die Untersuchung der Verklemmungsfreiheit. Vollständigkeit heißt dabei:

- Abgeschlossenheit der Kommunikation:

  Jede Nachricht, die von einem Prozeß gesendet wird, muß vom Empfänger erwartet werden. Entsprechend muß jede Nachricht, die von einem Prozeß erwartet wird, von einem anderen Prozeß gesendet werden.

- Korrektheit der Nachrichten:

  Anzahl und Typ der Nachrichtenparameter müssen bei Sender und Empfänger übereinstimmen bzw. verträglich sein. Der Aufbau der Nachrichten muß genau beschrieben sein.

- Vollständigkeit des internen Ablaufs:

  Für jedes mögliche Ergebnis einer internen Berechnung muß die Reaktion im Prozeßablauf festgelegt sein. Außerdem muß das Ein-/Ausgabeverhalten interner Berechnungen genau beschrieben sein.

Mit der Überprüfung der Verklemmungsfreiheit soll sichergestellt werden, daß es durch das Kommunikationsverhalten der in einem verteilten System vorgesehenen Prozesse nicht zu Verklemmungssituationen kommen kann.

2.3 Statische versus dynamische Prüfungen

Ähnlich wie bei den klassischen Ansätzen zur Prüfung von Programmen, sind auch für Spezifikationen statische und dynamische Prüfungsverfahren denkbar.

Statisch kann die Korrektheit der Nachrichten und die Vollständigkeit des internen Ablaufs untersucht werden. Die Abgeschlossenheit der Kommunikation kann statisch nur teilweise geprüft werden. Diese zeitlichen Abläufe können erst durch die dynamische "Ausführung" der Spezifikation transparent gemacht werden. Mit dynamischen Prüfungen kann man darüber hinaus das Verklemmungsverhalten beobachten. Registriert man dabei auch das Ein-/Ausgabeverhalten des Systems, so kann man das Ergebnis mit der Anforderungsdefinition vergleichen und somit auch die externe Korrektheit der Spezifikation überprüfen.

2.4   Anforderungen an Testwerkzeuge

Gemäß dem Grundsatz, daß eine Methode gerade so gut ist, wie die Werkzeuge, die dem Anwender zur Verfügung stehen, stellt sich nun die Frage nach einem geeigneten Testwerkzeug für den dynamischen Test von Spezifikationen.

Das Testwerkzeug muß die Simulation verschiedener Prozeßabläufe ermöglichen. Dabei müssen verschiedene reale Betriebsarten nachgebildet werden können:

- echt paralleler Ablauf von Prozessen durch Zuordnung zu verschiedenen Prozessoren,

- quasiparalleler Ablauf der Prozesse mit verschiedenen Prozessorvergabestrategien,

- gezieltes Ansteuern kritischer Systemzustände (z.B. Verklemmung, Wartebereichsüberlauf),

- gezieltes "Zurücksetzen" auf frühere Systemzustände,

- automatischer Ablauf nach Vorgabe der Initialwerte sowie

- schrittweiser Ablauf.

Diese Anforderungen werden von einem Werkzeug erfüllt, das als Befehlsinterpretierer arbeitet und die Anweisungen der spezifizierten Prozesse auf einer abstrakten Maschine ausführt.

Nicht erfüllt werden diese Anforderungen von einem Werkzeug, das die Spezifikation lediglich in ausführbaren Code einer Programmiersprache übersetzt. Hier übernimmt das konkrete Betriebssystem die Kontrolle über den dynamischen Ablauf der Prozesse. Dem Tester ist damit die Möglichkeit genommen, das Systemverhalten im obigen Sinne zu beeinflussen.

3.   Der Programmgraph

Das von uns entwickelte Testwerkzeug ist ein Interpretierer für PASS-Spezifikationen. Realisierungsgrundlage für den Interpretierer ist ein Graphersetzungssystem. Der Einsatz von Graphersetzungssystemen wird nachfolgend eher intuitiv beschrieben. Die formal korrekte Beschreibung kann in der diesem Artikel zugrundeliegende Arbeit [6] nachgelesen werden. Für eine allgemeine Einführung in die Theorie der algorithmischen Graph-Grammatiken ist das Buch von Nagl [8] zu empfehlen.

Wir wollen das dynamische Verhalten eines Prozeßsystems beschreiben. Jeder einzelne Prozeß ist in PASS bereits als Graph beschrieben. Dieser Graph gibt an, welche Anweisungen ein Prozeß in welcher Reihenfolge ausführen kann. Die Semantik jeder Anweisung kann mithilfe von Graph-Produktionen beschrieben werden. Diese Graph-Produktionen definieren die Veränderungen, die an den Graphen vorgenommen werden müssen, um die Wirkung der Anweisung sichtbar zu machen. In unserem Fall müssen wir in Form von Graph-Produktionen beschreiben, welche Semantik das Senden einer Nachricht, das Empfangen einer Nachricht sowie die Ausführung von internen Berechnungen besitzt. Wendet man nun diese Graph-Produktionen auf die Prozeßgraphen an, so entspricht dies genau den Vorgängen bei der Abarbeitung eines Programms: Schritt für Schritt wird eine Anweisung nach der anderen abgearbeitet.

Genau wie das Betriebssystem für die Ausführung von Programme einen Befehlszähler benötigt, so benötigen wir auch für die Ausführung von Graphen zusätzliche Verwaltungsinformationen. In graphischer Form dargestellt werden beispielsweise:

- der jedem Prozeß vorgelagerte Wartebereich für den Empfang von Nachrichten,

- der Zustand (aktiv, wartend, lauffähig, ruhend) in dem sich jeder Prozeß befindet sowie

- der Abarbeitungszustand für jeden Prozeß, d.h. eine Art Zeiger auf die aktuell bearbeitete Anweisung.

Die Produktionen des Graph-Ersetzungssystems wirken lediglich auf diese Verwaltungsinformationen verändernd. Das ist vernünftig so, denn auch ein Betriebssystem ändert lediglich die Verwaltungsinformation und nicht die Anweisungen der Programme.

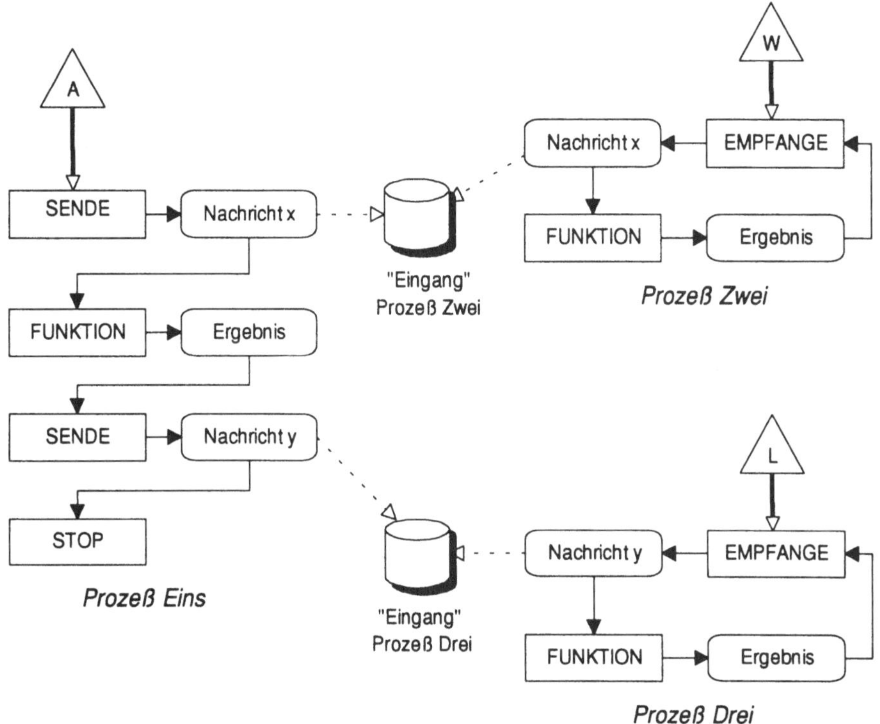

Abbildung 2: System mit drei Prozessen

Abbildung 2 liefert uns die Momentaufnahme eines Systems von drei kommunizierenden Prozessen. Prozeß Eins will eine Nachricht x an Prozeß Zwei senden, danach eine interne Berechnung durchführen, anschließend eine Nachricht y an Prozeß Drei senden und sich schließlich beenden. Prozeß Zwei wartet auf eine Nachricht x, wird danach eine interne Berechnung durchführen und anschließend erneut auf eine Nachricht x warten. Prozeß Drei wird eine Nachricht y empfangen, ebenfalls eine interne Berechnung durchführen und dann wieder auf eine Nachricht y warten. Die Verwaltungsinformation ist in Form von Dreiecken und

Kreiszylindern wiedergegeben. Die in der Abbildung dargestellten Kreiszylinder symbolisieren eine synchrone Kommunikation zwischen Sender und Empfänger. Für jeden Prozeß gibt ein Dreiecksknoten an, in welchem Zustand sich der Prozeß gerade befindet. Prozeß Eins ist im Zustand aktiv ("A"), Prozeß Zwei im Zustand wartend ("W") und Prozeß Drei im Zustand lauffähig ("L"). Außerdem wird von dem Dreiecksknoten aus auf die Anweisung "gezeigt", die gerade bearbeitet wird.

4. Die Graphproduktionen: ein Beispiel

Wir werden im folgenden erläutern, wie Graphproduktionen einer Graphgrammatik eingesetzt werden können, um die Semantik des synchronen Sendens einer Nachricht nachzubilden.

Das Kontrolldiagramm in Abbildung 3 gibt an, welche Graphproduktionen nacheinander und unter welchen Bedingungen auf einen vorgegebenen Programmgraphen angewendet werden müssen. Die Graphproduktionen d1, pzzg, p2 und p3 sind in Abbildung 4 wiedergeben.

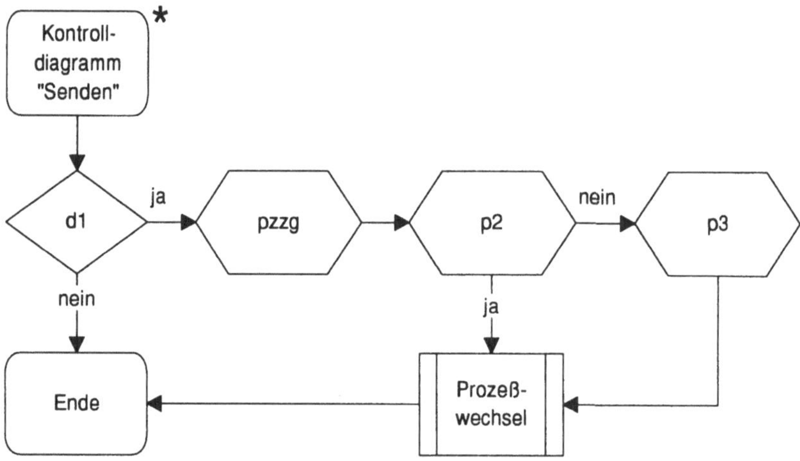

Abbildung 3: Kontrolldiagramm für die Sende-Anweisung

Produktion d1 prüft zunächst, ob in dem vorgegebenen Programmgraphen eine Sendeanweisung ausgeführt werden kann. Nur wenn für einen aktiven Prozeß die nächste auszuführende Anweisung eine Sende-Anweisung ist, werden weitere Produktionen des Kontrolldiagramms benötigt. Außerdem wird durch d1 automatisch festgelegt, auf welche Stellen (also Knoten und Kanten) im Programmgraphen sich die weiteren Produktionen beziehen sollen.

Die Spezifikationsmethode PASS erlaubt es, bei einer Sende-Anweisung alternativ mehrere Nachrichten anzugeben. Zum Ausführungszeitpunkt wird aus dieser Menge von Nachrichten genau eine Nachricht ausgewählt und gesendet. Diese Auswahl einer Nachricht wird mit der Produktion pzzg durchgeführt. In der Funktion ZZG (Zufallszahlengenerator) ist der Algorithmus, nach dem die Auswahl erfolgt, verborgen. Hier kann beispielsweise der Algorithmus des späteren Laufzeitsystems Eingang finden.

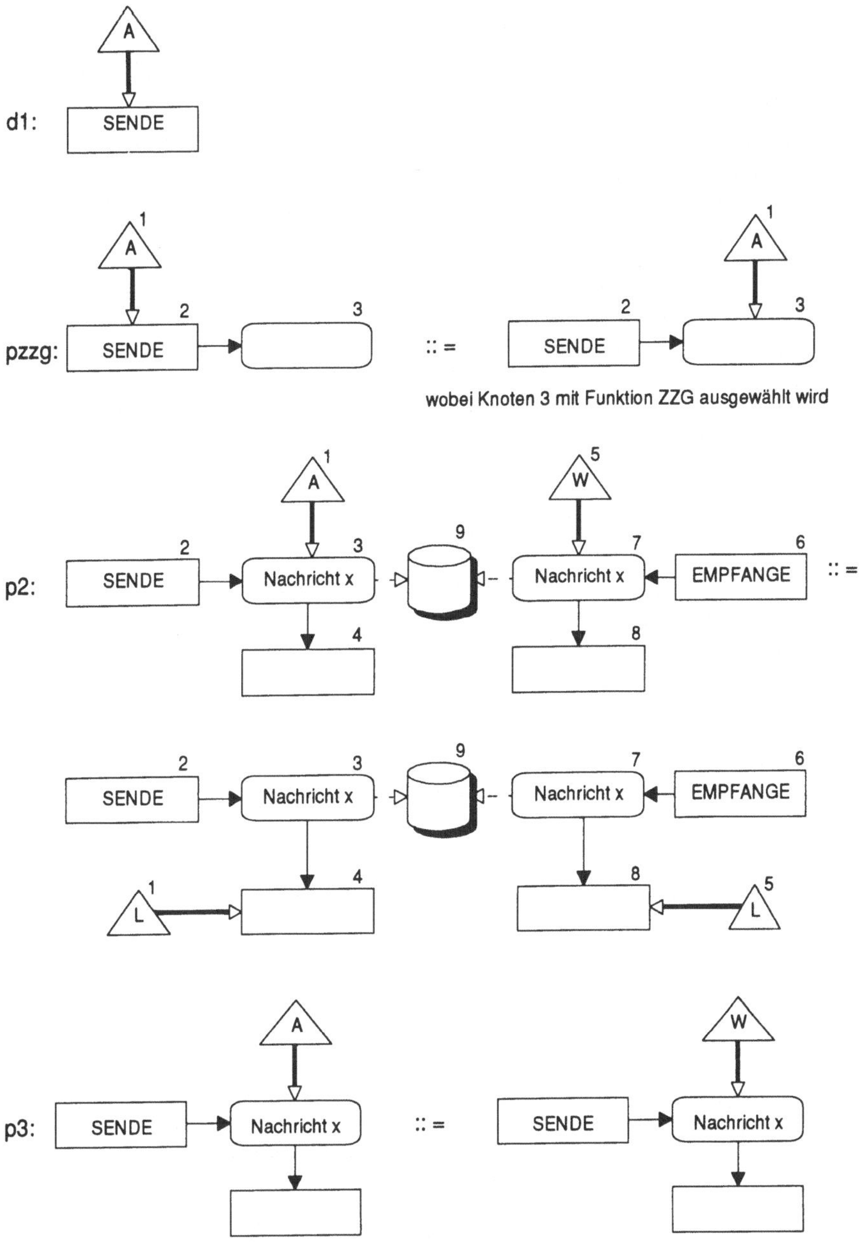

Abbildung 4: Graphproduktionen für die Sende-Anweisung

Mit Produktion p2 wird der synchrone Nachrichtenaustausch zwischen dem sendenden Prozeß und dem bereits wartenden Empfangsprozeß beschrieben. Wichtig ist hier, daß beide Prozesse die gleiche Nachricht senden bzw. empfangen wollen. Der Nachrichtenaustausch wird durchgeführt, indem für beide Prozesse die nächste auszuführende Anweisung ausgewählt wird (Knoten 4 bzw. 8) und beide Prozesse lauffähig gesetzt werden (siehe Zustandsknoten 1 und 5).

Wartet der Empfänger noch nicht auf die zu sendende Botschaft, so muß anstelle von Produktion p2 Produktion p3 angewendet werden. Mit p3 wird der sendende Prozeß in den Zustand "wartend" versetzt.

Nach Anwendung der Produktionen p2 oder p3 findet der Prozeßwechsel (vgl. Abbildung 3) statt. Dabei wird aus allen lauffähigen Prozessen gemäß einer auswählbaren Scheduling-Strategie der Prozeß ausgewählt, der als nächstes ausgeführt werden soll. Dieser Prozeß wird in den Zustand "aktiv" versetzt. Damit ist die Abarbeitung der Sende-Anweisung beendet.

In ähnlicher Weise können die Kontrolldiagramme und Graphproduktionen für die Empfangs-Anweisung, die internen Funktionen sowie die Stop-Anweisung definiert werden. Die Gesamtheit der Kontrolldiagramme mit den zugehörigen Graphproduktionen definiert die Semantik der Sprachelemente der Spezifikationsmethode PASS. Darüber hinaus bilden die Kontrolldiagramme mit den Produktionen einen abstrakten Interpretierer für PASS-Spezifikationen, da die Anwendung einer Produktion -also die Ausführung einer Anweisung- sofort durch die Modifikation des Programmgraphen sichtbar wird.

5.   Einbettung in eine Entwicklungsumgebung

Eingebettet ist der Interpretierer in eine Entwicklungsumgebung für verteilte Anwendungen. Unter der Leitung von Dr. P. Holleczek wurde die Entwicklungsumgebung am Regionalen Rechenzentrum der Universität Erlangen-Nürnberg im Rahmen mehrerer Dissertationen, Studien- und Diplomarbeiten konzipiert und realisiert [7]. Die Entwicklungsumgebung umfaßt zur Zeit drei Werkzeuge für PASS-Spezifikationen:

- Diagrammeditor:
  Mit diesem Werkzeug werden die PASS-Spezifikationen erstellt.

- Codegenerator:
  Mit diesem Werkzeug werden Pearl-Programmrahmen mittels Programmsynthese aus PASS-Spezifikationen generiert.

- Simulator:
  Der beschriebene Interpretierer bildet den Kern des Simulators.

Der Interpretierer erhält die PASS-Spezifikationen als Eingangsinformation und erzeugt daraus die Prozeßgraphen. Implementierungsabhängige Eigenschaften, wie die Prozeßprioritäten, die Dimensionierung der Wartebereiche, die Anzahl der Prozessoren, die Zuordnung der Prozesse zu den Prozessoren und die Scheduling-Strategie zur Bearbeitung quasiparalleler Prozesse werden als Benutzervorgaben über die Benutzerschnittstelle eingegeben. Aufgabe des Interpretierers ist es, die Graphproduktionen schrittweise auf die Programmgraphen anzuwenden. Gesteuert wird der Interpretierer über einen Testtreiber. Der Testtreiber ermöglicht die automatische Simulation oder eine interaktiv durch den Benutzer gesteuerte Bearbeitung der Spezifikation. Bei automatischer Simulation kann aus verschiedenen Simulationszielen, wie beispielsweise der Suche nach einem verklemmungsfreien Kommunikationsablauf oder der Beobachtung des Verhaltens eines bestimmten Prozesses, ausgewählt werden. Danach läuft die Überprüfung so lange selbständig ab, bis das Simulationsziel erreicht ist oder nicht erreicht werden kann. Die Testergebnisse werden vom Interpreter und vom Testtreiber protokolliert.

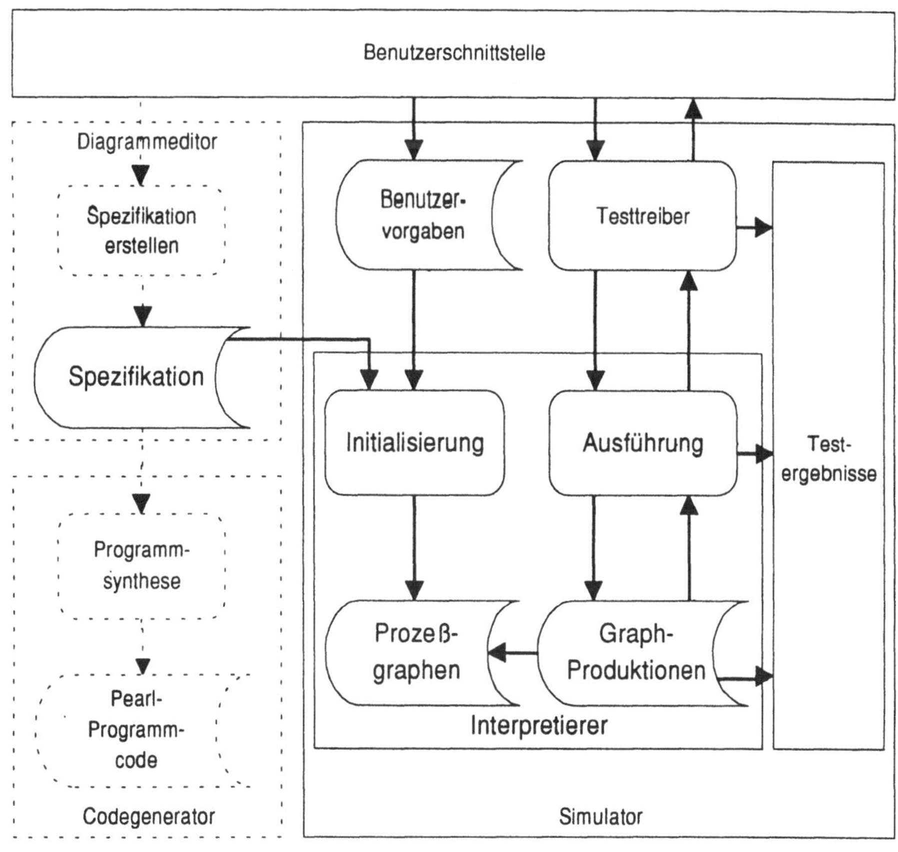

Abbildung 5: Der Interpretierer als Komponente einer Entwicklungsumgebung

Der vorgestellte Interpretierer wurde in Pascal unter MS-DOS realisiert; der Umfang des Quellcodes beträgt ca. 3200 Zeilen. Die Portierung des Interpretierers nach C unter UNIX ist geplant.

Literatur

/1/ Denert, E: Software Engineering. Springer, 1991.

/2/ Deutsches Institut für Normung: DIN 55350, 1985.

/3/ Deutsches Institut für Normung: Informationstechnik - Begriffe, DIN 44300, 1985.

/4/ Boehm, B.: Software Engineering Economics. Prentice Hall International, Englewood Cliffs, 1983.

/5/ Fleischmann, A.: Ein Konzept zur Darstellung und Realisierung von verteilten Prozeß-automatisierungssystemen. Dissertation. Universität Erlangen-Nürnberg, 1984.

/6/ Feder, Ch.: Ein Interpretierer für PASS-Spezifikationen basierend auf einem Graphersetzungssystem. Diplomarbeit. Universität Erlangen-Nürnberg, 1986.

/7/ Holleczek, P., Andres, Ch.: A Programming Environment for Distributed Realtime Applications. 22nd Annual Hawaii International Conference on System Sciences. 1989. pp.673-682.

/8/ Nagl, M.: Graph-Grammatiken - Theorie, Anwendungen, Implementierung. Vieweg-Verlag, Braunschweig, 1979.

/9/ Sommerville, I.: Software Engineering. Addison Wesley, 1989.

Erarbeitung einer integrierten Entwicklungsumgebung für PEARL90-Programme für SUN-kompatible Workstations

Stefan Weidlich

TU Dresden[1]
Institut für Automatisierungstechnik
Mommsenstr. 13
01069 Dresden
Tel.: (0351) 463 2166[2]
Fax.: (0351) 463 7039

Zusammenfassung

In Rahmen einer Diplomarbeit wurde am Institut für Automatisierungstechnik der TU Dresden eine integrierte Entwicklungsumgebung zur Erstellung von PEARL90-Programmen für SUN-kompatible Workstations erarbeitet. Dieses Programmierwerkzeug bildet eine geeignete Grundlage für die vorgesehene Anwendung der Echtzeitsprache PEARL90 in der studentischen Ausbildung des Instituts.

In diesem Beitrag wird zuerst mit der Beschreibung der bisherigen Bedienungsmöglichkeiten des verwendeten PEARL90-Programmiersystems der Firma Werum die Ausgangssituation dargestellt. Daraus werden die wichtigsten Anforderungen an ein Programmierwerkzeug abgeleitet, das in der studentischen Ausbildung genutzt werden soll. Es wird dann der erweiterbare Editor *GNU Emacs* vorgestellt, der als Basis für die Entwicklungsumgebung diente. Schließlich werden kurz die Vorgehensweise zur Erarbeitung der PEARL90-Entwicklungsumgebung sowie ihre wichtigsten Eigenschaften beschrieben.

1. Einleitung

Die Echtzeitprogrammiersprache PEARL90 soll in der studentischen Ausbildung des Instituts für Automatisierungstechnik der TU Dresden Anwendung finden. Dazu steht ein Programmiersystem der Firma Werum für SUN-Workstations zur Verfügung. Dieses PEARL90-System umfaßt den eigentlichen Compiler samt der von ihm benötigten Dateien sowie eine Laufzeitbibliothek und einige Zusatzwerkzeuge (siehe [WERUM 92b]). Zur Programmerstellung sind zusätzlich ein Editor, ein C-Compiler und ein Systemlinker zu benutzen. Die Bedienung der einzelnen Tools erfolgte bisher kommandozeilenorientiert.

Demgegenüber hat sich bei den weitverbreiteten und in der Ausbildung überwiegend eingesetzten Programmierwerkzeugen unter dem Betriebssystem DOS (z.B. die Borland-Systeme) der Trend zur komfortablen Programmerstellung mit Hilfe von integrierten Entwicklungsumgebungen eindeutig durchgesetzt. Die Qualität der Umgebung zählt hier inzwischen zu den wichtigsten Eigenschaften eines Programmiersystems.

---

[1] jetzt tätig bei AMTEC GmbH, Neukirchstr. 62, 13089 Berlin, Tel.: (030) 471 9302/03
[2] Ansprechpartner Frau Dr. A. Braune

Die Aufgabe der Arbeit bestand daher darin, eine integrierte Entwicklungsumgebung zur Erstellung von PEARL90-Programmen auf SUN-kompatiblen Workstations zu erarbeiten.

Durch diese Entwicklungsumgebung kann nun die notwendige Einarbeitungszeit für die Studenten, die das PEARL90-System nur gelegentlich nutzen werden, möglichst gering gehalten werden. Außerdem wird bei den Studenten, die sonst häufig mit den komfortablen DOS-Programmiersystemen arbeiten, die Motivation beim Benutzen der PEARL90-Systems durch die erweiterten Bedienungsmöglichkeiten der Entwicklungsumgebung verbessert, wodurch auch die Akzeptanz der Programmiersprache selbst zunehmen könnte.

2. Das PEARL90-Programmiersystem von Werum

2.1 Technologie der Programmentwicklung

Zur Entwicklung eines PEARL-Programms mit Hilfe des Werum-Compilersystems ist als erstes ein auf dem Rechnersystem verfügbarer Editor zur Erstellung einer Quelltextdatei zu benutzen. Dann wird der PEARL90-Compiler aufgerufen. Ihm wird der Name der Quelltextdatei (*name.prl*) als Parameter übergeben. Der PEARL90-Compiler erzeugt eine Datei mit lesbarem C-Code (*name.c*) und ein Listing (*name.lis*), das Fehlermeldungen und Warnungen des Compilers enthält. Der C-Code muß mit einem C-Compiler weiterübersetzt werden. Die entstehende Objekt-Datei (*name.o*) wird dann von einem Systemlinker mit den PEARL- und C-Laufzeitfunktionen verbunden (siehe Bild 'Technologie der Programmentwicklung mit dem PEARL90-System von Werum').

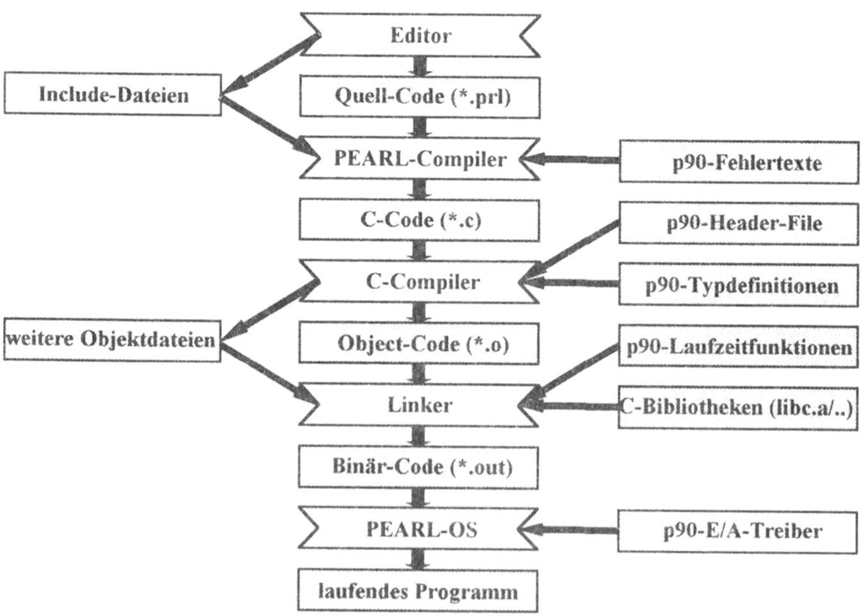

Bild 'Technologie der Programmentwicklung mit dem PEARL90-System von Werum'

2.2 Beurteilung der Bedienmöglichkeiten

Die bisherige Form der Programmerstellung war von folgenden Eigenschaften gekennzeichnet:

- Benutzung eines Editors, dessen Bedienungsform u.U. ungewohnt sowie unkomfortabel ist und der die Notation von PEARL90-Quelltexten nicht speziell unterstützt,

- Verlassen des Editors zum Übersetzen des Quelltextes,

- Aufrufen des PEARL90-Compilers, des C-Compilers und des Linkers von der Kommandozeile aus,

- Aufrufkommandos mußten in jeweiliger Syntax und in richtiger Reihenfolge alle benötigten Parameter in Form von Dateinamen und Optionen enthalten, wodurch oft lange u.U. Pfadangaben enthaltende Kommandos entstanden, die viele Fehlerquellen boten,

- bei Auftreten von Programmfehlern mußte meist durch manuelles Wiederaufrufen des Editors der gesamte Zyklus von vorn begonnen werden,

- zur Fehlersuche wurde die entsprechende Meldung des PEARL90-Compilers, die die fehlerhafte Quelltextzeile und einen Kommentar enthält, programmtechnisch nicht berücksichtigt; der Nutzer mußte sie sich merken oder manuell in irgendeiner Form sichern,

Unter dem Aspekt der geplanten Anwendung des PEARL90-Programmiersystems von Werum in der studentischen Ausbildung mußte festgestellt werden, daß die bisherige Form der Bedienung für die Studenten nur bedingt geeignet war, da die notwendige Einarbeitungszeit in den meisten Fällen zu lang gewesen wäre. Die beschriebenen Bedienungsformen wären im Vergleich zu den Möglichkeiten der komfortablen DOS-Entwicklungsumgebungen, mit denen die Studenten in der Regel vertraut sind, wahrscheinlich als umständlich empfunden worden. Das hätte dazu führen können, daß bei der Einschätzung der Eignung von PEARL als Echtzeitsprache die vielseitigen Möglichkeiten der Sprache gegenüber den vergleichsweise unkomfortablen Bedienungsmöglichkeiten der Programmierwerkzeuge in den Hintergrund getreten wären.

3. Anforderungen an eine PEARL90-Entwicklungsumgebung

Zur komfortableren Benutzung der Funktionen des verwendeten Editors sowie zur Vereinfachung des Aufruf der Übersetzungswerkzeuge war eine integrierte Entwicklungsumgebung zu erarbeiten, die im einzelnen folgende Eigenschaften aufweisen sollte:

- einfache und leicht erlernbare Aufrufmöglichkeiten der wichtigsten Editierfunktionen,

- PEARL-spezifische Funktionen zur Quelltexterstellung (siehe Abschnitt 6.4),

- integrierter und vereinfachter Aufruf der einzelnen Übersetzungswerkzeuge bei Erhaltung ihrer vollen Funktionalität, z.B. automatisches Starten des Übersetzungszyklusses über Funktionstasten bzw. Laden der Standardform des Aufrufs und Beeinflussung der Übersetzung durch zusätzliche Aufrufoptionen,

- ebenfalls in den Editor integrierter automatischer Start des übersetzten Programms,

- Abbrechen des Übersetzungsprozesses bei Programmfehlern und automatische Positionierung des Cursors auf die entsprechende Fehlerzeile bei gleichzeitiger Ausgabe des jeweiligen Fehlerkommentars,

- integrierte Ausführung von Systemfunktionen z.B. zur Dateiverwaltung,

- auf die konkrete PEARL90-Entwicklungsumgebung bezogene Online-Hilfen.

Weitere Eigenschaften einer PEARL90-Entwicklungsumgebung sind vorstellbar und grundsätzlich auch realisierbar, ihre Implementierung war innerhalb des für diese Arbeit zur Verfügung stehenden Zeitraumes nicht möglich.

Zu diesen dann nachträglich zu ergänzenden Möglichkeiten der Entwicklungsumgebung zählen:

- ein kontextabhängiges hierarchisches PEARL90-Hilfesystem,

- Unterstützung zur Nutzung des PEARL-Debugtools *pview* oder des Cross-Referenz-Tools *xref*, z.B. durch einen vereinfachten integrierten Aufruf.

4. Der Editor *GNU Emacs*

4.1 Gründe für die Wahl dieses UNIX-Tools

Zur Erarbeitung der Entwicklungsumgebung boten sich zwei Möglichkeiten an: Die Erarbeitung eines völlig neuen Programmpaketes oder die Nutzung und Erweiterung eines existierenden UNIX-Tools.

Unter den gegebenen Bedingungen kam eine vollständige Neuentwicklung aus Aufwandsgründen nicht in Betracht. Es bestand daher zunächst die Aufgabe, auf dem aktuellen Softwaremarkt ein geeignetes UNIX-Tool zu finden, das als Basis für die Entwicklungsumgebung dienen konnte.

Nach Befragung erfahrener UNIX-Nutzer und Untersuchung verschiedener Programme fiel die Wahl auf den Editor *Emacs* aus dem *GNU*-Softwarepaket, einen erweiterbaren Editor mit komfortablen Zusatzfunktionen ("... Emacs is not merely an editor, but a complete environment for performing many common computing tasks.", M.A. Schoonover, J.S. Bowie, W.R. Arnold in [SCHOONOVER 92] S. xxi).

Die wichtigsten und für die Wahl ausschlaggebenden Eigenschaften von *Emacs* sind:

- *Emacs* verfügt über vielfältige und komfortable Möglichkeiten zum Editieren von Texten,

- *Emacs* bietet über die Editiermöglichkeiten hinaus zahlreiche weitere nützliche Funktionen, z.B. zur Dateiverwaltung oder für die integrierte Ausführung von Shell-Kommandos,

- *Emacs* stellt bereits in existierenden Implementierungen ein geeignetes Werkzeug zur Programmerstellung für verschiedene Programmiersprachen dar (Lisp, C, Fortran, Modula2, Pascal und Ada),

- *Emacs* ist als Bestandteil des *GNU*-Pakets ein 'Public Domain'-Programm, d.h. es ist frei kopier- und modifizierbar, in der UNIX-Welt verbreitet und auch für andere Rechnersysteme verfügbar,

- *Emacs* ist einfach anzupassen bzw. zu erweitern, die Quellen der Standardimplementierung sowie der verschiedenen Erweiterungen zu Programmierumgebungen stehen offen zur Verfügung.

4.2 Erweiterungsmöglichkeiten zur PEARL90-Entwicklungsumgebung

Emacs wurde bis auf wenige Funktionen, die aus Effektivitätsgründen in C geschrieben wurden, in Lisp programmiert. Die Quelldateien stehen innerhalb des *Emacs*-Pakets zur Verfügung, ebenso ein Interpreter für den verwendeten Lisp-Dialekt.

Neben einer Anpassung von *Emacs* durch Änderung bestimmter Werte interner *Emacs*-Variablen ist es durch die offenen Quellen auch möglich, vorhandene Funktionen umzudefinieren.

Alle Anpassungen können interaktiv durchgeführt werden und bei Bedarf für die nächsten *Emacs*-Sitzungen als Standardeinstellung gesichert werden. Dazu steht z.B. die Datei *.emacs* zur Verfügung, die im *home*-Verzeichnis stehen muß und beim Start von *Emacs* ausgewertet wird.

Außerdem können beim Aufruf von *Emacs* durch Nutzung bestimmter Optionen z.B. zusätzliche Dateien geladen werden. Auf diese Art können veränderte Standardfunktionen, aber auch neudefinierte Funktionen bereits beim Start von *Emacs* installiert werden.

Eine weitere Form, *Emacs* um neue Dienste zu erweitern, bietet die Möglichkeit des integrierten Aufrufs von Shell-Kommandos, wodurch z.B. auch die Ausführung von Kommandodateien innerhalb der *Emacs*-Oberfläche erfolgen kann.

Die genannten Möglichkeiten zeigen, daß *Emacs* in nahezu allen Eigenschaften verändert bzw. auf einfache Art um neue Funktionen erweitert werden kann. Daß *Emacs* als Basis für die Erstellung einer Programmierumgebung dienen kann, beweisen auch die bereits implementierten Modi zur Unterstützung der Softwareentwicklung für andere Programmiersprachen.

5. Erarbeitung der integrierten PEARL90-Entwicklungsumgebung

5.1 Vorbemerkungen

Die integrierte Entwicklungsumgebung zur Erstellung von PEARL90-Programmen wurde auf SUN-SPARC-kompatiblen Workstations erstellt. Als Betriebssystem dient das *SunOS*-kompatible *Solaris 1.01*. Außerdem wird die Oberfläche *OpenWindows 2.0* verwendet. In dieser grafischen Bedienoberfläche stellt die Entwicklungsumgebung ein eigenständiges Fenster dar.

Die PEARL90-Umgebung basiert auf dem Compilersystem von Werum und dem Editor *GNU Emacs*. Viele vorhandene Dienste des Editors wurden verändert, neue Funktionen wurden definiert. Es wurden integrierte Aufrufe des PEARL90-Compilers sowie der weiteren Übersetzungstools implementiert.

Die gesamte neu installierte Funktionalität der Entwicklungsumgebung steht in einem *PEARL90*-Modus zur Verfügung, um den die Standardversion von *Emacs* erweitert wurde.

Wenn im folgenden von der Entwicklungsumgebung *PEARL90-Emacs* gesprochen wird, ist der Editor *GNU Emacs* gemeint, der fast ausschließlich im neuen *PEARL90*-Modus benutzt wird.

5.2 Methodik der Erarbeitung

Zur Realisierung der geforderten Eigenschaften der PEARL90-Umgebung wurden alle beschriebenen Möglichkeiten der Anpassung bzw. Erweiterung von *Emacs* verwendet.

Die Zuweisung von neuen Werten an *Emacs*-interne Variablen wurde sowohl zur Anpassung des Editors an vorhandene Gegebenheiten als auch zur Implementierung neuer Eigenschaften genutzt. Es wurden z.B. die Liste der automatisch zu aktivierenden Modi {auto-mode-alist}[3] sowie das Standard-Compilerkommando {compile-command} neu definiert.

Durch Umdefinition vorhandener sowie durch Programmierung neuer Lisp-Funktionen wurde der größte Teil der neuen Funktionalität erstellt. Diese Form der Erweiterung des Editors zur PEARL90-Programmierumgebung bot sich zum einen dadurch an, daß mit den Standardfunktionen bereits Dienste zur Verfügung standen, die in vielen Fällen mit nur wenigen erforderlichen Änderungen die Realisierung einer neuen Eigenschaft der Entwicklungsumgebung ermöglichten. Zum anderen wurde durch die Beschränkung auf *Emacs*-interne Funktionen und Variablen eine starke Abhängigkeit vom unterlagerten Betriebssystem vermieden. Dieser Portabilitätsaspekt wird die Portierung der PEARL90-Entwicklungsumgebung auf weitere Betriebssysteme erleichtern.

Eine Ausnahme von der beschriebenen Methode bildet die Form der Implementierung des integrierten Aufrufes der Übersetzungstools. Für die Realisierung dieser geforderten Eigenschaft wurde neben einigen Lisp-Funktionen eine komplexe UNIX-Kommandodatei erstellt, deren Abarbeitung in *Emacs* integriert erfolgen kann.

Für die Verwendung einer solchen UNIX-Kommandodatei gab es mehrere Gründe:

Auf die spezielle Problematik des verwendeten PEARL-Systems, zur Programmerstellung drei verschiedene Übersetzungstools nutzen zu müssen, sind die existierenden *Emacs*-Funktionen und Variablen nicht zugeschnitten. Sie unterstützen nur den integrierten Aufruf genau eines Compilers. Daher wären die für eine ausschließlich *Emacs*-interne Implementierung neu zu erstellenden Lisp-Funktionen sehr umfangreich und kompliziert.

Es existieren dagegen im Lieferumfang des Werum-Programmiersystems einfache Shell-Scripte, die einen erleichterten und automatischen Aufruf des PEARL90-Compilers, des C-Compilers sowie des Linkers ermöglichen. Das schließlich benutzte relativ komplexe Shell-Script stellt eine Weiterentwicklung dieser Beispieldateien dar.

Durch die Verlagerung dieser Aufgabe in eine Kommandodatei ist es außerdem möglich, die verbesserten Möglichkeiten zum Aufruf der Übersetzungstools einschließlich der zusätzlichen Optionen zur Beeinflussung des Compilierprozesses (siehe [WEIDLICH 93]) auch außerhalb der PEARL90-Entwicklungsumgebung nutzen zu können.

Zur Realisierung der geforderten Eigenschaften der PEARL90-Entwicklungsumgebung mit den beschriebenen Vorgehensweisen wurden mehrere Dateien erstellt. Durch diese aufgabenbezogene Aufteilung der neuen Funktionalität auf verschiedene Dateien wird die Erweiterung von *Emacs* zur PEARL90-Programmierumgebung übersichtlich und leicht nachvollziehbar. Diese Erweiterungsdateien stehen in Form von Lisp-Quelltexten oder Shell-Scripten sowie als einfache Textfiles zur Verfügung.

---

[3] Durch die Schreibweise in "{...}" werden *Emacs*-interne Variablen bzw. Funktionen gekennzeichnet.

6. Eigenschaften der integrierten PEARL90-Entwicklungsumgebung

6.1 Vorbemerkungen

PEARL90-Emacs steht zur Zeit nur unter der grafischen Bedienoberfläche *OpenWindows* zur Verfügung, eine Version für zeichenorientierte Bildschirme wurde noch nicht entwickelt. Die *Emacs*-Oberfläche bildet unter *OpenWindows* ein einzelnes Fenster, das wie andere Fenster in seiner Größe und Position verändert sowie geschlossen bzw. entfernt werden kann.

PEARL90-Emacs ist zur Zeit ohne Menüsteuerung implementiert. Alle Funktionen stehen über Funktionstasten, über kurze Tastenkombinationen oder durch Direktaufruf mit ihrem Namen (<ESC>-<x>-FUNCTION-<RET>) zur Verfügung.

6.2 Allgemeine Kommandos

Für alle wichtigen elementaren Kommandos, die während der Erstellung von PEARL90-Programmen benötigt werden, stehen in der integrierten Entwicklungsumgebung meist sehr komfortable Funktionen zur Verfügung, die über Funktionstasten oder kurze Tastenkombinationen aufgerufen werden können. Zu diesen allgemeinen Kommandos zählen z.B. Funktionen

- zum Laden bzw. Speichern von Dateien,

- zum Drucken von Dateien oder markierten Bereichen,

- zum Abbrechen bzw. Rückgängigmachen von Kommandos,

- zur automatischen Komplettierung von Nutzerantworten innerhalb von Dialogen,

- *Emacs*-interne und PEARL90-spezifische Hilfen.

6.3 Grundlegende Editiermöglichkeiten

Mit den Standardfunktionen des Editors *Emacs* verfügt die PEARL90-Entwicklungsumgebung über vielfältige und komfortable Editiermöglichkeiten. Innerhalb der Programmierumgebung sind die am häufigsten benutzten Funktionen auf einfache und schnelle Weise über Funktionstasten aufrufbar. Dabei wurden neben den üblichen Funktionstasten auch die speziellen Funktionstasten der SUN-Workstations entsprechend ihrer Aufschriften belegt, wodurch eine intuitive und damit leicht erlernbare Bedienung unterstützt wird.

Zu diesen grundlegenden Editiermöglichkeiten zählen u.a.:

- Basisbewegungen des Cursors,

- Scrollen des Bildschirms,

- Löschen von Zeichen sowie von Wörtern, Sätzen und Absätzen,

- Bearbeiten von einer oder mehreren Dateien in verschiedenen Fenstern einer Entwicklungsumgebung,

- Ausschneiden und Einfügen bzw. Kopieren von Textteilen, auch zwischen verschiedenen Fenstern,

6.4 PEARL90-spezifische Editiermöglichkeiten

6.4.1 Schlüsselwortabkürzungen

Zum einfacheren und schnelleren Erstellen von PEARL90-Quelltexten stehen Abkürzungen für
fast alle Schlüsselwörter zur Verfügung. Diese Abkürzungen haben verschiedene Längen, zu
jeder Abkürzungslänge gehört eine funktional abgrenzbare Gruppe von Schlüsselwörtern. Die
einbuchstabigen Abkürzungen stehen für die Tasking-Anweisungen, die zweibuchstabigen für
alle konventionellen Datentypen, Attribute und Anweisungen, die dreibuchstabigen Abkürzungen verschlüsseln alle Konstrukte zur Synchronisation von Tasks, die vierbuchstabigen alle
Sprachmittel für die Ein- und Ausgabe.

Beispiele für Schlüsselwortabkürzungen:

```
a .... ACTIVATE      p .... PREVENT       t .... TERMINATE
cl ... CLOCK         fi ... FIXED         st ... STRUCT
dis .. DISABLE       req .. REQUEST       tri .. TRIGGER
crea . CREATED       nost . NOSTREAM      take . TAKE
```

Alle Abkürzungen wurden aus den jeweils ersten Buchstaben der Schlüsselwörter gebildet, d.h.
es wurden keine speziellen Bildungsregeln oder zusätzliche Sonderzeichen verwendet.

Obwohl alle PEARL90-Schlüsselwörter ausschließlich aus Großbuchstaben bestehen, können
die Abkürzungen auf einfache Weise in kleinen Buchstaben eingegeben werden. Daher wurden
auch für jene kurzen Schlüsselwörter Abkürzungen definiert, bei denen diese Abkürzungen
genauso lang wie die dazugehörigen Schlüsselwörter sind.

6.4.2 Konstruktskelette

Zum komfortablen und sicheren Notieren von PEARL90-Quelltexten wurden verschiedene
Tastenkombinationen definiert, um automatisch bestimmte Konstruktskelette in den Quelltext
einfügen zu können.

Dabei wurden alle diejenigen Konstrukte berücksichtigt, die ein bestimmtes Schlüsselwort als
Abschluß des Konstrukts benötigen (z.B. MODEND, END oder FIN). Dadurch können die
häufigen Fehler, die durch das Vergessen solcher Abschlußworte hervorgerufen werden, auf
einfache Art verhindert werden.

Beispiele für Konstruktskelette (hier dargestellt durch unformatierte Aneinanderreihung der
verwendeten PEARL90-Schlüsselwörter sowie der Stellen, an denen der Programmierer
Spezifikationen vorzunehmen hat):

```
<^c>-<^c>: CASE ... ALT ... ALT ... ALT ... OUT ... FIN
<^c>-<^f>: FOR ... FROM ... BY ... TO ... REPEAT ... END
<^c>-<^m>: MODULE( ... ) SYSTEM ... PROBLEM ... MODEND
```

Da außerdem bei der Definition der einzufügenden Konstrukte Zeilenvorschübe und
Einrückungen entsprechend den Regeln der strukturierten Programmierung berücksichtigt
wurden, ersparen diese automatisch eingefügten Konstruktskelette nicht nur Schreibarbeit und
verhindern Programmfehler, sondern sie erleichtern die durchgängige und einheitliche Strukturierung der Quelltexte.

Nach Einfügen des Konstruktskelettes an der aktuellen Cursorposition befindet sich der Cursor innerhalb des Konstrukts an der Stelle, an der der Programmierer in der Regel die erste Spezifikation vorzunehmen hat.

6.5 Integrierter Aufruf der Übersetzungstools

Der Compileraufruf innerhalb von *PEARL90-Emacs* umfaßt das Aufrufen des PEARL90-Compilers, des C-Compilers und des Linkers (siehe Bild 'Integrierte PEARL90-Entwicklungsumgebung'). Durch die beim Compileraufruf als Parameter übergebenen Dateinamen bzw. Optionen ist es möglich, vom Aufruf eines einzelnen Tools bis zur automatischen Abarbeitung des gesamten Übersetzungszyklusses alle sinnvollen Kombinationen von Compileraufrufen durchzuführen. Es wurden drei verschiedene Funktionen zum Start des Übersetzungszyklusses implementiert, die über Funktionstasten zur Verfügung stehen.

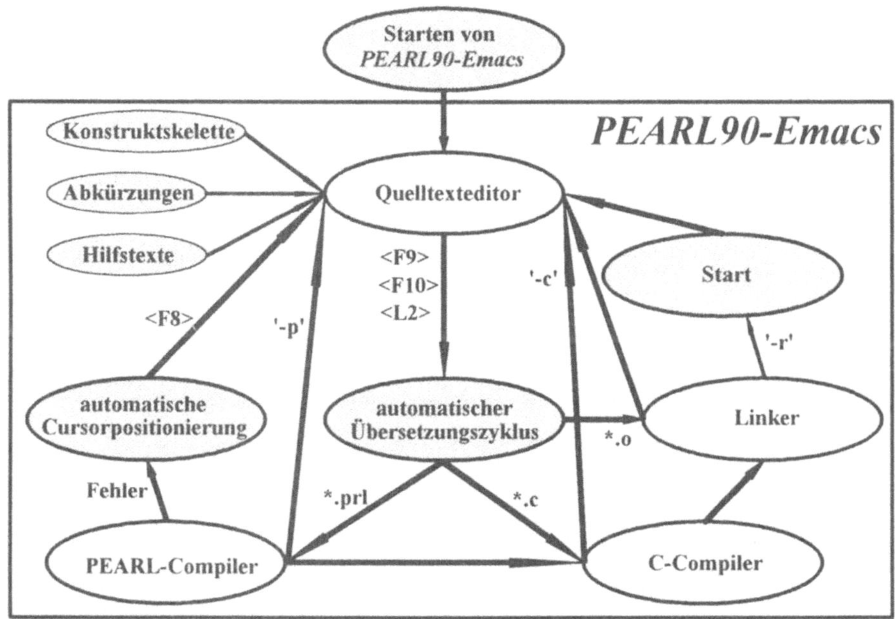

Bild 'Integrierte PEARL90-Entwicklungsumgebung'

Zum Aufruf der Standardform des Übersetzungslaufes {p90-compile} dient die Funktionstaste <F9>. Ohne eine Bestätigungsaufforderung wird der aktuelle Puffer als PEARL90-Quelltextdatei übergeben, es werden alle drei Übersetzungstools aufgerufen und schließlich wird das erzeugte Programm gestartet.

<F10> lädt die Standardform des Compileraufrufes in den Dialogbereich der *Emacs*-Oberfläche und wartet dann auf eine Bestätigung {p90-compile-interactive} durch Betätigen der Taste <RET>. Diese Methode kann zur Veränderung des Standardaufrufes hinsichtlich Dateinamen, Optionen, zusätzlicher Objekte etc. verwendet werden.

<L2/Again> lädt die zuletzt benutzte Aufrufform der Compiler in den Dialogbereich {p90-compile-again} und fordert analog zu {p90-compile-interactive} zur Bestätigung auf.

<L1/Stop> bricht einen laufenden Übersetzungsprozeß ab {kill-compilation}. Dieses Kommando ist jederzeit möglich, da das für die Ausgaben der Compiler geöffnete Fenster *compilation* ein 'normales' Emacs-Fenster ist und Emacs auch während der Übersetzung aktiv ist. Das bedeutet außerdem, daß während eines laufenden Übersetzungsprozesses der Nutzer innerhalb der Entwicklungsumgebung weiterarbeiten kann. Mit Ausnahme eines weiteren Compileraufrufs sind alle verfügbaren Funktionen ausführbar.

6.6 Integrierter Start des übersetzten Programms

Durch die Option '-r', die beim Compileraufruf übergeben werden kann, wird nach erfolgreicher Übersetzung das fertige PEARL90-Programm gestartet {p90-run-binary}. Dazu wird in *PEARL90-Emacs* ein neues Fenster geöffnet, eine Shell gestartet und das Programm aufgerufen. Nach Beendigung des Programms wird auch die Shell automatisch beendet, das Fenster bleibt bestehen.

6.7 Automatische Positionierung des Cursors zur Fehlerkorrektur

Tritt während des Compilierens ein Fehler auf, wird der Compilierprozeß abgebrochen.

Bei Fehlermeldungen des PEARL90-Compilers kann zur gezielten Fehlerkorrektur die implementierte Möglichkeit zur automatischen Positionierung des Cursors auf die Fehlerzeile in der Quelltextdatei genutzt werden (siehe Bild 'Integrierte PEARL90-Entwicklungsumgebung').

Dazu dient über <F8> die Funktion {next error}. Bei wiederholter Betätigung erfolgt die Weiterpositionierung des Cursors auf die jeweils nächste Fehlerzeile. Gleichzeitig enthält die oberste Zeile eines anderen Fensters immer die dazugehörige Fehlermeldung.

6.8 Abschließende Bewertung

Die PEARL90-Entwicklungsumgebung erleichtert in vielerlei Hinsicht die Verwendung des Werum-Compilersystems in der studentischen Ausbildung. Die bisherigen Erfahrungen aus ihrer Benutzung zeigen bereits, daß die Möglichkeiten des integrierten und vereinfachten Aufrufs der Übersetzungstools sowie die automatische Cursorpositionierung zur Fehlerkorrektur die wichtigsten Eigenschaften der PEARL90-Entwicklungsumgebung darstellen, da durch sie die entscheidenden Nachteile der bisherigen Bedienmöglichkeiten beseitigt werden.

Die erarbeitete Entwicklungsumgebung ist leicht anpaß- bzw. erweiterbar sowie auf andere Systeme portierbar, da fast die gesamte Funktionalität der PEARL90-Umgebung in Form von *Emacs*-internen Lisp-Funktionen programmiert wurde. Die Definitionen dieser Funktionen stehen innerhalb verschiedener Dateien offen zur Verfügung.

Mit diesen Eigenschaften könnte die PEARL90-Entwicklungsumgebung über ihre Benutzung in der studentischen Ausbildung hinaus die Grundlage für ein Programmierwerkzeug darstellen, das auch außerhalb von Hochschulen zur professionellen Erstellung von Automatisierungsprogrammen in der Echtzeitsprache PEARL90 verwendet wird.

7. Literaturverzeichnis

[SCHOONOVER 92]
Schoonover, M.A.; Bowie, J.S.; Arnold, W.R.:
GNU Emacs - UNIX Text Editing and Programming.
Reihe Hewlett Packard Press Series.
Bonn, Reading(MA) u.a.: Addison-Wesley, 1992.

[WEIDLICH 93]
Weidlich, S.:
Diplomarbeit: Erarbeitung einer integrierten Entwicklungsumgebung für PEARL90-Programme für SUN-kompatible Workstations.
Dresden: TUD, Institut für Automatisierungstechnik, 1993.

[WERUM 92a]
Werum GmbH:
PEARL90 Sprachreport.
Lüneburg: Werum GmbH, 1992.

[WERUM 92b]
Werum GmbH:
PEARL90 für UNIX-Systeme - Benutzerhandbuch.
Lüneburg: Werum GmbH, 1992.

Kommunikationsunterstützung für verteilte Transaktionen mit Echtzeitanforderungen

Gabriele Dobler, Michael Slopianka
Regionales Rechenzentrum der
Universität Erlangen Nürnberg

1   Einführung

Eine verteilte Transaktion, deren korrekte Abwicklung von zeitlichen Bedingungen abhängt, erfordert neben der transaktionsbezogenen Kommunikationsunterstützung auch Möglichkeiten zur übergreifenden Behandlung von Zeitanforderungen. Mit dem Begriff der Transaktionsverarbeitung verbindet sich die Vorstellung, mehrere Operationen als unteilbaren Vorgang zu realisieren. Der Zugriff auf die von den Operationen betroffenen Objekte kann dabei mehreren Anwendungen gleichermaßen möglich sein. Die Anforderungen an Transaktionsverarbeitung bestehen in der Gewährleistung der ACID-Rules für eine Transaktion:

"**Atomicity** Ununterbrechbarkeit

"**Consistency** Konsistenzerhaltung

"**Isolation**. Isolierter Ablauf

"**Durability** Beständigkeit der Ergebnisse

Die Zeitanforderungen werden in der Echtzeitverarbeitung aufgegriffen. Hier definiert die Anwendung, innerhalb welcher Grenzen eine rechtzeitige Ausführung einer Operation gegeben ist. Die im Zusammenhang mit diesen beiden Anforderungsschwerpunkten entstehenden Konflikte werden im folgenden behandelt.

2 Verteilte Transaktionsverarbeitung

Verteilte Transaktionsverarbeitung kommt zum Einsatz, wenn die von einer Transaktion berührten Objekte von verschiedenen Rechnern eines verteilten Systems verwaltet werden. Zu der Vorgabe von Art und Reihenfolge der Operationen durch die Anwendung kommt für verteilte Transaktionen die Untergliederung der Menge der Operationen in Teilmengen hinzu, wobei die Operationen einer Teilmenge auf einem Rechner des verteilten Transaktionssystems lokal ausgeführt werden. Die Teiltransaktionen bilden in sich abgeschlossene Transaktionsprozesse. Für die Kommunikation dieser Prozesse wurde mit ISO-TP ein Standard entwickelt, der die Gewährleistung der ACID-Rules in verteilten heterogenen Systemen unterstützt.

2.1 Die ISO-TP-Kommunikationsstruktur

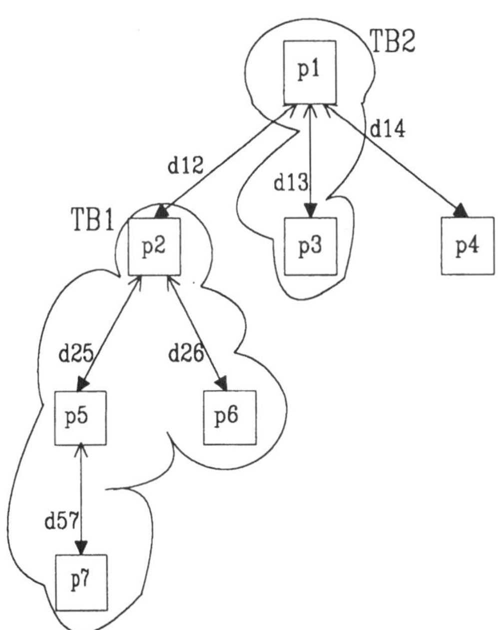

TB1, TB2 :   Transaktionsbereiche
d13, d25, d26, d57 :   Dialoge, die Transaktionsverbindungen realisieren
d12, d14 :   Dialoge ohne Transaktionsunterstützung
p1, p2, p3, p5, p6, p7:   Transaktionsprozesse
p4:   Anwendungsprozeß

Abbildung 1: Transaktionsbereiche in einem Dialogbaum

Das Modell des ISO-TP-Standards legt für eine verteilte Anwendung als Kommunikationsstruktur eine Baumstruktur, siehe Abbildung 1, fest. Die Anwendungsprozesse werden ausgehend von einem Wurzelprozeß durch Aufbau von Verbindungen in die Baumstruktur integriert. Innerhalb der Baumstruktur sind Transaktionsbereiche definierbar, die jeweils alle an einer Transaktion mitwirkenden Transaktionsprozesse beinhalten. Zwei Transaktionsbereiche dürfen sich dabei nicht überlappen.

2.2 Phasen und Intervalle im Transaktionsbaum

Die Grundlage für die anwendungsbezogene Kommunikation der Transaktionsprozesse bildet die Datentransferphase. Der Aufbau des Transaktionsbereiches durch Initiieren einzelner Verrbindungen (Begin) und der Austausch beliebiger Nachrichten unter Einsatz integrierter Kommunikationsdienste ist ihr zuzuordnen. An diese Phase schließen die beiden Phasen des ISO-TP-zwei-Phasen-Commit-Protokollls an. Das 2-Phasen-Commit-Protokoll hat die Ermittlung und Durchsetzung einer von allen Transaktionsprozessen gemeinsam getragenen positiven Entscheidung zum Transaktionsabschluß zum Ziel. In der ersten Commit-Phase wird ausgehend von dem Wurzelprozeß eines Transaktionsbereiches baumabwärts an alle an der Transaktion beteiligten Prozesse eine Aufforderung zur Abgabe eines lokalen Votums (Prepare) übermittelt. Ausgehend von den Blattprozessen werden die Voten (Ready) sukzessive nach oben gereicht, wobei jeder Transaktionsprozeß aus den Voten aller seiner Nachfolger und seinem lokalen Votum das nach oben zu propagierende Votum bestimmt. So erhält letztlich die Wurzel den Überblick über alle Voten und kann im positiven Fall die Commit-Phase-2 einleiten. In der Commit-Phase-2 wird die globale Entscheidung zum positiven Transaktionsabschluß (Commit) ausgehend von der Wurzel an alle an der Transaktion beteiligten Prozesse weitergeleitet. Ausgehend von den Blattprozesse wird die Kenntnis der globalen Entscheidung bestätigt (Done). In Abbildung 2 ist kausale Zeitstruktur beim Ablauf einer verteilten Transaktion vereinfacht dargestellt. Die Punkte in diesem Bild repräsentieren kausale Ereignisse, die Kanten zwischen zwei Punkten verdeutlichen die kausale Abhängigkeit der beiden verbundenen Ereignisse. Der dargestellte Ablauf umfaßt den Aufbau eines Transaktionsbereiches und den Ablauf des 2-Phasen-Commit-Protokolls. Dabei wird für jeden Transaktionsprozeß zwischen den für die Anwendung sichtbaren Schnittstellenereignissen in der anwendungsspezifischen Subtransaktion und den im Kommunikationsmanager verborgenen Ereignis-

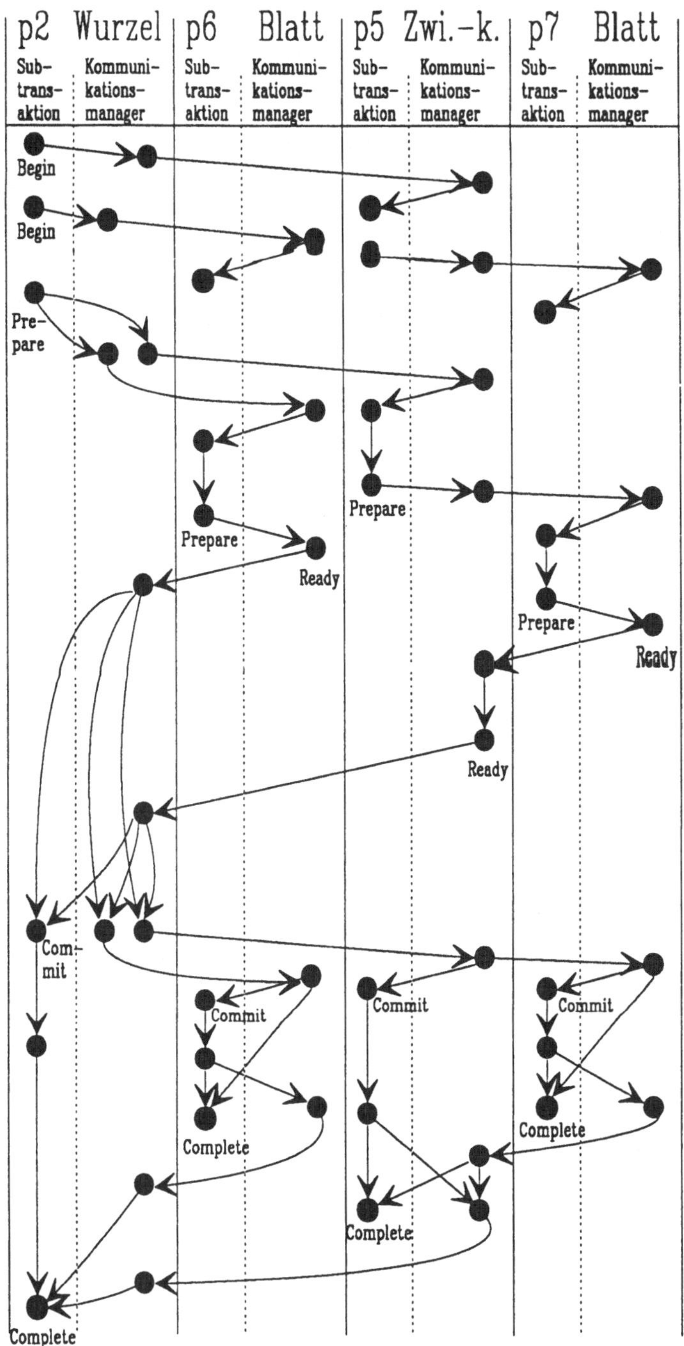

Abbildung 2: Kausale Zeistruktur eines Transaktionsablaufes

sen der kommunikationsbezogenen Systemunterstützung unterschieden.

Aus dem beschriebenen Ablauf ergeben sich für jeden Transaktionsprozeß drei Kommunikationsintervalle, das Datentransferintervall, das Commit-Phase-1-Intervall und das Commit-Phase-2-Intervall. Die Intervalle des Wurzelprozesses decken sich mit den oben beschriebenen Phasen eines Transaktionsbereiches. Für alle anderen Transaktionsprozesse beginnt jedoch das Commit-Phase-1-Intervall erst, wenn die Subtransaktionen ihr lokales Votum abgegeben haben. Ebenso beginnt das Commit-Phase-2-Intervall in einem beliebigen Transaktionsprozeß erst, wenn die globale Entscheidung eingetroffen ist. Während der Wartezeit auf die globale Entscheidung besteht für einen beliebigen Transaktionsprozeß keine Möglichkeit, auf den Verlauf der Transaktion Einfluß zu nehmen.

3 Behandlung von Zeitkonflikten

Verteilte Transaktionen, deren korrekte Abwicklung von zeitlichen Bedingungen abhängt, erfordern neben der in ISO-TP definierten Transaktionsunterstützung auch Möglichkeiten zur Behandlung von Zeitanforderungen. Hier definiert die Anwendung, innerhalb welcher Grenzen eine rechtzeitige Ausführung einer Operation gegeben ist. Die unterstützenden Systeme müssen definiertes Zeitverhalten gewährleisten, um eine vorhersehbare Abwicklung zu ermöglichen. In einer verteilten Umgebung ergeben sich zusätzliche Schwierigkeiten, wenn keine gemeinsame Uhr existiert und damit keine globale Zeit in allen Systemen ablesbar ist.

In einem Transaktionsbereich sind daher Zeitanforderungen, die in einem Transaktionsprozeß vorliegen, in einem anderen Prozeß nicht interpretierbar. Diese Tatsache führt dazu, daß die Zeitanforderungen eines Prozesses, der sein Votum bereits abgegeben hat, nicht mehr berücksichtigt werden. Er kann daher die Dauer, während der er in einen Transaktionsbereich eingebunden ist, nicht begrenzen. Außerdem besteht keine Möglichkeit für andere Prozesse, eine dort entstehende Verletzung einer Zeitbedingung zu erkennen.

3.1 Voraussetzung für die Übermittlung von Zeitanforderungen

Ziel des hier vorgestellten Ansatzes ist die Berücksichtigung von verteilten Zeitanforderungen in einer verteilten Transaktion. Dabei wird der Gewährleistung der ACID-Eigenschaften Vorrang gegenüber der Forderung nach Rechtzeitigkeit gewährt. Konflikte aus den beiden Zielsetzungen ergeben sich in Ausfallsituationen, die in einer Baumstruktur zwangsläufig zu einer Netzwerkpartitionierung führen. Die nachfolgende Aufzählung der Voraussetzungen bildet die Grundlage für den im Anschluß skizzierten Ansatz.

- Die an der verteilten Transaktion beteiligten Systeme müssen definiertem Zeitverhalten bezüglich der lokalen Uhr unterliegen.

- Die Zeitanforderungen eines jeden Transaktionsprozesses beziehen sich auf die jeweils lokale Systemuhr.

- Die Zeitfunktion einer lokalen Uhr t' bewegt sich in einem Schwankungsbereich, der durch zwei a priori bekannte lineare Zeitfunktionen über der realen Zeit t begrenzt ist.

- Minimale und maximale Übertragungszeiten für Nachricht und Antwort sind für jede Transaktionsverbindung vorgegeben.

- Unverfälschte Übertragung von Nachrichten wird garantiert.

- Nachrichten gehen nicht verloren.

- Reihenfolge der Nachrichten bleibt erhalten.

3.2 Die Bestimmung von Bezugszeiträumen der Kommunikationspartner

Ziel des Verfahrens ist die Übertragung der Verantwortung für die Überwachung von Zeitbedingungen zusammen mit der Abgabe des positiven Votums. Mit dem Eintreffen des Votums (Ready) eines Transaktionsprozesses bei seinem Vorgänger empfängt dieser alle wesentlichen zeitbezogenen Daten, die dem Nachfolger bekannt waren, in kodierter Form. Als Basiszeitraum für die Kodierung der an den Vorgänger im Baum zu übermittelnden zeitbezogenen Daten wird die Dauer zwischen dem Eintreffen einer Prepare-Nachricht und dem Senden des Votums (Ready) gewählt. Als Basiszeitraum für die

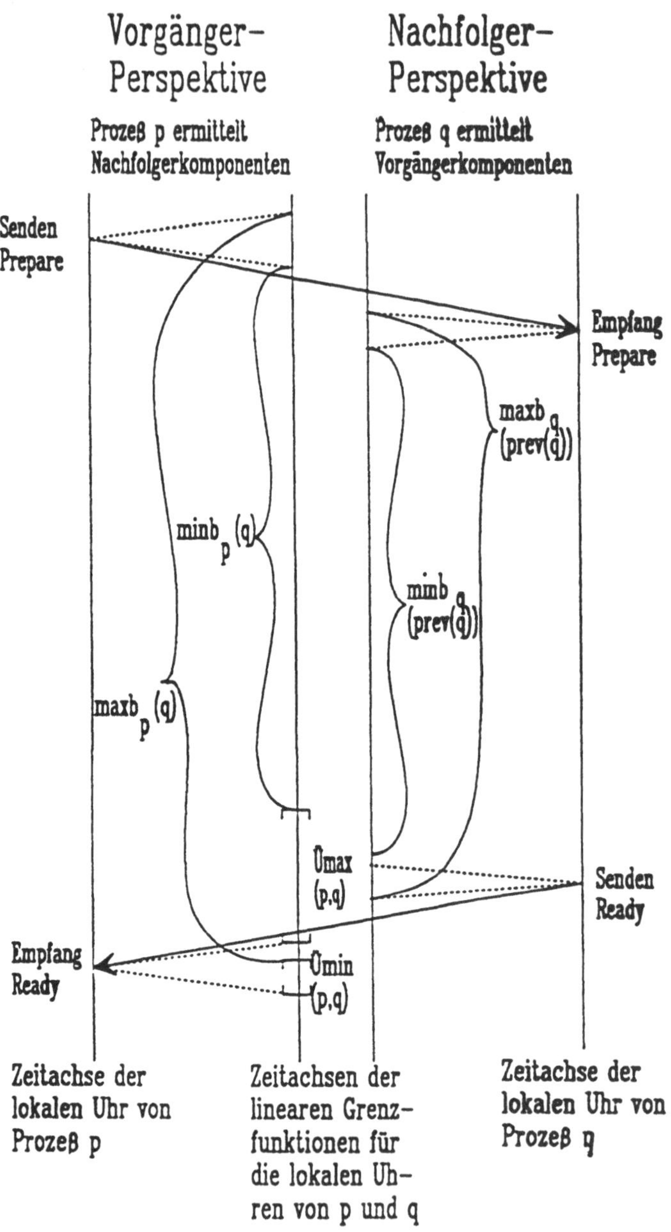

Abbildung 3: Ermittlung der Basismatrixkomponenten

Dekodierung von eintreffenden zeitbezogenen Daten eines Nachfolgers wird die Dauer zwischen dem Absenden der Prepare-Nachricht und dem Empfang des Votums (Ready) zugrundegelegt. Für jeden Transaktionsprozeß liegt somit für jede direkte Verbindung ein Basiszeitraum vor. Dieser läßt sich anhand der Grenzfunktionen der lokalen Uhr und der minimalen und maximalen Übertragungszeiten durch eine Minimum- und eine Maximunkomponente beschränken. Die Komponenten lassen sich in der folgenden Matrix zusammenfassen:

$$\{\bar{b}_p\} = \begin{pmatrix} minb_p(Vorg.) & maxb_p(Vorg.) \\ minb_p(1.Nachf.) & maxb_p(1.Nachf.) \\ minb_p(2.Nachf.) & maxb_p(2.Nachf.) \\ \vdots & \vdots \\ minb_p(n.Nachf.) & maxb_p(n.Nachf.) \end{pmatrix}$$

In die Komponenten gehen

- die Zeitdauer zwischen Prepare und Ready,

- die Unsicherheitsintervalle der lokalen Uhr und

- für Nachfolgerverbindungen die maximalen und minimalen Übertragungszeiten ein.

Die Ermittlung der Komponenten wird in Abbildung 3.2 verdeutlicht.

3.3 Algorithmus zur Behandlung von Zeitanforderungen

Mit Hilfe der Basismatrix können nun sowohl Zeitbedarf für die Commit-Phase-2 als auch maximale und/oder minimale Zeitanforderungen zusammen mit den Voten baumaufwärts übermittelt werden. Die Aufgaben des Kommunikationsmanagers eines Transaktionsprozesses bestehen in den folgenden Schritten:

- Nach dem Senden aller Prepare-Nachrichten:

    - Übernahme der Verantwortung für die härteste vorliegende Zeitanforderung.

    - Schritthaltende Auswertung der Zeitparameter aller Ready-Nachrichten und der lokalen Zeitangaben.

- Nach Empfang aller Ready-Nachrichten:

  - Prüfen, ob die härteste Zeitanforderung bei Übertragung an den Vorgänger verletzt wird.

  - Wenn die Weiterleitung ungefährlich ist, wird die Verantwortung für Zeitbedingungen mit Ready-Nachricht an Vorgänger übermittelt.

  - Warten auf globale Entscheidung.

Das Erkennen eines Zeitkonfliktes oder einer Zeitverletzung läßt nur

- die Propagierung an den Vorgänger oder

- die Einleitung des Transaktionsabbruches zu.

3.4 Ergebnisse des Verfahrens

Aus diesem Verfahren ergibt sich, daß die rechtzeitige Übermittlung einer negativen Entscheidung bei Verletzung einer Zeitbedingung an den bedingungsgebenden Prozeß möglich ist, sofern keine Partitionierung des Transaktionsbereiches eintritt. Daneben kann die Wurzel vor dem Fällen der globalen Entscheidung bereits eingetretene Zeitverletzungen und absehbare Zeitkonflikte in ihre Entscheidung einbeziehen. Außerdem sind keine zusätzlichen baumübergreifenden Kommunikationsphasen nötig. Somit wurden neue Blockierungssituationen für die Anwendungsprozesse vermieden. Es bleibt jedoch ein Risikointervall bestehen, in dem die rechtzeitige Vollendung einer Transaktion möglich aber nicht garantiert ist. Zur Behandlung dieses Intervalles sind mehrere Strategien denkbar. Einerseits kann der Transaktionsabbruch eingeleitet werden, sobald eine Zeitbedingung verletzt sein könnte. Andererseits könnte der Transaktionsabbruches auch solange hinausgezögert werden, bis keine Chance zur rechtzeitigen Vollendung der Transaktion mehr besteht. Daneben sind Mischformen denkbar, die z.B. von den bedingungsgebenden Prozessen, der Art der verletzten Bedingung oder einer Risikoabschätzung abhängen können.

Literatur

[Apt85] Krzysztof R. Apt. „Real Time Clocks Versus Virtual Clocks". *NATO ASI Series*, F14:475–501, 1985 1985.

[Bü89] Uwe Bürger. „A Flexible Two-Phase Commit Protocol". *Computer Networks and ISDN Systems*, (17):175–185, 1989.

[GR93] Jim Gray und Andreas Reuter. *Transaction Processing: Concepts and Techniques*. Morgan Kaufmann, 1993.

[Her91] Dr.-Ing R. G. Herrtwich. „Betriebsmittelvergabe unter Echtzeitgesichtspunkten". *Informatik Spektrum*, 14:123–136, 1991.

[Lam78] Leslie Lamport. „Time, Clocks, and the Ordering of Events in a Distributed System". *Communications of the ACM*, 21(7):558–565, July 1978.

[MSF83] C. Mohan, R. Strong und S. Finkelstein. „Method for Distributed Transaction Commit and Recovery Using Byzantine Agreement Within Clusters of Processors". *ACM*, 1983.

[MW86] Klaus Meyer-Wegener. *Transaktionssysteme*. Dissertation, Universität, Kaiserslautern, Juni 1986.

[Obe90] Andreas Oberwies. *Zeitstrukturen für Informationssysteme*. Dissertation, Universität, Mannheim, Juli 1990.

[SM91] Reinhard Schwarz und Friedemann Mattern. „Detecting Causal Relationships in Distributed Computations: In Search of the Holy Grail". Interner Bericht 215/91, Universität Kaiserslautern, November 1991. Fachbereich Informatik.

[TPM90] „Distributed Transaction Processing, Part 1: Model". ISO, September 1990. DIS 10026.

[TPP90] „Distributed Transaction Processing, Part 3: Protocol". ISO, September 1990. DIS 10026.

[TPS90] „Distributed Transaction Processing, Part 2: Service". ISO, September 1990. DIS 10026.

Die Zeitabhängigkeit als maßgebliche Konsistenzbedingung und ihre Zusicherung durch ein neues fehlertolerantes Commit-Protokoll

Klaus Stieger

Universität der Bundeswehr München
Fakultät für Informatik – I 3.3
85577 Neubiberg

Abstract: In real-time systems some objects or their values may have – among other application specific conditions – a time-dependent functionality. This consistency condition causes on the one hand by the requirements of the controlled process and on the other hand on communication delays that can't ignored in distributed systems. The objective of this paper is to introduce an algorithm promising consistency with respect to the time dependency of objects. It is a *timed decentralized 3-phase-commit (td3PC) protocol* including a so-called *cooperative termination protocol*. In opposite to the more popular 2PC the 3PC protocols can tolerate any limited number of site or omission failure (r-resilience). The proposed solution is based on a calculation scheme that gives a specification for the time intervals within the phases have to proceed. Furthermore, we proof that the algorithm (1) terminates in time and holds functional consistency for all operational entities in presence of these failures and (2) guarantees that other entities can be reintegrated consistently with these entities when the failure is repaired.

1. Einleitung

Bei den Bestrebungen den Produktionsablauf zu automatisieren entstanden zunächst komplexe, aber isolierte Systeme, wie Produktionsplanungssysteme, Maschinen- und Robotersteuerungen usw. Die Konzeption dieser Systeme orientierte sich an bestehenden Arbeitsabläufen. Das führte zu anwendungsspezifischer Datenmodellierung und Datenhaltung. Bei der weiteren Integration dieser Teilsysteme resultieren daraus Defizite, von denen hier nur die fehlende oder mangelhafte Integrietätskontrolle erwähnt sei. Der Übergang zur Datenhaltung mit Hilfe von Datenbank-Verwaltungssystemen ('database management systems – DBMS') versprach eine Lösung des Problems [14].

Um die Konsistenz eines Datenbestandes zu gewährleisten, kann im Bereich der DBMS auf das etablierte Konzept der Transaktionen zurückgegriffen werden. Soll dieses Konzept auf Systeme zur Automatisierung technischer Prozesse übertragen werden, ist eine Überprüfung der bekannten Lösungsmechanismen, die sich an administrativen Aufgabenstellungen orientieren (Buchungs- und Reservierungssysteme), erforderlich. Eine Gegenüberstellung der unterschiedlichen Randbedingungen ist in [24] veröffentlicht. Summarisch seien hier aufgelistet: die unterschiedliche Datenmodellierung, die den Konsistenzbegriff beeinflußt [16], die Scheduling-Strategie, die neben "read-write-schedules" auch Prioritäten oder Antwortszeiten berücksichtigt, und in welcher Art und Weise Recovery-Maßnahmen durchgeführt werden können. Ähnliche Argumente kann man auch in [10] [15] [23] finden.

Hervorgehoben sei die Zeitabhängigkeit der Objekte, die einerseits durch die vom technischen Prozeß vorgegebene Forderung nach rechtzeitiger Datenaktualisierung sowie andererseits durch die Datenverteilung und die damit verbundene nicht vernachlässigbare Verzögerung beim Nachrichtenaustausch bedingt ist. Diese Zeitabhängigkeit beeinflußt – neben anwendungsspezifischen Konsistenzbedingungen, die nicht allgemein angegeben werden können – den zugrundeliegenden Konsistenzbegriff in der Art, daß die Gültigkeit eines Objekts, bzw. dessen aktueller Wert, an ein Zeitintervall gebunden sein kann. Konkret heißt das, daß die Konsistenz unabhängig von anderen Bedingungen nur innerhalb oder außerhalb vorgegebener Zeitschranken gilt respektive gelten muß. Will man unter diesem Aspekt eine Folge von Bearbeitungsschritten als transaktionsorientierten Ablauf realisieren, muß vorausgesetzt werden, daß er rechtzeitig abgeschlossen wird, da während der Bearbeitung die Konsistenz im allgemeinen nicht gewährleistet ist. Mit Rücksicht auf die Zeitabhängigkeit der Objekte wird also (zusätzlich) die *rechtzeitige Terminierung* gefordert.

Das hat zur Folge, daß die Serialisierbarkeitstheorie, die nur "read-write-schedules" berücksichtigt, nicht übertragbar ist. Ansätze zu einer Integration von prioritäts- oder antwortszeitgesteuertem Scheduling und transaktionsorientiertem Scheduling werden beispielsweise in [1] [5] [11] [17] [22] vorgestellt. Während die Ablaufsteuerung des konkurrierenden Zugriffs auf die verteilten Objekte ('concurrency control') in Hinblick auf die rechtzeitige Terminierung ausführlich untersucht wurde, ist diesem Aspekt bei den Commit-Protokollen bisher wenig Aufmerksamkeit geschenkt worden [6] [24].

2. Modell und Beschreibungstechnik

2.1 Modell eines verteilten Systems

In einem verteilten System, so wie es in diesem Beitrag verstanden werden soll, sind sowohl die Daten und deren Verarbeitung als auch die Koordination der nebenläufigen Aktionen verteilt. Ferner sei angenommen, daß den einzelnen autonomen Komponenten dynamisch Teilaufgaben zur kooperativen Lösung einer Gesamtaufgabe zugeordnet werden. Für das kooperative Zusammenwirken ist der Austausch von Nachrichten – zum Zwecke der Datenübertragung und der Synchronisation – erforderlich. Die grundlegenden Konzepte der Kommunikation zwischen den Komponenten sind durch das Referenzmodell der ISO für offene Systeme (OSI-Modell) gegeben. Es regelt die gesicherte (digitale) Datenübertragung zwischen Systemen verschiedener Hersteller derart, daß Anwendungsprozessen ('application-processes') anwendungsbezogene Dienste ('application services') bereitgestellt werden. In der Hierarchie von Diensten und Protokollen genügt es hier, die Anwendungsinstanzen ('application-entities') zu betrachten, die aus der Sicht der Anwendungsprozesse die Schnittstelle ('service boundery') zum "Kommunikationssystem" festlegen.

Ein Anwendungsprozeß nutzt die angebotenen Dienste ('services'), indem er entsprechende Dienst-Dateneinheiten ('service data units' – SDUs) dem Diensterbringer ('service provider') übergibt. Der Begriff Diensterbringer darf jedoch nicht dahingehend interpretiert werden, daß der Diensterbringer die geforderte Dienstleistung erbringt. Dies trifft nur aus der lokalen Sicht des Dienstbenutzers in der Rolle des *Auftraggebers* zu. Ist ein Anwendungsprozeß in der Rolle des *Auftragnehmers*, wird ihm vom "Diensterbringer" der Auftrag eines anderen Anwendungsprozesses zugestellt. Daraus ergibt sich eine Auftraggeber-Auftragnehmer-Beziehung, die im Bereich der lokalen Netze auch als 'client-server'-Beziehung bezeichnet wird. Dagegen legt das OSI-Modell die Beziehung zwischen den Anwendungsprozessen nicht weiter fest. Es beschränkt sich auf die Interaktion von Dienstbenutzer und Diensterbringer.

2.2 Zeitabhängigkeit von (transaktionsgebundenen) Objekten

Wie eingangs erwähnt wird in diesem Beitrag die Zeitabhängigkeit der (transaktionsgebundenen) Objekte als die zentrale Randbedingung herausgestellt, so daß bei deren (transaktionsorientierter) Verarbeitung neben anderen anwendungsspezifischen Konsistenzbedingungen vor allem die rechtzeitige Terminierung erreicht werden muß. Beim Zusammenwirken der Anwendungsprozesse und -instanzen folgt daraus die Anforderung, daß sowohl die lokalen Aktionen der Anwendungsprozesse als auch die Nachrichtenübertragung zwischen den an der Verarbeitung beteiligten Instanzen in endlicher Zeit erfolgen muß. Für die erste Randbedingung ist der Nachweis einer, innerhalb vorgegebener Intervallgrenzen, garantierten Antwortszeit notwendig [25] und wegen der zweiten Randbedingung muß man Eigenschaften des Kommunikationssystems voraussetzen, die den Zeitbedarf für den Nachrichtenaustausch, innerhalb vorgegebener Grenzen, vorhersehbar machen [18]. Ein Über- oder Unterschreiten der Intervallgrenzen ist als Versagen ('failure') der jeweiligen Instanz zu bewerten. Es muß das Ziel sein, auch beim Versagen einzelner Instanzen die rechtzeitige Terminierung und Beachtung der anwendungsspezifischen Konsistenzbedingungen zu garantieren, vgl. Abschnitt 3.1. Im allgemeinen wird hierzu Redundanz in der Systemauslegung und Ausführungszeit nötig sein.

Ferner wird vorausgesetzt, daß es eine globale Übereinkunft hinsichtlich des Terminierungszeitpunkts T gibt, der innerhalb eines, von der jeweiligen Anwendung für die transaktionsorientierten Bearbeitung vorgegebenen, Zeitintervalls liegt. Diese Voraussetzung kann dadurch erreicht werden, daß in den einzelnen Instanzen (bis auf die Drift ε) synchronisierte lokale Zeitgeber existieren. Über die Möglichkeiten zur Implementierung von synchronisierten Zeitgebern sei auf [12] verwiesen.

2.3 Beschreibungstechnik – Notation

Wie auch in den meisten Normen über OSI-Dienste und -Protokolle wird das dynamische Verhalten der einzelnen Instanzen mit Hilfe von erweiterten endlichen Automaten beschrieben. Die Kommunikation zwischen den Instanzen wird auf die Ein- / Ausgabe der Automaten zurückgeführt. Wobei sich der Zeichenvorrat aus den SDUs zusammensetzt, die am Dienstzugangspunkt ('service access point' – SAP) übergeben werden.

Die Angabe von Zeitabhängigkeiten erfolgt dadurch, daß sowohl die Zustände als auch die Zustandsübergänge mit Zeitintervallen markiert sein können. Die Markierung eines Zustands spezifiziert, in welchem Zeitintervall (bezogen auf den letzten Zustandsübergang) der nächste Zustandsübergang erfolgen kann respektive erfolgen muß: *Spezifikation der Wartezeit*. Die Markierung eines Zustandsübergangs gibt die hierfür benötigte Zeitdauer an: *Spezifikation der Latenzzeit*. Die Kommunikation ist derart synchronisiert, daß es in dem für jede Instanz dafür vorgesehenen Zeitintervall einen Zeitpunkt gibt, in dem zwei Instanzen zur Kommunikation, d.h. zur Übergabe einer SDU am SAP, bereit sind. Die Übergabe der SDU selbst erfolgt in vernachlässigbar kurzer Zeit und sei als atomar angenommen (Übergabe eines Zeigers auf die Nachricht).

Anmerkung zur Darstellung: Die synchronisierte Übergabe einer SDU kann dadurch modelliert werden, daß man sogenannte gekoppelte Zustandsübergänge betrachtet. Sie sind folgendermaßen definiert: Wenn in einer Instanz i ein Zustandsübergang t_i erfolgt, dann muß auch in der Instanz j ein entsprechender Zustandsübergang t_j erfolgen. Wenn beispielsweise der Auftraggeber ein req_SDU übergibt (senden), dann erfolgt auch im Diensterbringer ein entsprechender Zustandsübergang (empfangen). Die Übergabe eines Dienstprimitivs wird als aktiver gekoppelter Zustandsübergang (dicker Pfeil) und der Empfang als passiver gekoppelter Zustandsübergang (dünner Pfeil) bezeichnet. Daneben gibt es freie (aktive) Zustandsübergänge, die unabhängig von Zustandsübergängen in anderen Instanzen sind. Sie dienen der Darstellung von lokalen Aktionen, insbesondere auch zur Beschreibung von Zeitgebersignalen ('timeouts') und von spontanen Übergängen bei Störungen wie den Verlust von Nachrichten ('lost messages').

Es liegt nahe, die freien Zustandsübergänge dahingehend zu unterscheiden, ob die ihnen zugeordneten Aktionen transaktionsgebundene Objekte (im Sinne von [13]) beziehungsweise "transaktionsrelevante" Objekte (z.B. Sperren) verändern oder ob die Zustandsübergänge diesbezüglich unkritisch sind (z.B. Zeitgebersignale).

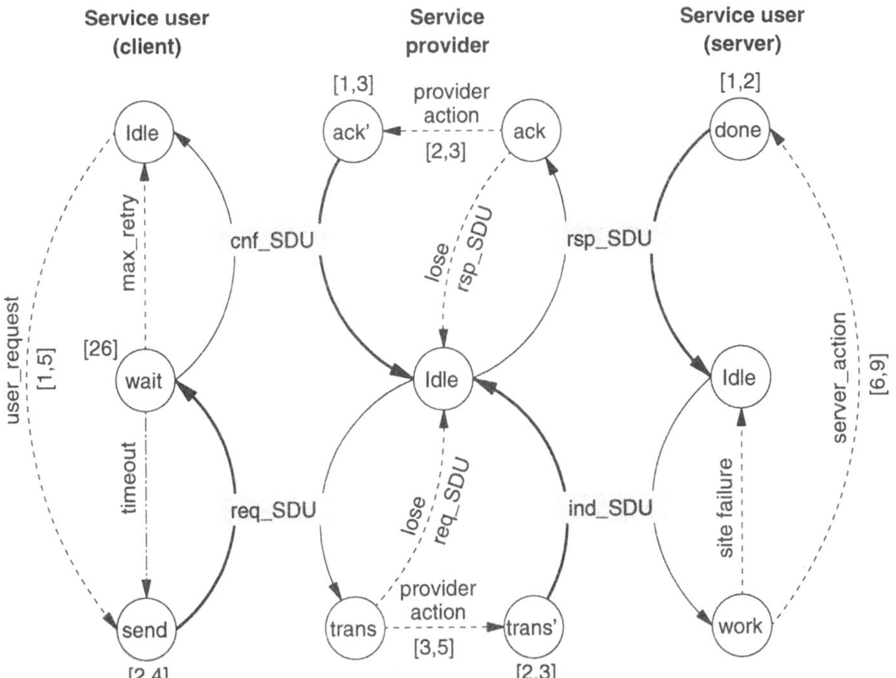

Figur 1: Darstellung eines bestätigten Dienstes als gekoppelter, mit Zeitintervallen markierter, Graph – 'coupled time graph' [4]

Figur 1 zeigt, am Schema eines bestätigten Dienstes, an welchen Stellen im Zustandsübergangsgraphen typischerweise Markierungen angebracht sind. Semantisch werden sie unterschieden:

– *Zeit in Wartezuständen*: Sie steht immer im Zusammenhang mit der synchronen Kommunikation, das heißt, eine Instanz wartet auf den Empfang einer SDU (wait) oder wartet darauf, daß eine SDU übergeben werden kann (send, trans', done).

- Die Markierung des Ausgangszustands eines gekoppelten aktiven Zustandsübergangs legt fest, in welchem Zeitintervall dieser erfolgen soll.

- Der Ausgangszustand eines passiven gekoppelten Zustandsübergangs ist ein Wartezustand für den im Grunde keine Markierung notwendig ist. Zur Vermeidung unendlicher Wartezustände können freie Zustandsübergänge ('timeouts') verwendet werden. Die Markierung des Ausgangszustands [delay] steht für das Intervall [0, delay] falls der gekoppelte Zustandsübergang erfolgt und für das Intervall [delay, delay] falls der freie Zustandsübergang erfolgt.

- *Latenzzeit*: Der Aufwand für die Änderung lokaler Objekte wird durch die endliche Zeitdauer eines freien (aktiven) Zustandsübergangs, dem Aktionen zugeordnet sind, beschrieben (server_action). Aus externer Sicht kann diese Zeitdauer als Latenzzeit einer Instanz zwischen der Übergabe zweier entsprechender SDUs interpretiert werden. Formal ist die Verarbeitungszeit (Latenzzeit) durch die Markierung des Zustandsübergangs festgelegt. Für die freien Zustandsübergänge, die durch ein Zeitgebersignal bewirkt werden, ist keine Zeitdauer vorgesehen.

3. Ein dezentrales 3-Phasen-Commit-Protokoll mit garantierter Antwortszeit

In Anbetracht der Forderung, daß – unabhängig vom Ausgang – eine transaktionsorientierte Bearbeitung von verteilten Objekten innerhalb eines vorgegebenen Zeitintervalls abgeschlossen sein soll, muß auch die Abstimmung hinsichtlich des Transaktionsergebnisses kritisch betrachtet werden, die am Ende der Bearbeitung mit dem Ziel erfolgt, eine für *alle* Beteiligten *verbindliche* Entscheidung herbeizuführen. Die Entscheidung lautet *Commit*, wenn alle Instanzen zustimmen, sonst *Abort*. Wobei Commit dafür steht, daß die Transaktion erfolgreich abgeschlossen werden kann, und Abort dafür, daß sie konsistent abgebrochen werden muß. Damit wird erreicht, daß alle Beteiligten dieselbe Entscheidung treffen – *'atomic commitment'* [9]. Diese Vorgabe kommt von der für Datenbank-Transaktionen akzeptierten Annahme, daß die Konsistenz verletzt werden kann, wenn die Folge von Bearbeitungsschritten nicht vollständig ausgeführt wird.

3.1 Rechtzeitige Terminierung und Strategie der reduzierten Dienstleistung

Aus dieser strengen Vorgabe resultiert aber auch die Anfälligkeit der Commit-Protokolle was die Terminierung anbelangt, wenn mit dem Versagen einzelner Komponenten gerechnet werden muß. Es ist offensichtlich wenig sinnvoll, von einer *ausgefallenen* Instanz die rechtzeitige Terminierung zu verlangen, so daß man in einer realistischen Zielsetzung nur von der Terminierung *funktionsfähiger* Instanzen ausgehen kann. In Hinblick auf die Konsistenz muß man von den ausgefallenen Instanzen fordern, daß sie ein 'fail safe'-Verhalten aufweisen. Darunter ist zu verstehen, daß sie die notwendigen Informationen (auf nichtflüchtigem Speicher) bereithalten, um – nach Reparatur – konsistent reintegriert werden zu können. Beispielsweise müssen Sperren auf transaktionsgebundenen Objekten bis zur erfolgreichen Reintegration erhalten bleiben. Dieser Schritt wird jedoch als Rekonfigurationsmaßnahme abgegrenzt, die zu einem späteren Zeitpunkt erfolgt. Das Ziel dieser Strategie einer reduzierten Dienstleistung ('graceful degradation') ist in der folgenden Definition zusammengefaßt.

Definition 1: Ein Commit-Protokoll (die Recovery-Maßnahmen inbegriffen) ist robust gegenüber einer Klasse von Ausfällen oder Störungen, wenn garantiert werden kann, daß

1. die transaktionsgebundenen Objekte derjenigen Instanzen, die rechtzeitig terminieren, trotz der Ausfälle oder Störungen konsistent sind, und
2. die andern Instanzen konsistent reintegriert werden können, nachdem die Ausfälle repariert wurden.

Ein solches Commit-Protokoll heißt *nichtblockierend*, wenn alle funktionsfähigen Instanzen trotz der Ausfälle das Protokoll und damit die Transaktion beenden können.

Betrachtet man im Zusammenhang mit dieser Definition die Instanzen zum vorgegebenen Terminierungszeitpunkt T, dann gilt entweder

– eine Instanz ist funktionsfähig und könnte ihre Aktionen abschließen, oder
– sie ist funktionsfähig, könnte aber ihre Aktionen nicht abschließen, d.h., sie ist blockiert, oder
– sie ist ausgefallen.

Im ersten Fall sind transaktionsgebundene Objekte freigegeben, im zweiten blockiert und im dritten nicht erreichbar und werden als undefiniert angesehen.

Mit diesem fehlertoleranten Ansatz sollen also einer 'graceful degradation'-Strategie folgend die funktionsfähigen Instanzen eine Transaktion konsistent beenden können, obwohl die Atomizität bis zu diesem Zeitpunkt nicht gegeben ist. Das mag auf den ersten Blick etwas abwegig klingen. Daher sei kurz ein Beispiel angeführt, das die Zusammenhänge veranschaulicht.

Beispiel: Es ist unstrittig, daß eine Änderung von replizierten Objekten konsistent ist, wenn alle Kopien geändert werden oder keine. Angenommen zu Beginn des Commit-Protokolls ist bekannt, daß die Änderung aller Kopien erfolgreich durchgeführt werden kann, aber das Commit-Protokoll kann nicht von allen Instanzen beendet werden, weil einige ausfallen, dann ist die Atomizität des Änderungsvorgangs nicht gegeben. Trotzdem ist ein "sinnvolles" – und konsistentes(!) – Teilergebnis erreicht, wenn mindestens eine Kopie im Sinne der Aufgabenstellung bearbeitet und freigegeben ('committed') wird. Auch ist sichergestellt, daß die ausgefallenen Instanzen konsistent reintegriert werden können, da bekannt ist, daß sie ihre Kopien erfolgreich geändert haben, aber noch nicht freigeben konnten, weil sie den Ausgang der Abstimmung noch nicht kennen. In diesem Fall wurde die vorhandene Redundanz reduziert.

Letztendlich wird eine ursprünglich nachgefragte Dienstleistung auf "sinnvolle" Teilergebnisse reduziert – 'degraded service'. Diese Reduzierung muß mit Rücksicht auf die ausgefallenen Instanzen erfolgen – 'graceful degradation'.

Um die Tatsache, daß die Konsistenz noch nicht in vollem Umfang erreicht ist, zu charakterisieren und auch, um diesen Sachverhalt von einem *inkonsistenten* Zustand begrifflich abzugrenzen, dient die nächste Definition.

Definition 2: Ein von funktionsfähigen Instanzen erreichter Endzustand wird als *funktionell konsistent* bezeichnet, wenn die beiden Anforderungen aus Definition 1 erfüllt sind.

Anmerkung: Die funktionelle Konsistenz kann durchaus auch für blockierende Protokolle gegeben sein [6] [24].

3.2 Das "klassische" dezentrale 3PC-Protokoll und seine Wartezustände

In der Literatur kann man mehrere Protokoll-Schemata (und viele Varianten) finden, die eine verbindliche Entscheidungsfindung über Commit oder Abort garantieren. Sie unterscheiden sich vor allem hinsichtlich der Komplexität und der Wahrscheinlichkeit, daß funktionsfähige Instanzen durch den Ausfall einzelner Komponenten blockiert werden. Insbesondere ist festzuhalten, daß es kein nichtblockierendes Commit-Protokoll gibt, wenn beliebige Netzwerkpartitionierungen vorkommen können [21], und daß beim bekannten 2-Phasen-Commit-Protokoll bereits das Versagen einer Instanz ('single site failure') die Terminierung beeinträchtigen kann. Dagegen können Protokoll-Schemata mit drei Phasen 'site failure' und 'omission failure' tolerieren, wenn geeignete Recovery-Schemata benutzt werden.

Als Basis für die weitere Diskussion wird ein dezentrales Protokoll-Schema verwendet. Es geht auf [19] zurück und läuft, wenn keine Ausfälle oder Störungen zu berücksichtigen sind, in drei Phasen ab:

1. Eine Instanz – der Auftraggeber – sendet die PREPARE-Anforderungen. Das kann zum Beispiel diejenige Instanz sein, die vom Anwendungsprozeß mit der Durchführung der Transaktion beauftragt wurde. Nach dem Empfang der PREPARE-Anzeige entschließt sich jede Instanz aus lokaler Sicht für Ready oder Abort und sendet die entsprechenden Anforderungen an alle Partnerinstanzen. Der Auftraggeber kann, muß aber nicht, an der Entscheidungsfindung teilnehmen.

2. Die Instanzen, die für Ready gestimmt haben, warten bis entweder alle READY-Anzeigen oder mindestens eine ABORT-Anzeige eingetroffen sind. Wenn alle READY-Anzeigen eingetroffen sind, werden PRE-COMMIT-Anforderungen an alle Partnerinstanzen gesendet. Wenn mindestens eine ABORT-Anzeige eingetroffen ist, entscheidet sich die Instanz für Abort und bestätigt dem Auftraggeber den konsistenten Abbruch der Transaktion: STATE-REPORT('aborted'), was einer ABORT-Antwort entspricht.

3. Wenn bei einer Instanz alle PRE-COMMIT-Anzeigen eingetroffen sind, entscheidet sie sich für Commit, führt die damit verbundenen Aktionen aus und bestätigt dem Auftraggeber die erfolgreiche Ausführung: STATE-REPORT('committed').

Ferner wird vorausgesetzt, daß der Auftraggeber einen sogenannten *globalen Zustandsvektor* verwaltet, der für jede Instanz einen Eintrag enthält, der den Zustand der Partnerinstanzen aus der Sicht des Auftraggebers widerspiegelt. Initialisiert wird dieser Zustandsvektor mit 'exception' und in Abhängigkeit von den empfangenen STATE-REPORT-Nachrichten aktualisiert. Er spielt beim Termierungsnachweis in Abschnitt 4 eine Rolle.

In jeder Phase gibt es eine Stelle an denen die Instanzen auf Nachrichten warten und von der Blockierung gefährdet sind, wenn einzelne Nachrichten nicht oder nicht rechtzeitig eintreffen, sei es weil eine Nachricht nicht gesendet wurde (Ausfall einer Partnerinstanz) oder weil auf Grund von Störungen im Kommunikationssystem Nachrichten "verloren" gehen. Aus der Sicht von Instanz i (i = 0, ... n) sind das die folgenden Wartezustände, vgl. auch Figur 3:

1. Warten auf PREPARE_ind ('vote').
2. Wenn Instanz i mit Ready gestimmt hat, wartet sie auf alle READY_ind$_{k,i}$ bzw. ein ABORT_ind$_{k,i}$ (k = 0, ... n), k ≠ i ('wait for votes').
3. Schließlich wartet Instanz i auf alle PRE-COMMIT_ind$_{k,i}$ (k = 0, ... n), k ≠ i ('prepared').

Nur im ersten Fall können sich die Instanzen autonom und zwar für Abort entscheiden. Mit gewissen Einschränkungen kann auch das "nichtaufgeforderte READY" in Betracht gezogen werden [2].

Im zweiten Fall muß, wegen der geforderten Einstimmigkeit für die Commit-Entscheidung, auf alle Anzeigen gewartet werden solange keine ABORT-Anzeige eintrifft. Die unilaterale Entscheidung für Abort, wie sie bei den zentralen Commit-Protokollen der Koordinator fällen kann, ist nicht zulässig, da die Instanz bereits mit Ready gestimmt hat.

Im dritten Fall wissen die Instanzen zwar, daß die Entscheidung Commit sein wird, und eine Entscheidung für Commit würde die Konsistenz nicht gefährden, kann aber zur Blockierung führen, solange nicht von allen funktionsfähigen Partnerinstanzen die PRE-COMMIT-Anzeigen vorliegen [3]. Damit ist in den Fällen zwei und drei ein Recovery-Protokoll notwendig, vgl. Abschnitt 3.5.

3.3 Definition der Zwischenzeitschranken

Zunächst wird jedoch ein Berechnungschema skizziert, das (im Sinne einer Anforderungs-definition) eine gezielte Zeitüberwachung der einzelnen Schritte des Protokolls ermöglicht. Daraus abgeleitet können unzulässig lange Wartezustände mittels einfacher Zeitgebersignale ('timeouts') lokal erkannt und gegebenenfalls Recovery-Aktionen gestartet werden.

Ausgangspunkt für die Festlegung der Zeitspannen innerhalb derer die einzelnen Protokoll-schritte ablaufen müssen ist die Vorgabe, daß das Commit-Protokoll innerhalb eines vorgege-benen Zeitintervalls terminieren soll. Da bei Störungen im Protokollablauf im allgemeinen die Einhaltung der oberen Intervallgrenze problematisch ist, wird hier vereinfachend nur die Berechnung für diese Zeitgeberwerte angegeben.

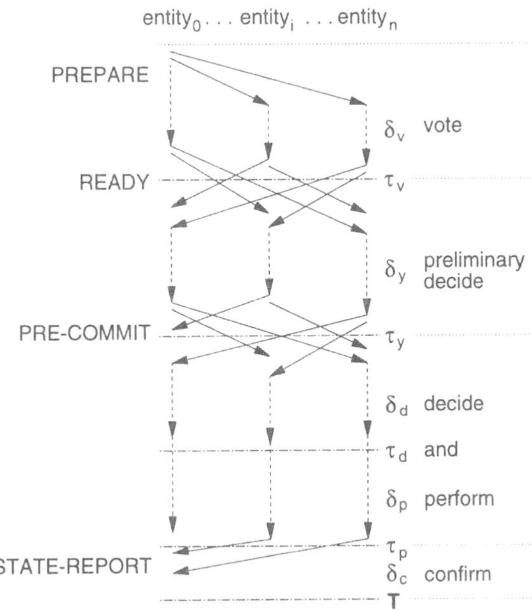

Figur 2: Ablauf des td3PC bei einer Commit-Entscheidung – Auftraggeber ist Instanz I_0

Die Voraussetzungen für eine kalkulierte Begrenzung der Wartezeit sind, wie bereits oben angegeben, daß sowohl die Latenzzeit für lokale Aktion (Antwortszeit) sowie die Zeit für die Nachrichtenübertragung (Einwegverzögerung) δ_{sp*}[1] endlich und bekannt sind. Ferner verfügen die Instanzen über lokale Zeitgeber, die bis auf die Drift ε synchronisiert sind.

Damit lassen sich im störungsfreien Ablauf, wie er in Figur 2 dargestellt ist, die Zwischenzeitschranken für das td3PC-Protokoll wie folgt festlegen:

- Die Bestätigungen sollen bis zum Endzeitpunkt T beim Auftraggeber vorliegen, so daß die Instanzen bezogen auf ihre lokalen Zeitgeber die lokalen Aktionen zum Abschluß der Transaktion bis zum Zeitpunkt

$$\tau_p := T - \delta_c - \varepsilon$$

ausgeführt und STATE-REPORT-Anforderungen gesendet haben müssen. δ_c wird so gewählt, daß die Bestätigungen übertragen werden können und auch der Auftraggeber gegebenenfalls noch lokale Aktionen zum Abschluß der Transaktion (z.B. die Freigabe von Sperren) ausführen kann.

- Der Zeitpunkt, bis zu dem die Instanzen spätestens eine Entscheidung gefällt haben müssen, ist bezogen auf den lokalen Zeitgeber

$$\tau_d := \tau_p - \delta_p - \varepsilon$$

Wobei δ_p die Zeitspanne für die lokalen Aktionen zum Abschluß der Transaktion ist.

- Damit sich die Instanzen definitiv für Commit entscheiden können müssen die PRE-COMMIT-Anforderungen spätestens zum Zeitpunkt

$$\tau_y := \tau_d - \delta_d - \delta_{sp*} - \varepsilon$$

gesendet werden, wobei δ_d die Zeitspanne für die lokale Entscheidungsfindung ist.

- Und schließlich ist der Zeitpunkt, bis zu dem die Instanzen ihre Stimme abgegeben haben müssen, gegeben durch

$$\tau_v := \tau_y - \delta_y - \delta_{sp*} - \varepsilon.$$

δ_y ist die Zeitspanne, die die Instanzen längstens für die Auswertung der eingetroffenen Stimmen benötigen.

3.4 Das td3PC-Protokoll

Nun kann das td3PC-Protokoll angegeben werden, das im Sinne von Definition 2 die funktionelle Konsistenz auch beim Ausfall einzelner Instanzen gewährleistet und rechtzeitig terminiert. Die Wartezeit wird zunächst dadurch begrenzt, daß an den entsprechenden Stellen im Zustandsübergangsdiagramm ein Ausnahmezustand ('exception') eingefügt wird, der über einen freien Zustandsübergang ('timeout') erreicht wird.

Bereits durch diese einfache Modifikation wird die funktionelle Konsistenz rechtzeitig garantiert, womit sichergestellt ist, daß diejenigen Instanzen, die eine Entscheidung fällen, die gleiche Entscheidung treffen. Unbefriedigend ist allerdings, daß funktionsfähige Instanzen blockiert sein können. Im ungünstigsten Fall sind sogar alle funktionsfähigen Instanzen blockiert.

---

1) δ_{sp*} steht für die Übertragung von n unbestätigten Nachrichten, wobei fallweise zwischen der Übertragung einzelner Nachrichten und der Multicast-Übertragung unterschieden werden kann.

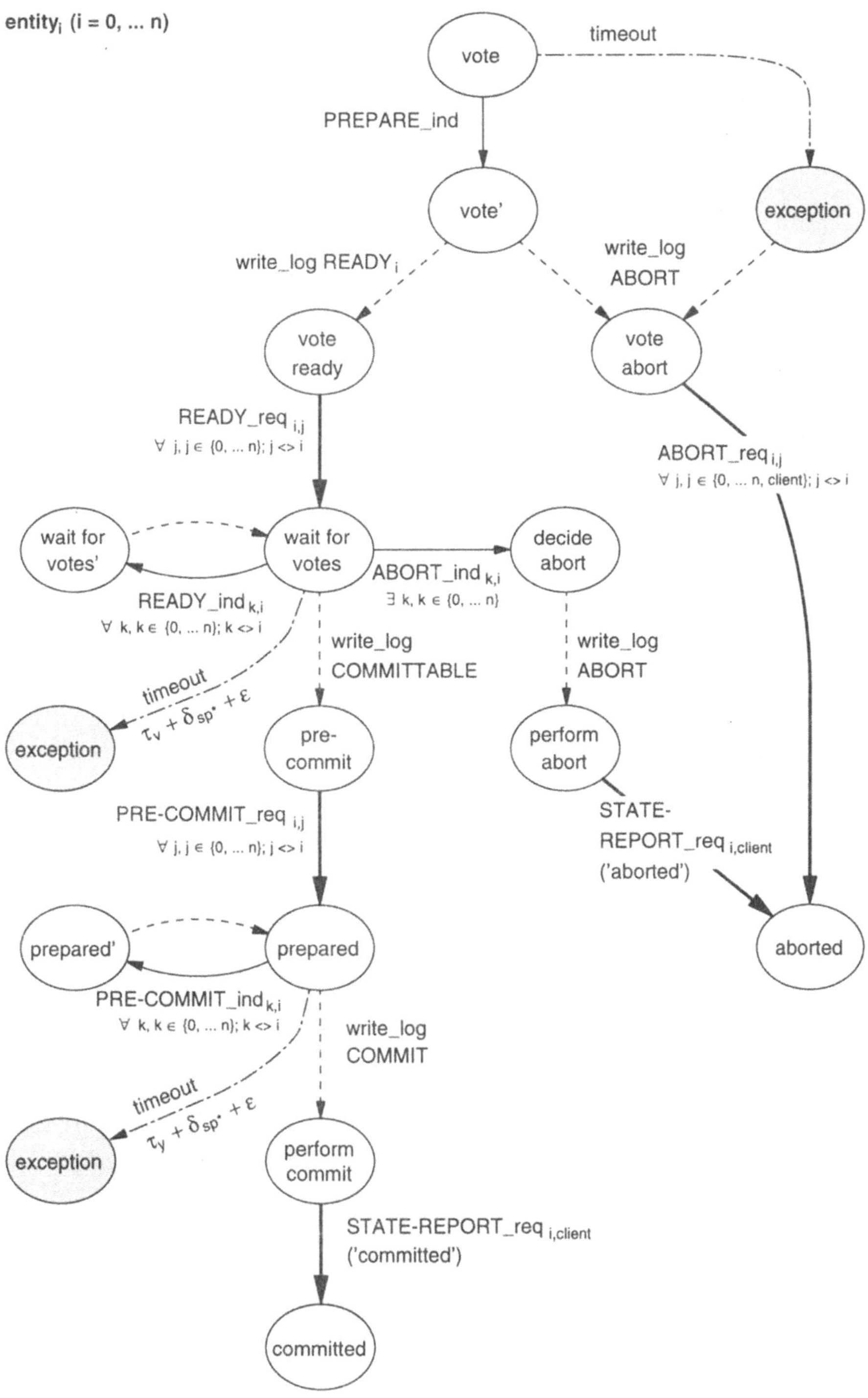

Figur 3: Zustandsübergangsdiagramm für ein dezentrales 3-Phasen-Commit-Protokoll mit Ausnahmezuständen

3.5 Das Recovery-"Schema"

Die Blockierungen können für bestimmte Klassen von Ausfällen oder Störungen vermieden werden und die in Definition 1 genannte Zielsetzung, für alle funktionsfähigen Instanzen trotz der Ausfälle rechtzeitig eine konsistente Entscheidung herbeizuführen, kann erreicht werden, wenn mit dem Zustandsübergang nach 'exception' Recovery-Aktionen eingeleitet werden. Dabei soll auch beim Recovery-Protokoll am Prinzip der dezentralen Entscheidungen festgehalten werden.

Unter der Voraussetzung, daß der Diensterbringer zuverlässig ist, das heißt, es werden nur Ausfälle von Dienstbenutzern ('site failure') betrachtet, kann ein relativ einfaches Recovery-"Schema" entworfen werden. Die Grundidee wurde in [20] veröffentlicht. Sie basiert darauf, daß die Instanzen in eventuell mehreren "Runden" (Phasen) ein Zustandsattribut an die Partnerinstanzen senden, aus dem hervorgeht, wie weit aus ihrer lokalen Sicht die Entscheidungsfindung fortgeschritten ist. Aus den eintreffenden Anzeigen kann dann jede Instanz stets lokal feststellen, ob das Recovery-Protokoll mit einer Commit- oder Abort-Entscheidung terminiert oder ob eine weitere Runde erforderlich ist. Dabei genügt es vier Zustandsattribute zu unterscheiden:

- Ein lokaler Zustand wird mit dem Attribut *committed* (*aborted*) klassifiziert, wenn die Instanz bereits zur Commit-(Abort-)Entscheidung gekommen ist.
- Ein lokaler Zustand wird mit dem Attribut *committable* klassifiziert, wenn eine Instanz in diesem Zustand zuverlässig weiß, daß alle – auch ausgefallene – Instanzen mit Ready gestimmt haben.
- Ansonsten wird ein lokaler Zustand als *uncertain* klassifiziert.

Diese Attribute werden mit dem unbestätigten Dienst STATE-REPORT übermittelt, so daß in den beiden oben genannten Wartezuständen eine Instanz im Zustand 'exception' STATE-REPORT('uncertain') bzw. STATE-REPORT('committable') sendet.

Anmerkung: STATE-REPORT('uncertain') entspricht etwa dem READY, da die Instanz selbst für Ready stimmt, aber noch nicht (alle) Stimmen der Partnerinstanzen kennt. Ebenso entspricht STATE-REPORT('committable') etwa dem PRE-COMMIT.

Ist das Recovery-Protokoll einmal gestartet, wird im Prinzip das gleiche Schema verfolgt, indem alle funktionsfähigen Instanzen in Abhängigkeit von ihrem Zustandsattribut – in immer neuen Runden – jeweils eine, als STATE-REPORT interpretierbare, Nachricht an alle Partnerinstanzen, von denen sie annehmen müssen, daß diese funktionsfähig sind, senden. Für diese weiteren Runden gelten folgende Regeln, wobei nur die Zustände interessieren in denen die Instanzen noch nicht zu einer Entscheidung gekommen sind:

- Wenn in einer Runde nur 'uncertain'-Anzeigen empfangen wurden und die Instanz selbst 'uncertain' klassifiziert ist, dann muß sie in der nächsten Runde STATE-REPORT ('uncertain') senden.

- Wenn eine oder mehrere STATE-REPORT('committable') (oder PRE-COMMIT) empfangen wurden, sende in allen weiteren Runden 'committable'-Anforderungen.
  Der Empfang einer einzelnen 'committable'-Anzeige in der ersten Runde besagt, daß der Sender alle READY-Anzeigen empfangen hat und folglich die Transaktion mit Commit beendet werden kann. Daher sendet der Empfänger in allen weiteren Runden das 'committable'-Attribut. Auch in allen folgenden Runden des Recovery-Protokolls kann aus einer 'committable'-Anzeige geschlossen werden, daß in der Abstimmungsphase alle Instanzen mit Ready gestimmt haben.

Es ist offensichtlich, daß bei der wiederholten Anwendung dieser Regeln das Recovery-Protokoll nicht terminiert. Daher sind zusätzliche Festlegungen notwendig, die in Einklang mit Definition 1, die Terminierung herbeiführen. Es sind zwei Fälle zu unterscheiden:

– Wenn eine Instanz in zwei aufeinander folgenden Runden nur STATE-REPORT ('uncertain') empfängt und keinen Ausfall in diesen beiden Runden registriert, kann sie sich, ohne die Konsistenz zu gefährden, für Abort entscheiden.

– Eine Instanz kann sich am Ende einer Runde für Commit entscheiden, wenn in dieser Runde ausschließlich 'committable'-Anzeigen empfangen wurden.

Dieses Recovery-Protokoll ermöglicht eine konsistente Entscheidung und stellt sicher, daß keine funktionsfähige Instanz blockiert wird. Es benötigt genau zwei Runden, wenn während des Protokollablaufs keine weiteren Instanzen ausfallen. Wenn weitere Instanzen ausfallen, benötigt das Protokoll im ungünstigsten Fall für jeden Ausfall eine weitere Runde. Es toleriert n - 1 Ausfälle, wenn zu Beginn des Recovery-Protokolls n Instanzen funktionsfähig waren, und die letzte Instanz kommt zu einer konsistenten Entscheidung, die durchaus Commit lauten kann.

Anmerkung: Es kann vorkommen, daß Instanzen bereits einen Endzustand erreicht haben, während andere noch 'uncertain' oder 'committable' klassifiziert sind. In diesen Fällen kann das Recovery-Protokoll etwas beschleunigt werden, wenn die Instanzen, die im Endzustand sind und eine STATE-REPORT-Anzeige mit dem Attribut 'uncertain' oder 'committable' empfangen, diese mit ihrem Zustandsattribut beantworten.

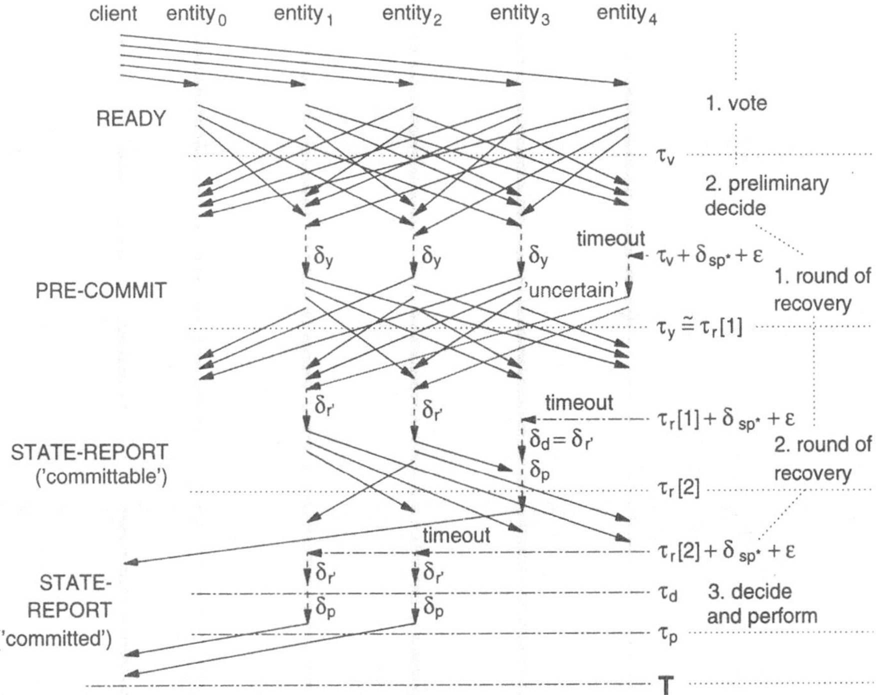

Figur 4: Beispiel für den Nachrichtenfluß beim dezentralen Recovery-Protokoll – mit einer Commit-Entscheidung trotz des Ausfalls von zwei Instanzen

3.6 Berechnung der Zwischenzeitschranken für ein 'r-resilient' Protokoll

Wenn in einem Protokollablauf auch Recovery-Maßnahmen vorgesehen sind, ist die hierfür benötigte Zeitdauer in die Berechnung der Zwischenzeitschranken einzubeziehen.

Sollen durch die Recovery-Maßnahmen r Ausfälle tolerierbar sein ('r-resilience'), sind im ungünstigsten Fall r + 1 Runden einzukalkulieren in denen STATE-REPORT-Nachrichten ausgetauscht werden. Der Zeitbedarf für eine Runde beträgt längstens:

$$\delta_r := \delta_{r'} + \delta_{sp*}$$

Wobei die Zeitspanne $\delta_{r'}$ für die lokale Entscheidung, ob eine weitere Runde gestartet werden muß, und δ_{sp*} für den Austausch der STATE-REPORT-Nachrichten benötigt werden.

– Die Zwischenzeitschranke bis zu der die Runde h, h = (1, ... r + 1) abgeschlossen sein muß ist iterativ festgelegt durch:

$$\tau_r[h\text{-}1] := \tau_r[h] - \delta_r - \varepsilon$$

Wie in Abschnitt 3.3 wird wieder davon ausgegangen, daß eine Entscheidung bis zum Zeitpunkt τ_d gefällt werden muß, damit die lokalen Aktionen zum Abschluß der Transaktion rechtzeitig beendet werden können.

– Die letzte Runde h = r + 1 muß bis

$$\tau_r[r + 1] := \tau_d - \delta_d - \varepsilon$$

abgeschlossen werden.

– Die erste Recovery-Runde beginnt entweder zum Zeitpunkt

$$\tau_v + \delta_{sp*} + \varepsilon,$$

wenn bei einer Instanz nicht alle READY-Anzeigen und keine ABORT-Anzeige eintreffen, oder zum Zeitpunkt

$$\tau_y + \delta_{sp*} + \varepsilon,$$

wenn bei einer Instanz nicht alle PRE-COMMIT-Anzeigen eintreffen.

Anmerkung: Zu diesem Zeitpunkt kann, wenn die zuverlässige Nachrichtenübertragung angenommen wird, direkt für Commit entschieden werden.

4. Korrektheitsnachweis für td3PC mit Recovery-Protokoll

Von den in [24] publizierten Korrektheitskriterien werden hier vor allem diejenigen Aspekte näher untersucht, die im Zusammenhang mit der rechtzeitigen Terminierung stehen. Auch für den Fall, daß die vorhandene Redundanz (hinsichtlich der Ausführungszeit) nicht ausreicht, um bis zum Zeitpunkt T für alle funktionsfähigen Instanzen eine konsistente Entscheidung herbeizuführen, gilt die funktionelle Konsistenz. Dann sind allerdings Instanzen blockiert.

Zuerst wird gezeigt, daß im Erfolgsfall die Entscheidungsfindung konsistent ist. Die Terminierung ist offen gelassen.

Satz 1: Alle beteiligten Instanzen, die zu einer Entscheidung (Commit oder Abort) kommen, treffen die gleiche Entscheidung.

Beweis: Wenn keine Recovery-Maßnahmen erforderlich sind, dann gilt.
– Eine Instanz kann sich nur dann für Commit entscheiden, wenn sie zunächst 'committable' klassifiziert war. Und eine Instanz wird nur dann 'committable', wenn alle mit Ready gestimmt haben, so daß sich keine Instanz in der ersten Phase für Abort entschieden haben kann.

– Wenn sich einige Instanzen für Abort entscheiden, dann muß es wenigstens eine Stimme (eventuell die eigene) für Abort geben. Wenn es eine Stimme für Abort gibt, dann kann es, wegen der geforderten Einstimmigkeit, keine Instanz geben, die 'committable' wird und keine Instanz kann sich für Commit entscheiden.

Wird das Recovery-Protokoll gestartet, dann gilt für diejenigen Instanzen, für die es zum Erfolg führt:

– Sie können sich für Commit entscheiden, wenn in einer Runde ausschließlich 'committable'-Anzeigen eintreffen. Dann war in der vorherigen Runde keine funktionsfähige Instanz 'uncertain' und die Terminierungsregel, die zur Abort-Entscheidung führt, kommt bei keiner Instanz zum Tragen.
Auch hat sich in der ersten Phase keine Instanz für Abort entschieden, sonst wäre nicht mindestens eine Instanz 'committable'.
– Wenn sich eine Instanz nach der Terminierungsregel für Abort entscheidet, dann waren in den letzten beiden Runden alle funktionsfähigen Instanzen 'uncertain' und damit in der letzten Runde keine Instanz 'committable', so daß sich keine Instanz für Commit entscheiden kann.
Die Terminierungsregel ist auch konsistent mit Abort-Entscheidungen in der ersten Runde.

Satz 2: Es darf nur dann für Commit entschieden werden, wenn alle Beteiligten mit Ready gestimmt haben.

Beweis: Der Beweis kann am Zustandsübergangsdiagramm abgelesen werden. Da der Zustandsübergang nach 'perform commit' nur erfolgt, wenn alle PRE-COMMIT_ind eingetroffen sind. Und der Zustandsübergang nach 'prepared' erfolgt nur, wenn vorher bei einer Instanz alle READY_ind eingetroffen sind.

Auch für das Recovery-Protokoll gilt, daß die Commit-Entscheidung nur getroffen wird, wenn mindestens eine Instanz zu Beginn des Recovery-Protokolls 'committable' klassifiziert ist. Diese hat alle Ready-Anzeigen empfangen.

Die in den nächsten Sätzen formulierten Kriterien sind gegenüber [24] auf die funktionsfähigen Instanzen beschränkt, so daß auch dann von einem "fehlerfreien Fall" gesprochen wird, wenn nur r ($r < n + 1$) tolerierbare Ausfälle vorkommen.

Satz 3: Wenn ein Protokollablauf nur diejenigen Ausfälle enthält, die das Protokoll tolerieren kann, dann kommen alle funktionsfähigen Instanzen zu einer Entscheidung.

Zunächst sei angenommen, daß keinerlei Versagen vorliegt. Dann werden die Instanzen alle erwarteten Nachrichten rechtzeitig empfangen und folglich findet für keine Instanz ein Zustandsübergang nach 'exception' statt und alle Instanzen kommen zu einer Entscheidung.

Beim Ausfall einzelner Instanzen muß gezeigt werden, daß das Recovery-Protokoll terminiert. Es sei $U_i(h)$ diejenige Menge von Instanzen, die in Runde h das Zustandsattribut 'uncertain' an die Instanz i ($i = 0, ... n$) sendet.

Lemma 1: $U_i(h+1) \subseteq U_i(h)$

Beweis: Die Teilmengenrelation folgt direkt aus den Festlegungen in Abschnitt 3.5. Wenn eine Instanz irgendwann einmal begonnen hat, das Zustandsattribut 'committable' zu senden, dann wird sie auch in allen folgenden Runden 'committable' senden. Wenn eine Instanz 'uncertain' in Runde h + 1 sendet, dann muß sie auch in Runde h 'uncertain' gesendet haben.

Damit ist nachgewiesen, daß die Anzahl der 'uncertain' klassifizierten Instanzen nicht anwächst. Mit dem Fall, daß sie konstant bleibt, beschäftigt sich das nächste Lemma.

Lemma 2: Wenn in zwei aufeinanderfolgenden Runden gilt: $U_i(h+1) = U_i(h) \neq \emptyset$, dann waren alle Anzeigen, die die Instanz i in Runde h und Runde h + 1 empfangen hat, STATE-REPORT('uncertain').

Beweis: Es sei angenommen, daß $U_i(h+1) = U_i(h)$ und in Runde h ist wenigstens eine STATE-REPORT-Anzeige mit dem Attribut 'committable' eingetroffen. In Abhängigkeit davon, welche Anzeigen Instanz i in Runde h gesendet hat, sind zwei Fälle zu untersuchen:

1. Instanz i hat in Runde h STATE-REPORT('uncertain') gesendet und sendet nun in Runde h+1 'committable', da sie nach Voraussetzung in Runde h wenigstens eine STATE-REPORT-Anzeige mit 'committable' empfangen hat. Das ist ein Widerspruch zu $U_i(h+1) = U_i(h)$.
2. Instanz i hat in Runde h 'committable' gesendet. Dann müssen alle Instanzen, die von i eine Anzeige empfangen haben in Runde h+1 'committable' senden. Das ist ebenfalls ein Widerspruch zur Annahme $U_i(h+1) = U_i(h)$.

Diese beiden Lemmas zeigen, daß die Anzahl derjenigen Instanzen, die 'uncertain' klassifiziert sind, entweder mit jeder weiteren Runde monoton gegen null geht oder in zwei aufeinander folgenden Runden konstant ist. Im ersten Fall terminiert das Verfahren, wenn keine STATE-REPORT-Anzeige mit 'uncertain' mehr eintrifft. Im zweiten Fall wird das Recovery-Protokoll mit der entsprechenden Terminierungsregel (vgl. Abschnitt 3.5) beendet. Im ungünstigsten Fall benötigt das Recovery-Protokoll r + 1 Runden.

Satz 4: Wenn ein Protokollablauf nur diejenigen Ausfälle enthält, die das Protokoll tolerieren kann, dann beenden alle Beteiligten ihre Teiltransaktion entsprechend der Entscheidungs-findung unter allen Beteiligten bis zum Zeitpunkt T.

Beweis: Da für alle tolerierbaren Ausfälle durch die Anpassung der Zwischenzeitschranken ausreichend Zeit für die Recovery-Maßnahmen eingeplant wurde (Abschnitt 3.6) können sich alle funktionsfähigen Instanzen bis spätestens τ_d entscheiden (Satz 3). Die verbleibende Zeitspanne $\delta_p + \delta_c + \varepsilon$ ist so gewählt worden, daß die abschließenden Aktionen durchgeführt werden können: $\tau_d + \delta_p + \varepsilon < T$.

Satz 5: Wenn ein Protokollablauf nur diejenigen Ausfälle enthält, die das Protokoll tolerieren kann, dann befinden sich zum Zeitpunkt T alle Instanzen in einem Zustand, der die von ihnen abgeschlossenen Aktionen widerspiegelt, und dieser Zustand ist im globalen Zustandsvektor verzeichnet.

Beweis: Die Aussage folgt direkt aus Satz 4 und der Tatsache, daß δ_c hinreichend gewählt wurde, um die STATE-REPORT-Nachricht an den Auftraggeber zu senden: $\tau_p + \delta_c + \varepsilon \leq T$.

Satz 6: Zum Zeitpunkt T sind entweder alle beteiligten Instanzen gemäß der Entscheidungs-findung in einem Endzustand, der dieser Entscheidung entspricht, oder sie sind im Zustand 'exception'. Ferner gilt, daß dieser Endzustand entweder im globalen Zustandsvektor verzeichnet ist oder der Eintrag im globalen Zustandsvektor ist 'exception'.

Beweis: Der erste Teil der Aussage, der auch alle tolerierbaren Ausfälle einschließt, ist bereits nachgewiesen (Satz 5). Für weitere Ausfälle kommt zum Tragen, daß die Zeitgeber bis auf die Drift ε synchronisiert sind und spätestens zum Zeitpunkt $\tau_r[r+1] + \delta_{sp*} + \varepsilon < T$ wieder ein Zustandsübergang nach 'exception' erfolgt, und daß der Eintrag im globalen Zustandsvektor, den der Auftraggeber verwaltet, nur überschrieben wird, wenn die STATE-REPORT-Anzeige rechtzeitig beim Auftraggeber eintrifft.

5. Resümee

In diesem Beitrag wurde die Zeitabhängigkeit der Objekte eines verteilten Systems zur Automatisierung technischer Prozesse als maßgebliche Konsistenzbedingung herausgestellt und gezeigt, wie die Zusicherung der Konsistenz durch ein neues fehlertolerantes Commit-Protokoll erreicht werden kann.

Dazu wurde die Modifikation eines bekannten Protokollschemas vorgeschlagen. Das Ziel dieser Modifikation ist es, für alle funktionsfähigen Instanzen trotz des Versagens einzelner Komponenten rechtzeitig eine konsistente Entscheidung herbeizuführen. Der gewählte Lösungsansatz basiert im wesentlichen auf der a priori Berechnung von Zeitschranken für die einzelnen Protokollschritte. Im Endeffekt wird berechnet, in welchem Zeitintervall die einzelnen Phasen eines Commit-Protokolls gestartet und beendet werden müssen. Mit der Überwachung der Zwischenzeitschranken während des Protokollablaufs kann dann stets lokal entschieden werden, ob Recovery-Maßnahmen eingeleitet werden müssen. Auch diese müssen innerhalb der vorgegebenen Zeitschranken zum Erfolg führen. Das ist nur unter bestimmten Annahmen möglich: synchrone Kommunikation und Annahmen über bestimmte Klassen von Störungen und Ausfällen ('r-resilience').

Hier wurde der Ausfall von Instanzen untersucht. Wenn der Verlust von Nachrichten ('omission failure') toleriert werden soll, kann in ähnlicher Weise vorgegangen werden. Es wird dann berechnet, wann die wiederholte Übertragung von Nachrichten ('retry') erfolgen muß. Die Terminierungsregeln für das Recovery-Schema sind für diese Klasse von Störungen neu zu formulieren. Der Verlust von Nachrichten ist insbesondere dann zu beachten, wenn die verkürzte Architektur [8] und die unbestätigte Multicast-Übertragung verwendet wird. Diese im OSI-Modell nicht vorgesehene Kommunikationsarchitektur, wird jedoch für lokal begrenzte Systeme, wie sie in der Automatisierung typisch sind, propagiert (Schlagwort: Feldbus).

Ein allgemeinerer Ansatz, der die Einhaltung von Realzeitanforderungen für das von der ISO genormte Protokoll zur verteilten Transaktionsverarbeitung [13] unterstützt, wird in [7] vorgestellt.

Literaturverzeichnis

[1]   Abbott, R.K.; H. Garcia-Molina: Scheduling Real-Time Transactions: A Performance Evaluation. ACM Transactions on Database Systems, Vol.17, No.3, Sep. 1992, pp 513-560

[2]   Austen, M.W., J.M. Janas, H.-R. Wiehle: Über das ISO Norm-Projekt zur verteilten Transaktionsverarbeitung: Stand und technische Alternativen. ITG/GI-Fachtagung: Kommunikation in verteilten Systemen. Stuttgart, 22.-24. Feb. 1989, (IFB 205) Springer-Verlag, S. 99-114

[3]   Bernstein, P.A.; V. Hadzilacos; N. Goodman: Concurrency Control and Recovery in Database Systems. Addison-Wesley, 1987

[4]   Bolognesi, T.; H. Rudin: On the Analysis of Time-Dependent Protocols by Network Flow Algorithms. Protocol Specification, Testing, and Verification, IV. Y. Yemini, R. Storm, and S. Yemini (eds.), Elsevier Science Publishers B.V. (North-Holland), (c) IFIP, 1985, pp 491-513

[5]   Buchmann, A.P.; D.R. McCarthy; M. Hsu; U. Dayal: Time-Critical Database Scheduling: A Framework for Integrating Real-Time Scheduling and Concurrency Control. IEEE Proceedings of 5th International Conference on Data Engineering, Los Angeles, CA, Feb., 1989, pp 470-480

[6]   Davidson, S.B.; I. Lee; V. Wolfe: Timed Atomic Commitment. IEEE Transactions on Computers, Vol.40, No.5, May 1991, pp 573-583

[7]   Dobler, G.; M. Slopianka: Kommunikationsunterstützung für verteilte Transaktionen mit Echtzeitanforderungen. PEARL 93 – Workshop über Realzeitsysteme. (Informatik aktuell) Springer-Verlag, Dez. 1993, erscheint in diesem Tagungsband

[8]   Elnakhal, A.E.: Effiziente Kommunikationsarchitekturen für zeitkritische Anwendungen in lokalen Rechnernetzen. Dissertation, Universität der Bundeswehr, Fakultät für Informatik, Dez. 1991

[9]   Hadzilacos, V.: On the Relationship Between the Atomic Commitment and Consensus Problems. Workshop on Fault-Tolerant Distributed Computing. Pacific Grove, CA, 17-19 March 1986, (LNCS 448) Springer-Verlag, 1990, pp 201-208

[10]   Halang, W.A.: Schwerpunkte der internationalen Forschung im Bereich Echtzeitsysteme. PEARL 89 – Workshop über Realzeitsysteme, 10. Fachtagung des PEARL-Vereins e.V., Boppard, Dez. 1989, (IFB 231) Springer-Verlag, S. 1-12

[11]   Haritsa, J.R.; M.J. Carey; M. Livny: Dynamic Real-Time Optimistic Concurrency Control. IEEE Proceedings of the 11th Real-Time Systems Symposium, Lake Buena Vista, FL, 5-7 Dec. 1990, pp 94-103

[12]   Hartlmüller, P.: Wahrung der Konsistenz wesentlicher systeminterner Daten in fehlertoleranten verteilten Realzeitsystemen. Dissertation, Universität der Bundeswehr München, Fakultät für Informatik, Juni 1988

[13]   ISO 10026: Information Processing Systems – Open Systems Interconnection – Distributed Transaction Processing. 1991

[14]   Jablonski, S.; B. Reinwald; T. Ruf: Eine Fallstudie zur Datenverwaltung in CIM-Systemen. Informatik Forschung und Entwicklung, Band 6, Heft 2, April 1991, S. 71-78

[15]   LeLann, G.: Critical Issues for the Development of Distributed Real-Time Computing Systems. INRIA Rapports de Recherche, N° 1274, Août 1990, 19 pages

[16]   Meier, A.: Erweiterung relationaler Datenbanksysteme für technische Anwendungen. (IFB 135) Springer-Verlag, 1987

[17]   Minet, P.; S. Sedillot: Integration of Real-Time and Consistency Constraints in Distributed Databases: The SIGMA Approach. Computer Standards & Interfaces, Vol.6, No.1, 1987, (c) Elsevier Science Publishers B.V. (North-Holland), pp 97-105

[18]   Rzehak, H.: Echtzeitkommunikationssysteme – Eine Einführung in die Problembereiche und Lösungsansätze. Telekommunikation und multimediale Anwendungen der Informatik. 21. GI-Jahrestagung, J. Encarnaçao (Hrsg.), Darmstadt, 14.-18. Okt. 1991, (IFB 293) Springer-Verlag, S. 631-642

[19]   Skeen, D.: Nonblocking Commit Protocols. Proceedings of the ACM-SIGMOD International Conference on Management of Data, Ann Arbor, MI, 29 April - 1 May 1981, pp 133-142

[20]   Skeen, D.: A Decentralized Termination Protocol. Proceedings of the 1st IEEE Symposium on Reliability in Distributed Software and Database Systems, Pittsburgh, PA, July 21-22, 1981, pp 27-32

[21]   Skeen, D.; M. Stonebraker: A Formal Model of Crash Recovery in a Distributed System. IEEE Transactions on Software Engineering, Vol.9, No.3, March 1983, pp 219-227

[22]   Son, S.H.; J. Lee; Y. Lin: Hybrid Protocols Using Dynamic Adjustment of Serialization Order for Real-Time Concurrency Control. The Journal of Real-Time Systems, Vol.4, No.3, Sep. 1992, pp 269-276

[23]   Stankovic, J.A.: Misconceptions About Real-Time Computing: A Serious Problem for Next-Generation Systems. IEEE Computer, Vol.21, No.10, Oct. 1988, pp 10-19

[24]   Stieger, K.: Randbedingungen für Protokolle zur transaktionsorientierten Datenverarbeitung in verteilten Realzeitsystemen. Telekommunikation und multimediale Anwendungen der Informatik. 21. GI-Jahrestagung, J. Encarnaçao (Hrsg.), Darmstadt, 14.-18. Okt. 1991, (IFB 293) Springer-Verlag, S. 643-656

[25]   Stoyenko, A.D.; V.C. Hamacher; R.C. Holt: Analyzing Hard-Real-Time Programs for Guaranteed Schedulability. IEEE Transactions on Software Engineering, Vol.17, No.8, Aug. 1991, pp 737-750

PEARL und Kommunikation in der MAP- / TOP- Umgebung

C. Andres

CMG München GmbH
Ridlerstraße 37
80339 München

S. List

Universität Erlangen-Nürnberg
Martensstraße 1
91058 Erlangen
e-mail: *list@informatik.uni-erlangen.de*

1 Einleitung

Mit dem Standard MAP (Manufacturing Automation Protocol) und den parallel laufenden TOP Aktivitäten von Boing (TOP = Technical Office Protocols) wurde eine Grundlage geschaffen, die die Fertigungsautomatisierung in den letzten Jahren sehr stark beeinflußt hat. Der MAP/TOP-Ansatz ist der einzige Ansatz, der von Anfang an das gesamte Unternehmen adressiert - vom Automatisierungsgerät in der Fabrik (z.B. CNC, SPS, Prozeßrechner) bis hin zum Großrechner in der Verwaltung. Ein Verdienst der MAP/TOP-Initiative ist es, daß Architekturen und Standards definiert wurden, die zwei Bereiche der Fertigungsautomatisierung integrieren:

- ein Kommunikationsmodell beschreibt die Vernetzung von der Fabrikhalle bis zum Büro und legt auf der Basis von OSI/Standards die verwendeten Protokollwelten fest (Bild 1).

- Neben der Kommunikation werden Schnittstellen zum Anwenderprogramm und Anwendungsdienste auf der Grundlage einer abstrakten objektorientierten Sicht genormt, die eine neue Form des Anwendungsdesigns erlauben.

Auf dieser Basis wird die Erstellung von Anwendungs-Moduln möglich, die rechnerunabhängig erstellt werden können und über genormte Protokolle kommunizieren. Graphische Werkzeuge zur Programmerstellung können das standardisierte Beschreibungsmodell nutzen, um einheitliche Bausteine zur Prozeßsteuerung und -kommunikation in verteilten Systemen zu realisieren [11].

Damit wird die Grundidee einer Verteilung von Funktionen gemäß den Gesichtspunkten Aufgabe, Last und Reaktionsgeschwindigkeit auf die am besten geeigneten Systeme, Steuerungen oder Rechner unterstützt. Ebenso wird dem Anwender eine vereinheitlichte Sichtweise auf das Gesamtsystem geboten, welches ihm die Erstellung oder Modifikation seiner Applikationen, die Inbetriebnahme und Wartung seines Systems erleichtert.

Eine besondere Rolle spielt dabei MMS (Manufacturing Message Specification). Dahinter verbirgt sich ein Standard zur Programmierung von Anwendungen in der Fertigungsautomatisierung, der die wichtigsten in der Praxis vorkommenden Ereignisse und Abläufe spezifiziert.

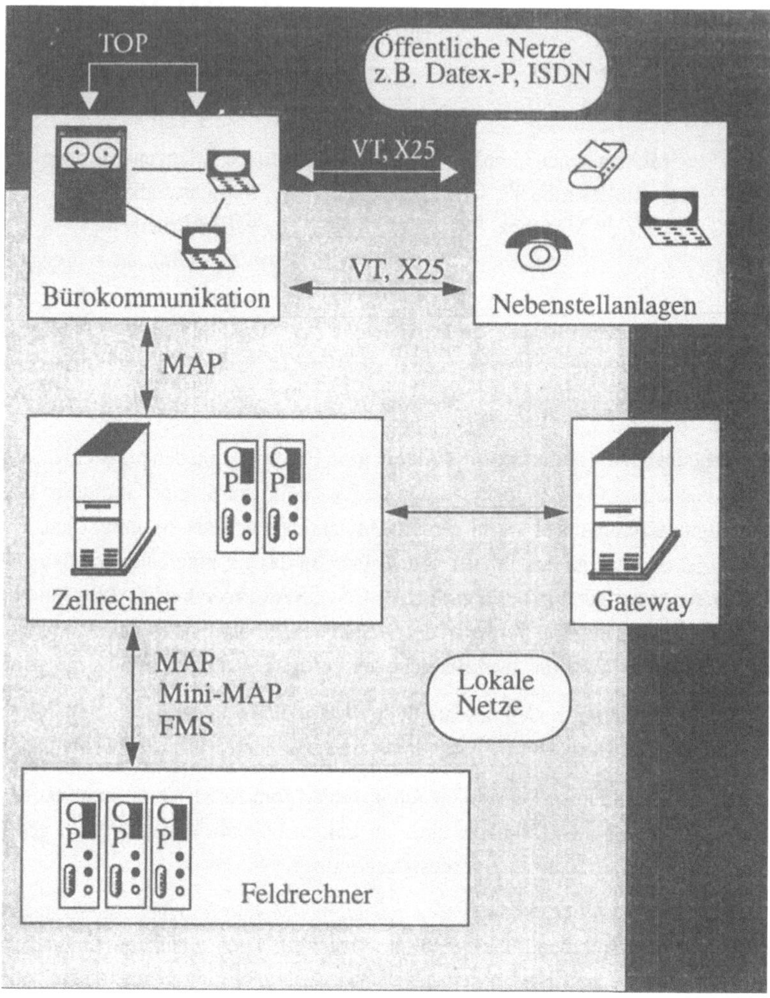

Bild 1: Darstellung der Kommunikation in Produktionsumgebungen

Normierungsvorschläge von Sprachen für die Prozeßautomatisierung, wie z.B. in [3][5] dargestellt, integrieren Teile dieses Modells in entsprechenden Sprachkonstrukten oder durch die Definition genormter Bausteine, welche von den Anwendungsprogrammen aufgerufen werden können. Ein Blick hinter die Kulissen zeigt, daß dabei einige Konzepte, wie sie in PEARL schon lange existieren, wieder aufgenommen werden. Als Beispiel seien nur die Steuerung und zyklische Einplanung von Tasks [3] [6] oder Semaphore zur Synchronisation von Abläufen genannt.

Aufgrund dieser Parallelität entstand im Arbeitskreis "PEARL und Kommunikation in verteilten Systemen" der GI-Fachgruppe 4.3 der Gedanke, ein Blick über den Zaun zu werfen, um die Konzepte der beiden Welten zu vergleichen. Ziel ist es, aufzuzeigen, wie in PEARL das MMS-Kommunikationsmodell integriert werden könnte. Normungsvorschläge für Prozeßautomatisierungssprachen werden dabei mit einbezogen. Ziel der Gegenüberstellung ist es, Standard-Kommunikationsmechanismen für verteilte PEARL-Anwendungen zu nutzen, und eventuell Rückschlüsse auf sinnvolle Neuerungen in der PEARL-Sprachwelt zu finden.

Zuerst wird eine Übersicht über die Konzepte und die Modellvorstellung von MMS gegeben. Anschließend werden die in der Sprachnorm IEC 1131 [3]dargestellen Programmierobjekte und ihre Kommunikationsmechanismen [4][5] vorgestellt. Exemplarisch wird nun die Semantik von MMS Diensten und Objekten mit der von PEARL-Sprachelementen verglichen. Danach wird eine mögliche Integration von bestimmten MMS-Diensten in PEARL dargestellt. Die Verteiltheit der PEARL-Applikation ist dabei nur in einem Konfigurationsmodul durch die Definition der entsprechenden MAP-Verbindungen definiert. Diese bleiben in den PEARL-Programmen für den Benutzer jedoch transparent.

2   MMS als ein abstraktes Programmiermodell

MMS ist nach [1] ein Standardmodell, welches eine Realisierung der nach ISO/OSI beschriebenen Applikationsebene darstellt und '... den Nachrichtenaustausch an oder von programmierbaren Geräten in einer CIM-Umgebung ...' unterstützt. Dabei spezifiziert MMS nicht nur ein genormtes Protokoll [2], sondern definiert auf der Basis einer Client/Server-Architekur das Verhalten des Servers durch die Definition von mehreren abstrakten Objekten . Diese Objekte besitzen definierte Attribute, welche die lokalen Daten des Objekts darstellen. Für jedes Objekt existieren Dienste, mit denen es erzeugt, gelöscht oder seinen lokalen Daten verändert werden können. Dabei können auch andere Objekte, welche mit dem angesprochenen Objekt in Verbindung stehen, betroffen sein. MMS-Objekte können durch die lokale Applikation, durch autonome Übergänge oder durch den Aufruf von Diensten durch ein anderes System, welches über eine Kommunikationsverbindung mit dem lokalen System verbunden ist, modifiziert werden. Die Art und der Umfang, in dem eine Implementierung die MMS-Dienste unterstützt, wird in sogenannten 'Conformance-Classes' spezifiziert. Im Verbindungsaufbau werden die unterstützten Dienste und die Größen von Parameterwerten zwischen den beiden Kommunikationspartnern ausgehandelt. Durch entsprechende Companion Standards wird die Verwendung von MMS für bestimmte Anwendungsgebiete, wie z.B. in der Robot- und der NC-Steuerung, zur Prozeßsteuerung und für Speicherprogrammierbare Steuerungen definiert. Im folgenden werden die abstrakten Objekte, welche von MMS definiert werden, näher dargestellt.

Die MMS-Umgebung

In MMS stellt der Application Process (AP) die abstrakte Repräsentation einer gesamten Applikation dar. Innerhalb von APs beschreibt die Application Entity (AE) denjenigen Teil, welcher die Kommunikation zu anderen APs im OSI-Modell definiert. Die Eigenschaften und Dienste des Kommunikationmechanismus werden in Form von Application-Service-Elements (ASEs) dargestellt. MMS stellt dabei ein solches Application-Service-Element dar, welches für den Bereich der Automatisierungstechnik spezifiziert wurde. Dabei werden zwischen den Instanzen der entsprechenden AEs eine Application-Association (AA) eingerichtet, welche die Umgebung für einen verbindungsorientierten Nachrichtenaustausch definiert. Im Verbindungsaufbau werden dabei die zur Verfügung gestellten Dienste und Eigenschaften ausgehandelt. (siehe dazu Abschnitt 18 und Abschnitt 19 in [2]).

Durch das abstrakte Objekt VMD wird das Server-seitige Kommunikationsverhalten einer MMS-Station modelliert.

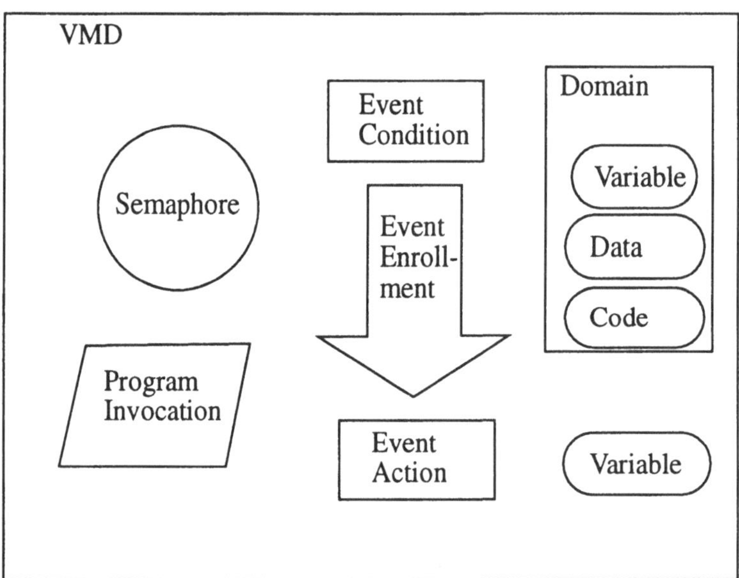

Bild 2: MMS-Objekte

Die Virtuell Machine Device (VMD)

Eine VMD beschreibt einen Applikationsprozeß, welcher Serverfunktionen im Kontext einer MMS-Kommunikation ausführt. Dabei kann eine oder mehrere VMDs auf einer einzigen Maschine realisiert sein, oder sich eine VMD auch über mehrere reale Maschinen erstrecken. Die VMD ist die umfassende Klammer für alle im folgenden beschriebenen und in Bild 2 dargestellten Objekte. Sie stellt außerdem Attribute zur Verfügung, welche einem Client Informationen über ihren gegenwärtigen Zustand liefern, womit der Zustand der durch sie repräsentierten realen Maschine beschrieben wird und diejenigen ausgehandelten Dienste festgelegt sind, welche momentan von ihr bearbeitet werden können.

Variablen

Variablen definieren Objekte, deren Inhalt ein bestimmter Wert ist. Auf diese Variablen kann von der Client-Seite zugegriffen werden, wobei MMS eine genormte Darstellung und Zugriffsmechanismen [2] definiert. Diese Variablen besitzen zusätzliche Attribute, welche Zugriffs- und Modifikationsmöglichkeiten für jene beschreiben.

Programm Invocation und Domains

Domains stellen Objekte dar, welche Programmcode und Daten enthalten können. Dabei definieren sie für enthaltene Variablen einen lokalen Gültigkeitsbereich, über welche jene angesprochen werden können. Programm Invocations definieren Aktivitätsträger, welche Aufgaben im Rahmen des Applikationsprozesses bearbeiten. Sowohl Domains als auch Programm Invocations können dynamisch kreiert und gelöscht werden, als auch initial im System vorhanden sein.

Ereignisse in MMS

Ereignisse (Events) können entweder das Eintreten lokaler Geschehnisses oder bestimmter Zustände sein, welche von der VMD überwacht, und als "monitored events" bezeichnet werden. Events können jedoch ebenso durch einen expliziten Auftrag eines Kommunikationspartners (network-triggered) ausgelöst werden. Bei Eintreten einer entsprechenden Event Condition können die Bearbeitung von Events durch die Definition von Event Enrollments und damit verbundener Event Actions durchgeführt werden.

Semphore

Semaphore stellen Objekte zur Koordinierung des Zugriffs auf gemeinsame Daten dar. MMS kennt dabei zwei verschiedenen Arten von Semphore. Token-Semphore stellen eine Anzahl gleichartiger Tokens bereit, welche von einem Applikationsprozess angefordert und wieder freigegeben werden können. Sie dienen zur Koordination von MMS-Prozessen, wobei die Zeit für das Warten auf den Erhalt eines Tokens und die maximale Dauer ihres Besitzes durch eine Applikation spezifiziert werden kann. Pool-Semphore besitzten einzeln identifizierbare Tokens, welche den Zugriff von Applikationsprozessen auf reale Ressourcen koordinieren.

3   Companion Standards

Die Companion Standards für Speicherprogrammierbare Steuerungen (Programmable Controllers - PC) und Prozeßkontrolle [4][5] definieren die Schnittstelle von Anwendungsprogrammen zur MMS-Welt. Sie beinhalten Objekte, deren Namen und Attribute in den Companion Standards beschrieben werden, und spezifizieren die verwendeten MMS-Dienste. Dabei werden Mechanismen zum Datenaustausch definiert, welche mit MMS ein genormtes Protokoll benutzen, um die Verständigung zwischen Systemen verschiedener Hersteller zu gewährleisten (interoperability). Darüber hinaus soll auch die Möglichkeit geschaffen werden, Programme verschiedener Hersteller ohne Modifikationen verwenden zu können (interchangeability).

Subsysteme

Neben einer allgemeinen Zustandsinformationen für das Gesamtsystem werden für SPSen noch folgende Subsysteme definiert [5], welche Statusinformationen liefern können.

- I/O-Schnittstellen (mit entsprechenden Ein- und Ausgabemoduln)

- Verarbeitungseinheit (Processing Unit)

- Speicher (Memory)

- Kommunikationssysteme (Communication functions)

- Anwenderspezifische Systeme (Implementer Specific Subsystems), wie z.B. weitere Peripherie , Coprozessoren, u.a.

Dabei kann der Status entweder vom Client abgefragt oder aber autonom gemeldet werden.

Mechanismen zum Datenaustausch

Zum Datenaustausch werden Mechanismen definiert, welche auf dem Lesen und Schreiben von Variablen basieren - was für den Server transparent geschieht -, sowie einem expliziten Datenaustausch über die in [3] und [4] definierten Funktionsblöcke. Im zweiten Fall kann ein koordinierter oder unkoordinierter Datentransfer verwendet werden. Die beschriebenen Dienste sind im einzelnen:

- READ   Lesen von remote Variablen, wobei der Variablenname oder eine symbolische Adress die remote Variable spezifiziert

- WRITE   Schreiben einer remote Variablen

- USEND, URCV   Senden und Empfangen von Variablen, wobei von URCV immer der aktuellste Wert dem Anwender mitgeteilt wird. Die vorangegangenen empfangenen Daten werden überschrieben.

- SEND, RCV   Koordinierter Datenaustausch zwischen Sender und Empfänger, wobei sowohl beim Senden, als auch Empfangen Daten mitgeliefert werden können. Die zurückgelieferten Daten können dabei, unter Verwendung der empfangenen Daten, vom Empfänger berechnet werden.

- NOTIFY, ALARM   Melden von Werten, wobei ein Alarm von der remote Seite bestätigt werden kann.

4 Vergleich von Objekten in PEARL und MMS

Die im Abschnitt 2 dargestellten abstrakten Objekte werden nun mit entsprechenden PEARL-Konstrukten verglichen.

Obwohl PEARL kein dynamisches Kreieren und Löschen von Objekten beherrscht, sondern im Gegenteil vollständig auf statischen Objekten basiert, wodurch die Verfizierbarkeit von Programmen erleichtert und Laufzeitfehler aufgrund von Ressourcenenpässen vermieden wird, kann trotzdem ein entsprechender Vergleich gezogen werden. Objekte können in MMS als initial vorgegeben angesehen und durch entsprechende Attribute als nicht löschbar definiert werden, was der Sichtweise eines PEARL-Programms entspricht.
Eine Application Process kann dabei z.B. durch das gesamte PEARL-Programm gebildet werden. Die einzelnen Module des PEARL-Programms beschreiben dabei die Domains einer VMD, welche durch ein ausgezeichnetes Modul (APPLICATION MODULE) definiert werden kann. In diesem sind ein oder mehrere Tasks definiert, welche die VMD-spezifischen Dienste bearbeiten.

Tasks können unter MMS als PIs betrachtet, und die Steuerungskommandos für Tasks auf entsprechende PI-Dienste abgebildet werden. Eine Einplanung von Tasks ist auf diesem Weg jedoch nicht möglich.

Network-triggered Events können verwendet werden, um einen Interrupt in PEARL auszulösen. Entsprechende Mechamismen stehen in PEARL [6] durch die Trigger-Anweisung bereits zur Verfügung. Interrupts werden damit nicht nur zum asynchronen Melden von Hardware-Interrupts, sondern auch zum Mitteilen von asynchronen Ereignissen benutzt, welche über das Netzwerk gemeldet werden.

Token-Semphore und PEARL-Semphore repräsentieren das selbe Verfahren zur Koordinierung von asynchronen Geschehnissen. Eine Identifizierung ist jedoch nicht ohne weiters möglich, da die Möglichkeit gegeben sein muß, daß unterschiedliche Objekte - lokale Tasks und Repräsentanten von remote Tasks - an einem Semphore warten können. Des weiteren müssen Mechanismen geschaffen werden, welche es z.B. bei Ausfall einer remote Station erlauben, die von ihr angeforderten Semphore-Elemente wieder zu erhalten. Eine zeitliche Überwachung, wie in Abschnitt 2 dargestellt, erscheint dabei am sinnvollsten.

Variablen, welche im MMS die Basis des Datenaustausches bilden, können in PEARL durch ein Port-Konzept integiert werden, welches auf gerichteten Verbindungen basiert und die Kommunikationsmechanismen für SPSen von Abschnitt 3 realisiert.

5 Integration der MMS-Welt in PEARL

Im folgenden werden Erweiterungen in PEARL für eine verteilte Applikation dargestellt. Dabei wird im Gegensatz zu Mehrrechner-PEARL, wie z.B. in [9] dargestellt, nicht von einer Applikation ausgegangen, welche vollständig in PEARL geschrieben ist. Die gemeinsame Basis bilden die MMS-Dienste, auf welche die entsprechenden Operationen von PEARL abgebildet werden.

Das Applikationsmodul

Wie in Kapitel 4 bereits dargestellt, wird ein ausgezeichnetes PEARL-Modul als Application Entity betrachtet. Der Name dieses Moduls definiert dabei den AE-Title. In diesem Modul können ein oder mehrere PEARL-Tasks realisiert sein, welche VMD-spezifische Dienste bearbeiten.

Systemverbindungen und ihre Parameter

Es wird eine benutzerdefinierte System-Connection (MMS) eingeführt, welche den Treiber für das MMS-Protokoll definiert und einer System-Dation entspricht. Eine Verbindung, welche über eine Instanz einer MMS-System-Connection aufgebaut wird, entspricht damit einer Application Association von MMS. Die verwendeten Parameter für den Verbindungsaufbau können noch zusätzlich, z.B. über Key-Value-Liste, spezifiziert werden. Diese können aus einem Konfigurationsfile gelesen werden, welches entsprechend einem CONFIGURATION-Module [9] aufgebaut ist, oder von einem zusätzlichem Tool, wie z.B. in [10] beschrieben, geliefert werden. Fehlen entsprechende Parameter für eine Verbindung, werden Default-Werte benutzt. Der Systemteil kann dann wie folgt dargestellt werden

```
APPLICATION MODULE (AE-Title)
        SYSTEM:

                AA-Bezeichner : MMS [WITH ParameterID];

        PROBLEM;

MODEND;
```

Benutzerdefinierte Verbindungen und ihre Attribute

Auf den System-Connections kann der Anwender nun logische User-Connections definieren. Diese spezifizieren durch entsprechende Attribute diejenigen Dienste, welche über die User-Connection an MMS gerichtet werden. Werden dabei Dienste verlangt, welche beim Aufbau der AA nicht ausgehandelt wurden, wird der entsprechende INITIATE-Aufruf mit Fehler beendet

```
PROBLEM;
     DCL User-AA-Bezeichner {unterstützteDienste}*
               CREATED ON (AA-Bezeichner);



     INITIATE User-AA-Bezeichner BY RST (Error) TIMEOUT (time);
```

Ports als Objekte zum netzwerkweiten Datenaustausch

Der Datenaustausch zwischen verteilten Applikationen wird auf Basis einer gerichteten und typisierten Port-Verbindung definiert, welche die im Kapitel 3 beschriebenen Kommunikationsmodelle realisiert. Dabei besitzt jeder Port einen eindeutigen Namen und Datentyp[en], womit der Namen und Datentyp der MMS-Variable festgelegt ist, mit der die übertragenen Werte dargestellt werden. Die Verbindung, auf welcher der Datenaustausch stattfindet, ist durch die User-connection bestimmt, auf der der Port deklariert ist. Der Port kann entweder als Sende- (OUT) oder als Empfangsport (IN) definiert sein, wobei bei einem Sendeport-Port der Name die lokale MMS-Variable, bei einem Empfangsport der Namen des remote Ports, bzw. der remote MMS-Variablen, spezifiziert wird. Dabei wird zwischen drei verschiedenen Port-Ausprägungen unterschieden - Latches, Queues und Values.

Latches

Latches realisieren dabei die Funktionalität eines unkoordinierten Datenaustausches der Kommunikationsbausteine USEND und URCV. Empfangene Daten werden am Empfangsport in einem ein-elementigen Puffer hinterlegt und durch neue empfangene Daten überschrieben.

Queues

Durch Queues wird ein koordinierter SEND/RCV-Datenaustausch mit RPC-Verhalten realisiert. Dabei wartet die sendende Station auf Antwort vom Empfänger. Dieser kann mit der erhaltenen Nachricht eine Antwort berechnen, und diese an den Sender zurückschicken. Der Datenaustauch findet mit dem Data-Exchange-Dienst von MMS statt.

Values

Ports, welche Values darstellen, werden nicht als Sende- oder Empfangsports, sondern als lokal (LOCAL) oder remote (REMOTE) spezifiziert. Dabei generiert ein WRITE- oder READ-Auftrag auf ein 'remote Value' einen entsprechenden READ- oder WRITE-Dienst in MMS. Eine READ- oder WRITE-Anweisung auf eine 'local Value' beeinflusst nur das entsprechende lokale Port-Objekt.

> DCL *Latch-Bezeichner* LATCH {IN | OUT} **Datentyp** [BY IDF (*MMS-Variablenname*)] CREATED ON (*User-AA-Bezeichner*);

> DCL *Queue-Bezeichner* QUEUE IN **Datentyp** [REPLY **Datentyp**]
>   [BY IDF (*MMS-Variablenname*)] CREATED ON (*User-AA-Bezeichner*);

> DCL *Queue-Bezeichner* QUEUE OUT **Datentyp** [AWAIT **Datentyp**]
>   [BY IDF (*MMS-Variablenname*)] CREATED ON (*User-AA-Bezeichner*);

> DCL *Value-Bezeichner* VALUE {LOCAL | REMOTE} **Datentyp** [BY IDF
>   (*MMS-Variablenname*)] [CREATED ON (*User-AA-Bezeichner*)];

Bei Eingabe-Queues kann der Empfang des Wertes nicht nur bestätigt, sondern auch ein Ergebnis berechnet und anschließend zurückgeliefert werden. Dabei wird das Ergebnis erst am Ende eines durch die verzögerte Rückmeldung definierten Blockes (s.u.) übernommen.

> TAKE *variable* FROM *Queue-Bezeichner* BY RST (*error*) AND
>   REPLY LATER
>
>   *"Berechnung des Ergebnisses"*
>
> REPLY (*Ergebnis*);

Der in [3] definierte 'Variable Access Path' einer Variablen wird somit durch den Namen des jeweiligen Ports dargestellt, welcher seine Ergebniss auf beliebige lokale Variablen schreiben oder von diesen lesen kann. Somit kann durch den Aufruf

> ACTIVATE *User-AA-Bezeichner.TASK-Name*

eine remote Task aktiviert werden.

Semphore, Tasks und Interrupts im System

Semaphore, Tasks und Interrupts werden auf die entsprechenden Objekte von MMS abgebildet. Dabei werden sie jedoch mit der User-Connection als Prefix versehen, auf der der entsprechende MMS-Dienst initiiert werden soll.

Fehlerbehandlung

Die Fehlerbehandlung beruht auf demselben zweistufigem Konzept, welches bereits in Standard-PEARL [6][7] realisert ist.

Einem Systemaufruf kann eine Variable mitgegeben werden, in der nach Beendigung des Aufrufs die positive Erledigung oder ein Fehler in Form eines entsprechend eingetragenen Wertes gemeldet wird. Ist keine Fehlervariable beim Aufruf mitgegeben worden, wird nachgesehen, ob für den entsprechenden Fehler ein PEARL-Signal vom Anwender definiert wurde, dessen eingeplante Reaktion dann ausgeführt wird. Ist auch dies nicht der Fall wird eine Default-Fehlerbehandlung ausgeführt.

Ausblick

Kommunikation und verteilte Applikationen werden in der Prozeßautomatisierung eine immer größere Rolle spielen. Dabei ist darauf zu achten, daß die Verteiltheit der Applikation für den Anwender möglichst transparent bleibt, bzw. ihm Mittel in die Hand gegeben werden, diese auf einfache Weise zu realisieren. Benutzerfreundlichkeit, einfache Plazierung der Applikationsmodule im Gesamtsystem, sowie Unterstützung die verteilte Applikation konsistent zu gestalten werden wesentliche Entscheidungskriterien für ein Automatisierungssystem oder einer Sprache für die Prozeßautomatisierung sein.

6   Literatur

[1]   ISO 9506 Manufacturing Message Specification (MMS)
         Part 1: Service Definition, Jan. 1990

[2]   ISO 9506 Manufacturing Message Specification (MMS)
         Part 2: Protocol Specification, Jan. 1990

[3]   IEC 1131 Speicherprogrammierbare Steuerungen,
         Teil 3: Programmiersprachen, Sept. 1992

[4]   IEC 1131 Speicherprogrammierbare Steuerungen,
         Teil 5: Kommunikationsdienste (Draft), Dez. 1992

[5]   Companion Standard for PC (Draft)
         ISO/IEC 9506-5, April 1994

[6]   PEARL90
        Sprachreport, Version 1.0, Jan 93

[7]   PEARL90 für UNIX-Systeme,
        Benutzerhandbuch, Nov. 92

[8]   A. Valenzano, C. Demartini, L. Ciminiera: MAP and TOP-Communications,
        Standards and Applications,
        Addison-Wesly, Wokingham, 1992

[9]   U. Bügel, G. Bonn: Merrechner-PEARL: Normung eines Sprachvorschlags aus
        Einsatzerfahrungen,
        Informatik-Fachbericht 167, Springer Verlag, 1988, S. 534-545

[10]   Scholz, O.: Projektierung von Anwendungen in verteilten Leitsystemen,
        Diplomarbeit an der Universität Erlangen-Nürnberg, 1993

[11]   H.-D. Ferling, M. Klittich: Standardisierung von graphischen Entwurfsobjekten für
        die realisierungsneutrale Beschreibung von Anwenderfunktionen in offenen
        Automatisierungssystemen,
        Informatik-Fachbericht 167, Springer Verlag 1988, S. 312-321

Kommunikation und Realzeit in der Fabrikautomatisierung

Rainer Besold
SIEMENS AG
AUT 93
Postfach 4848
90327 Nürnberg

1 Einleitung

Lokale Netze verschiedener Leistung sind aus einer modernen Fabrik nicht mehr wegzu-
denken. Für diese Netze bestehen unterschiedlichste Anforderungen, die von den in der
jeweiligen Anlage verwendeten Geräten definiert werden. Zwischen den Leitrechnern von Fabriken an verschiedenen Standorten werden große Datenmengen, einige Megabyte, normalerweise einmal pro Tag ausgetauscht (siehe Tabelle 1). Dafür steht relativ viel Zeit, üblicherweise Stunden zur Verfügung. Die Leitrechner von Fabrikzonen wie z.B. einzelnen Hallen tauschen ihre Daten öfter aus, dafür aber

EBENE	MENGE	ZEIT	FREQUENZ
Management	Mbyte	Stunde	Tag
Fertigungs-leitung	Kbyte	Sekunden	Stunden/Minuten
Prozeß-führung	Byte	100 ms.	Sekunden
Vor Ort Steuerung	Bit	1 ms	10 ms

Tabelle 1: Struktur der Anforderungen

weniger und schneller. In der untersten Ebene bei den sog. Feldgeräten ist der Informa-
tionsumfang nur noch 1 Bit. Dafür werden diese Telegramme dann jede Millisekunde
übertragen. Bemerkenswert ist an dieser Aufstellung ist, daß das Produkt von Daten-
menge, der für die Übertragung zur Verfügung stehenden Zeit und der Frequenz der
Übertragung von der obersten Ebene bis zum einfachen Feldgerät nur eine Größenord-
nung Unterschied zeigt. Daraus wird deutlich, daß der Anspruch an eine Kommunikation
in dieser untersten Ebene auf Grund des Preises und der Einfachheit der Geräte weitaus
am anspruchsvollsten ist.

2 Stand der Feldbustechnik

Die Einführung von LAN Kommunikationstechnik in der Ebene der einfachen Geräte
fordert jeden Entwickler heraus eine Schnittstelle zu erdenken, die besonders gut die
Anforderungen seines Gerätes abdeckt. In der Anlage jedoch muß eine Vielzahl von
verschiedenen Geräten miteinander Daten austauschen. Miteinander bedeutet hier im

wesentlichen vom Feldgerät zur Steuerung, wie SPS, NC, RC oder Prozeßleitsystem, die in den heute üblichen Strukturen die Führungsgeräte sind, und natürlich auch zwischen den Steuerungen untereinander. Damit ist die Gefahr vorhanden, daß sich gerade weil eine sehr große Anzahl verschiedenster Feldgeräte eingesetzt wird, eine große Anzahl von Kommunikationsmöglichkeiten daraus ableiten. Ein Blick auf das Angebot von Feldbussen zeigt, daß je nach Grenze 10 oder mehr verschiedene Kandidaten existieren, die alle einen gewissen Sektor der Anforderungen abdecken. Dies ist allerdings weder im Sinne der Hersteller noch im Sinne der Anwender, denn jedes neue bzw. andere System bedeutet neuen Know How Aufbau und damit neues Investment. Der Wunsch ist ein System. Ein System, das alle Anforderungen abdecken kann, läßt sich auf Grund der Breite der Anforderungen nur schlecht erreichen, Die Konsequenz heißt der Markt fordert einen Universalisten als Feldbus der nicht 100% der Anforderungen abdeckt, sondern einen sehr großen Anteil. Dies ist der nationale Feldbusstandard PROFIBUS (Process Field Bus, DIN 19245). Das Sortiment der angebotenen Produkte von verschiedenen Herstellern erstreckt sich vom kürzlich verabschiedeten Normentwurf Teil 3, der dezentralen Peripherie, über die Gebäudeautomatisierung bis hin zu Anwendungen in der Verfahrenstechnik. Die damit realisierbaren Anlagen reichen von Zellkommunikation d.h. Austausch strukturierter Daten zwischen den "intelligenteren" Geräten z.B. für Bedien- und Beobachtungsaufgaben einer Warte bis zur schnellen Ausprägung der dezentralen Peripherie die "nur einfache Binärdaten" überträgt.

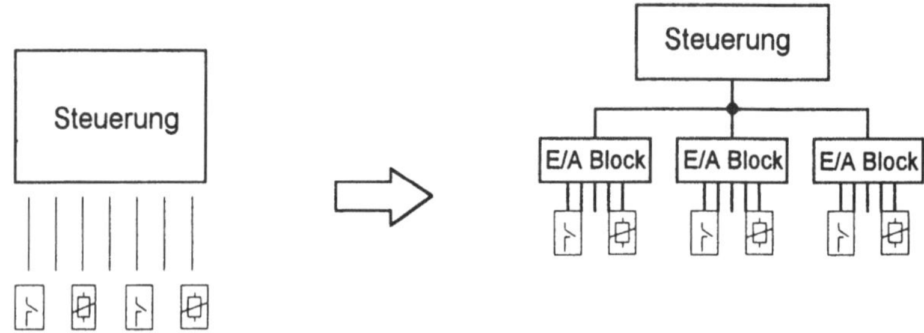

Abbildung 1: Struktur der dezentralen Peripherie

Bei der dezentralen Peripherie wird die bisher zentral im Rahmen gesteckte Ein/Ausgabebaugruppe ersetzt durch einen E/A Block der direkt am Entstehungsort des zu verarbeitenden Signals montiert wird. Die E/A Blöcke sind durch den Feldbus mit der Steuerung verbunden. Die Binärdaten, die bisher über den Rückwandbus von der einzelnen E/A-Baugruppe von/zur CPU übertragen worden sind, werden jetzt von einer Kommunikationsbaugruppe über den externen Feldbus von/zur CPU gebracht. Man kann sich leicht vorstellen, daß damit für den Anwender eine ganze Reihe von Vorteilen entstehen. Neben einer einfacheren Projektierung für die Anlage wird dadurch auch eine wesentlich vereinfachte Verkabelung erreicht, denn die Signale der einzelnen Sensoren oder Aktoren brauchen nicht mehr über weite Strecken (mehradrig) bis zum zentralen

Steuerschrank geführt werden, sondern werden über einen kurzen Weg an den nächsten E/A Block angeschlossen und dieser wiederum über ein Kabel an die Steuerung. Für diese Anwendung muß der Feldbus allerdings schnell und sicher Daten übermitteln, in Realzeit und das heißt für eine SPS Anwendung in typischerweise 1-10 ms. In Realzeit aber auch für die Funktion in der Warte, von dort soll der/die Leitrechner/Steuerung schnell auf die Meldungen und Ereignisse der nachgeordneten Einheiten reagieren. Die Diskussion um Realzeit im Umfeld der Betriebssysteme auf Rechnern hat Zeiten von ms in den Vordergrund des Gesprächs gerückt, die hier diskutierte Anwendung mag damit langsam erscheinen, jedoch ist Realzeit verknüpft mit der Realität der Anwendungen für die die Zeit gemessen wird, d.h. ein Antrieb oder Stellventil braucht typischerweise noch um Größenordnungen mehr Zeit um die Stellbefehle auszuführen als die 1ms Rasterung der Datenübertragung. Zudem muß man die 1ms als Reaktionszeit eines geographisch verteilten System betrachten und weniger als bei Rechnern üblich als Interruptreaktionszeit innerhalb des Betriebssystems. Aus diesen Vergleichen wird deutlich, daß die Anforderungen bzgl. Realzeit an einen Feldbus sehr hoch sind.

Die bereits mehrfach genannte Zeit von 1ms ist die Zeit eines typischen Zyklus zum Erfassen der Information z.B. von den E/A Blöcken. Nachdem die Steuerung eine zyklische Maschine ist und jeweils am Zykluskontrollpunkt die E/A-Daten liest/schreibt, ist dieser Zyklus der bestimmende Zeitfaktor für die Abtastung der dezentralen Peripherieeinheiten, d. h. die Abtastung der Peripherie muß schneller passieren als der Steuerungszyklus, aber damit auch nicht beliebig schnell. Um die geforderte Geschwindigkeit zu erzielen und das Gerät von Kommunikationsaufgaben zu entlasten, wird selbst bei einfacheren Einheiten schon kaum mehr auf ASIC's verzichtet. Diese ASIC's sind entweder in der Lage die eigentlichen Steuer/Messeinheiten direkt anzusteuern oder versorgen einen Mikrocontroller der die Daten weiterverarbeitet.

3 Veränderung in der Automatisierungsstruktur

Mit dem Einsatz eines Feldbusses sind einige Einsparungsmöglichkeiten verbunden. Daneben steht der Aspekt ganz neue Automatisierungskonzepte zu realisieren, der nicht minder wichtig zu beurteilen ist.

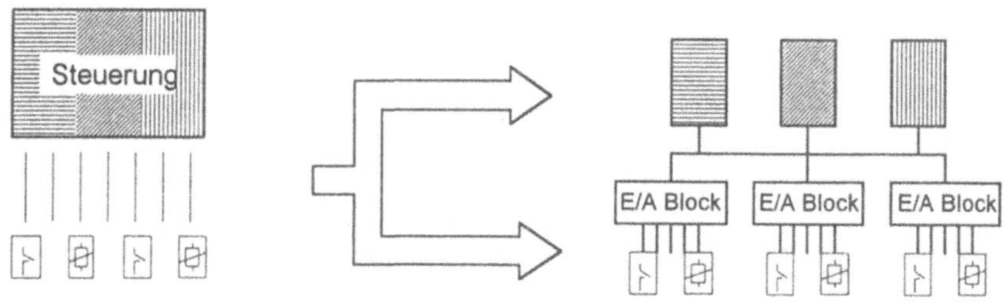

Abbildung 2: Möglichkeiten der Dezentralisierung

In den letzten Jahren sind die Automatisierungsgeräte immer größer geworden. Maschinen mit bis zu 1000 Ein/Ausgabepunkten sind keine Seltenheit. Allerdings sind solche Steuerungen sowohl für den Programmierer als auch für das Bedienpersonal oder Instandhaltung kaum mehr zu überblicken. Die logische Folge ist der Wunsch nach kleineren Einheiten die wieder beherrschbar werden. Dazu besteht zunächst die Möglichkeit wie bereits beschrieben die Prozeßperipherie vor Ort zu bringen und andererseits die Möglichkeit die CPU Leistung des Leitsystems auf mehrere physikalische Einheiten zu verteilen. Zwischen die CPU Einheiten und/oder E/A Blöcke wird der Feldbus eingezogen und die Anlage wird wieder zu einem funktionierendem Ganzen zusammengeknüpft. Dies wird sicher nicht in einem Schritt vollzogen werden, sondern in Stufen. Eine z.B. denkbare Zwischenstufe ist einfache Vorverarbeitungsfunktionen in den vorgelagerten Stationen, die heute die Daten vom Prozeß nur aufnehmen und weitersenden.

Eine solche Entwicklung zeigt viele Parallelen mit der Entwicklung die in der Rechnerwelt bereits stattgefunden hat. Vor einigen Jahren wurden dort auch Konzepte gepflegt, die auf einem Großrechner mit "dummen" Terminals aufbauten. Heute ist der Großrechner in den Hintergrund gerückt, während am Arbeitsplatz vernetzte Workstations zu finden sind, die den Anforderungen des jeweiligen Arbeitsplatzes gerecht werden. Durch die vergleichbare Aufgabenstellung an vielen Arbeitsplätzen war für diese Maschinen eine hohe Stückzahl und damit ein günstiger Preis für Soft- und Hardware die Konsequenz. Genau vergleichbar wird in der Fabrik das Gerät auf seinen Einsatzfall zugeschnitten, und kann via Feldbus Kontakt zu dem übergeordneten Leitsystem haben, in einer ersten Stufe ohne, später mit Intelligenz. Eine solche Architektur von Anlagen bewirkt, daß die Einzelaufgaben unabhängiger definiert werden können, die Module übersichtlicher werden, autark funktionieren und evtl. einzeln in Betrieb gehen können. Um die Gewöhnung an die neue Technik zu erleichtern werden entsprechende Anlauffunktionen (z.B. automatische Adressvergabe) und einfache Inbetriebnahmemittel (z.B. Handhelddiagnosegeräte) angeboten.

Trotz der Vereinfachung bedarf es zur Akzeptanz dieser neuen Architekturen allerdings einer Schulung des Personals, das mit den Geräten der neuen Generation umgehen lernen muß. An dieser Stelle ist eine Zusammenarbeit von Anwender und Hersteller beginnend vom Design erforderlich. Für diese Art von Geräten werden wie bei den PCs diktiert sehr kurz aufeinanderfolgende Innovationsschritte (286,386,486, DOS/WINDOWS) nicht akzeptiert werden.

4 Ausblick

Wie oben bereits geschildert gibt es heute eine ganze Reihe von Feldbussen. Der Blick in die mittel- oder langfristige Zukunft zeigt, daß sich solche Systeme am Markt behaupten werden, die auf einem Standard basieren, der möglichst weltweite Verbreitung hat, weil viele Anwender und Hersteller über die nationalen Grenzen hinweg tätig sind. Keiner kann sich leisten eine jeweils nationale Ausprägung (oder evtl. sogar noch

Zur Echtzeitreaktivität von Feldbussen

H. Husmann
Institut für Regelungstechnik
Universität Hannover
Appelstr. 11
30167 Hannover

1. Einleitung

Der Einsatz von Feldbussen zur Kopplung von verteilten Prozeßrechnersystemen und der Ankopplung von Sensoren und Aktoren ist in der Automatisierungstechnik inzwischen Stand der Technik. Bisher ist es trotz großer Anstrengungen jedoch nicht gelungen, einen einheitlichen genormten Feldbus durchzusetzen. Es sind zur Zeit viele verschiedene Systeme am Markt vertreten, die jeweils für ihren Einsatzbereich (Zellenbereich, Sensor/Aktor-Bereich) optimiert wurden. Bei der Beurteilung der Echtzeitreaktivität eines Feldbussystems ist zunächst der Zugriffsmechamismus auf das Medium und damit die Reaktionszeit von entscheidender Bedeutung. Bei einem Prozeßrechner im Zellenbereich wirkt sich aber auch die Einbettung der Feldbusbetreungssoftware in das Echtzeitbetriebssystem auf das Zeitverhalten des Gesamtsystems ganz erheblich aus.

1.1. Problemstellung

Schon bei einfachsten Anwendungen von Feldbussystemen im Prozeßsteuerungsbereich findet man Zellen mit einer Struktur gemäß Bild 1. Der Prozeßrechner hat über einen Feldbus Zugriff auf die Sensoren und Aktoren (Sensor/Aktor-Feldbus) und über einen weiteren Feldbus (Zellen-Feldbus) kann er mit der Leitebene kommunizieren. In dieser Beispielzelle arbeitet eine digitale Reglertask direkt über den Sensor/Aktor-Feldbus. Dabei müssen Abtastzeiten im Millisekundenbereich mit hoher zeitlicher Konstanz eingehalten werden. Gleichzeitig empfängt der Zellenrechner über den Zellen-Feldbus die Reglerparameter von der Leitstation und gibt Protokolldaten an die Leitebene weiter. Im Gegensatz zur Sensor/Aktor-Ebene liegen im Zellenbereich häufig längere Datensätze vor, die mit geringeren Anforderungen an die Übertragungszeit zu senden sind.

mehrere davon) auf Dauer zu pflegen bzw. will aus einem internationalen Angebot an Geräten auswählen können.

Mit dem im letzten Jahr ins Leben gerufenen Projekt ISP (InterOperable Systems Project) wird ein weltweiter Standard für den Feldbus sowohl in der Verfahrenstechnik als auch in der Fertigungstechnik (siehe Abb. 3) definiert und bis Anfang 1994 in erste Produkte umgesetzt. Ein Feldbus für die beiden Anwendungsbereiche ist insbesondere deswegen sinnvoll, weil die in Punkt 3 gezeichnete Perspektive der Dezentralisierung für beide Bereiche gilt, wenn auch die eingesetzten Geräte nicht alle gleich sind. Das ISP-Projekt wird mittlerweile von einer großen Anzahl von namhaften Firmen unterstützt.

Die Technik von ISP umfaßt nicht nur das Kommunikationssystem, sondern wie im Namen verankert ein interoperables Gesamtsystem. Das heißt neben der einheitlichen

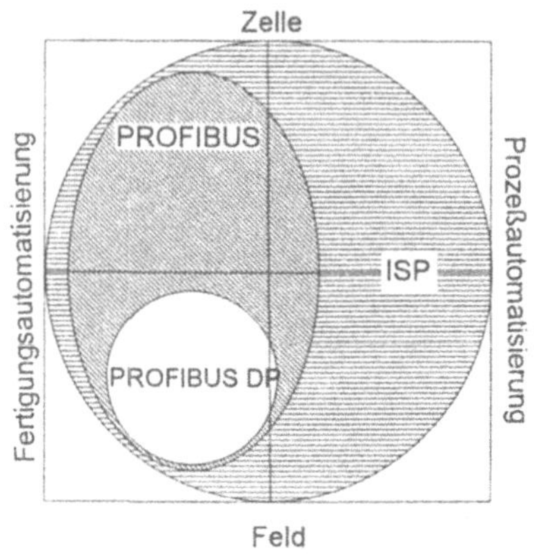

Abbildung 3: Anwendungsbreite von ISP und PROFIBUS

Kommunikationsmittel der verschiedenen Geräte erstreckt sich der Themenbereich bei ISP auch auf die Gerätefunktionen (Function Blocks) und auf die einheitliche Beschreibung der Geräte (Device Description Language DDL). Wesentlich für bereits mit PROFIBUS arbeitende Unternehmen ist der Fakt, daß als Kommunikationssystem bei ISP PROFIBUS zum Einsatz kommt. Abgesehen von einigen kleineren Erweiterungen zu PROFIBUS ist damit ein heutiges PROFIBUS Produkt auch in einer ISP-Landschaft direkt einsetzbar.

Feldbusse stehen erst am Beginn Ihrer Entwicklung. Erste Anlagen werden mit guter Resonanz betrieben. Der Einsatz des Feldbusses bringt viele Möglichkeiten mit sich, die sich von direkten Einsparungsmöglichkeiten bis zu neuen Automatisierungstrukturen erstrecken.

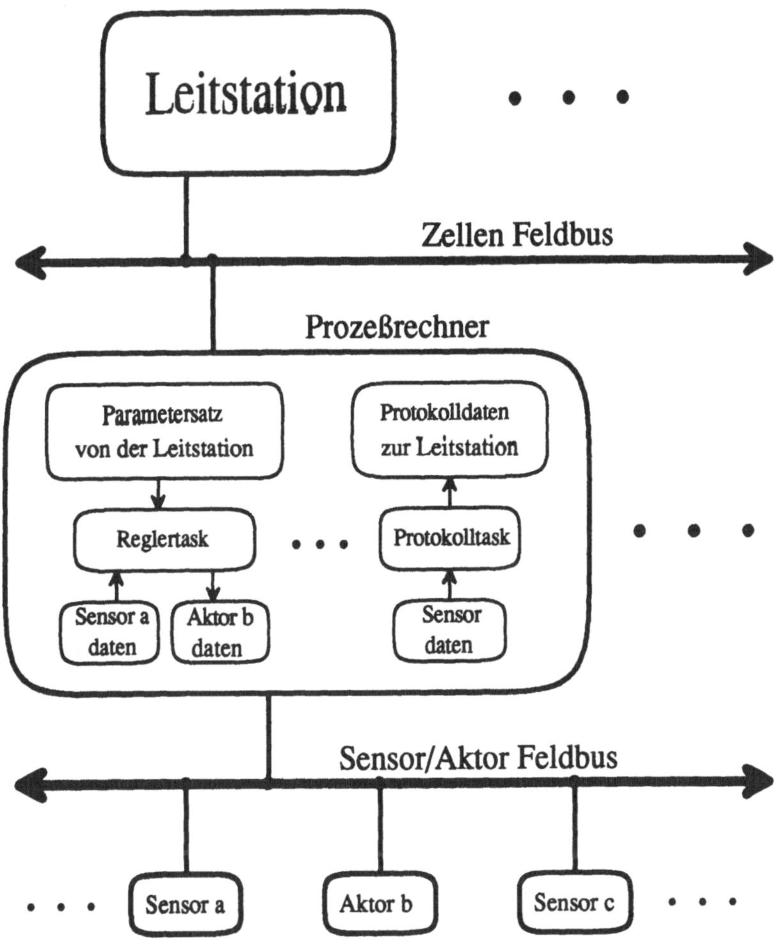

<u>Bild 1: Struktur einer Fertigungszelle</u>

2. Buszugiffsverfahren

Die verschiedenen Buszugriffsverfahren sollen am Beispiel von bereits verbreiteten Feld-bussystemen (PROFIBUS: logischer Token-Ring; CAN-Bus: CSMA/CA; InterBus-S: Sum-menrahmen; Ethernet: CSMA/CD) untersucht und auf ihre Eignung für den Zellen- bzw. Sensor/Aktor-Bereich geprüft werden. Das Buszugriffsverfahren ist in der Ebene Zwei des ISO/OSI Schichtenmodells definiert und weist bei den genannten Feldbussystemen insbeson-dere in Hinblick auf die Echtzeitreaktivität große Unterschiede auf.

2.1. Echzeitreaktivität des Buszugriffs

Zur Bewertung der Buszugriffsverfahren soll hier insbesondere die Reaktionszeit betrachtet werden. Als Reaktionszeit sei die maximale Zeitspanne zwischen einem Sendewunsch einer Feldbusstation mit einer Nachricht einer bestimmten Prioritätsstufe (t_1 in Bild 2:) und dem Beginn der erfolgreichen Übertragung der Daten (t_2 in Bild 2:) definiert. Für die Bestimmung der Reaktionszeit ist der für den jeweiligen Feldbus ungünstigste Fall anzunehmen. Läßt der Feldbus eine Priorisierung beim Zugriff auf das Medium zu, ist die Reaktionszeit nur für die höchste Prioritätsstufe direkt berechenbar. Für die weiteren Prioritätsstufen muß zur Bestimmung der Reaktionszeit das zeitliche Auftreten von Nachrichten mit jeweils höherer Priorität exakt bekannt sein.

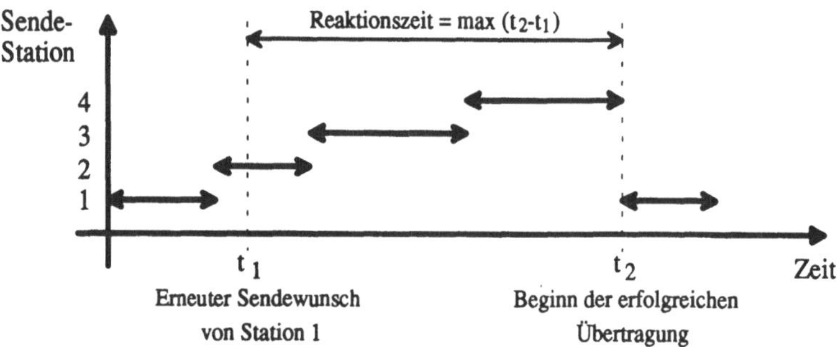

Bild 2: Beispielhafte Verteilung des Buszugriffes

Die Anforderungen bezüglich Reaktionszeit und Datensatzlänge an den Feldbus sind im Sensor/Aktor-Bereich etwas anders gerichtet als im Zellen-Bereich. Durch das direkte Schließen von Regelkreisen über den Sensor/Aktor-Bus ergeben sich sehr hohe Anforderungen an das Zeitverhalten der Datenübertragung. Einerseits sind sehr kurze Reaktionszeiten erforderlich um hohe Abtastraten zu erreichen, andererseits muß auch eine gute zeitliche Konstanz im Vergleich zur Abtastzeit eingehalten werden, um die Gültigkeit der mathematische Beschreibung eines Regelkreises zu erhalten und die Regelung nicht zu verschlechtern. Allerdings bestehen die Datenpakete im allgemeinen nur aus wenigen Bytes, so daß die Anforderungen erfüllbar sind.

Durch die hohe Anzahl Teilnehmer in einem Sensor/Aktor-Bus kann es bei gleichberechtigtem Zugriff aller Stationen bei einem sehr wichtigen Datum (z.B. Alarmmeldungen) zu unakzeptablen Wartezeiten kommen, wenn zunächst alle anderen Stationen ihren Datentransfer abwickeln, bevor der Bus zugeteilt wird. Daher ist trotz der kurzen Datensätze eine Priorisierung des Buszugriffs durchaus sinnvoll, um durch eine geeignete Verteilung der Prioritäten besonders zeitkritische Daten zu bevorzugen.

Im Zellen-Bereich sind neben kurzen Paketen auch größere zusammenhängende Daten zu bewegen. Die Anforderungen an Reaktionszeit und zeitliche Konstanz sind jedoch nicht so hoch anzusetzen. Es muß hier vielmehr auf geringe Redundanz und hohen Datendurchsatz geachtet werden. Auch im Zellenbereich ist ein prioritätsgesteuerter Zugriff auf das Medium wünschenswert, da sich durch die großen Paketlängen bei zyklischer Buszuteilung erhebliche Reaktionszeiten ergeben.

Durch die gezeigten Unterschiede zwischen Sensor/Aktor und Zellen-Bereich ist ein gemischter Betrieb auf einem Feldbus nur mit Abstrichen bezüglich des Zeitverhaltens möglich. Eine Bevorzugung der Sensor/Aktor Daten durch einen priorisierten Buszugriff ist durch die relativ langen Datensätze der Zellenrechner dann aber unverzichtbar.

2.2. Vergleich von Buszuteilungsverfahren

Beispielhaft sollen im folgenden die Buszuteilungsverfahren der vier weit verbreiteten Bussysteme CAN-Bus, Ethernet, Interbus-S und PROFIBUS auf ihre Eignung für den Sensor/ Aktor- oder den Zellenbereich geprüft werden. Zur Bewertung der Echtzeitfähigkeiten des Zugriffs auf das Feldbusmedium dienen zwei Kriterien:

- Deterministischer Buszugriff:
  Die Reaktionszeit muß endlich und berechenbar sein.

- Buszugriff:
  Der Zugriff auf das Medium sollte prioritätsgerecht erfolgen, d.h. beim zeitgleichen Zugriff zweier Stationen entscheidet die Priorität der Nachrichten über die Vergabe des Busses.

1) Der CAN-Bus
Der CAN-Bus verwendet ein CSMA/CA-Verfahren (Carrier-Sense, Multiple-Access/ Collision Avoid) zur Buszuteilung. Die Stationen am CAN-Bus erkennen, ob der Bus zur Zeit frei ist (carrier-sense); ist er frei, kann jede Station sofort auf das Medium zugreifen (multiple-access). Beanspruchen zwei Teilnehmer gleichzeitig den Bus, wird dynamisch beim Senden entschieden, welche der Nachrichten die höhere Priorität besitzt. Die Daten werden dabei nicht zerstört und das Paket mit der höheren Priorität wird übertragen (collision avoid). Durch diese Priorisierung erreicht der CAN-Bus extrem kurze Reaktionszeiten bei den hochprioren Nachrichten und kommt dem Ideal einer ständig unterbrechbaren prioritätsgesteuerten Buszuteilung von allen verfügbaren Feldbussystemen am nächsten. Die für den Zellenbereich benötigte quittierte Übertragung längerer Datensätze ist nur mit Hilfe eines überlagerten Protokolls möglich. Damit eignet sich der CAN-Bus speziell für den Sensor/Aktor Bereich sehr gut, während er im Zellenbereich schon wegen seiner beschränkten Leitungslänge nicht geeignet ist.

2) Ethernet

Im Gegensatz zum CAN-Bus verwendet das Ethernet gemäß IEEE 802.3 ein CSMA/CD Verfahren (Carrier-Sense Multiple-Access/Collision Detect). Dabei tritt beim gleichzeitigen Zugriff zweier Stationen eine Kollision auf, die zur Zerstörung der Daten führt. Nach einer zufälligen Wartezeit wird der Zugriff wiederholt. Bei den erneuten Sendeversuchen können immer wieder Kollisionen auftreten, so daß die Reaktionszeit im ungünstigsten Fall, je nach überlagertem Protokoll, unendlich hoch sein kann. Ohne ein Protokoll in einer höheren Netzwerkebene das Kollisionen ausschließt (z.B. Software Token-Passing oder Master/Slave Protokoll) bietet das Ethernet kein deterministisches Verhalten und ist damit für die Prozeßleittechnik nicht geeignet.

3) Interbus-S

Der Interbus-S ist quasi ein umlaufendes Schieberegister in dem die Datenpakete der einzelnen Busteilnehmer umlaufen. Jedes Paket hat seinen festen reservierten Zeitpunkt bei der Übertragung und gelangt auch auf den Bus wenn es nicht benötigt wird. Daher sind beim Interbus-S nur eine begrenzte Anzahl von Daten pro Station und eine relativ kurze Datensatzlänge erlaubt, um eine kurze Reaktionszeit zu erhalten. Dieses Zugriffsverfahren hat den Vorteil eines sehr geringen Verwaltungsaufwandes bei der Zuteilung des Mediums, so daß sich eine sehr kurze und konstante Zykluszeit ergibt. Durch die unnötig übertragenen Daten wird das Medium jedoch unnötig belegt und damit nicht voll ausgenutzt. Die konstante Zykluszeit der Daten hat für synchron mit dem Feldbustiming laufende Regler den Vorteil einer konstanten Abtastzeit, die für ein berechenbares Verhalten von digitalen Regelalgorithmen nötig ist. Der Interbus-S besitzt damit eine sehr gut berechenbare, kurze Reaktionszeit, aber keinen priorisierten Buszugriff, so daß auch z.B. eine Alarmmeldung auf ihren Timeslot warten muß. Er ist ein typischer Sensor/Aktor Bus und für den Zellenbereich nicht geeignet.

4) PROFIBUS

Der PROFIBUS kennt zwei Buszugriffsverfahren, die je nach Konfiguration des Feldbusses parallel implementierbar sind. Für die leistungsfähigeren Teilnehmer steht ein Token-Passing Verfahren zur Verfügung, bei dem die Teilnehmer nacheinander in einem logischen Ring die Sendeberechtigung bekommen. Die Reaktionszeit ergibt sich dabei durch die maximale Tokenumlaufzeit und ist in gewissen Grenzen konfigurierbar. Sie wird durch die Anzahl der Stationen und die Tokenhaltezeit bestimmt. Einfache Sensoren und Aktoren können als Slaves auf dem gleichen Bus betrieben werden, dabei erhalten sie nur durch Aufforderung eines Masters die Sendeberechtigung. Die Reaktionszeit wird stark durch die Anzahl der Masterstationen bestimmt, so daß für eine zeitkritische Anwendung im Sensor/Aktor Bereich eine reine Master/Slave Konfiguration gewählt werden sollte. Dabei bestimmt allein der Master, wie häufig ein Sensor abgefragt wird. Für Stationen, die Alarme auslösen sollen, hat diese Betriebsart allerdings den Nachteil, daß sie auf die Datenanforderung des Masters warten müssen. Der PROFIBUS ist mit seiner Vielzahl von Diensten und Konfigurationsmöglichkeiten für die Zellenebene bestens geeignet. Für zeitkritische Anwendungen im Sensor/Aktor Bereich ist er nur mit Einschränkungen bezüglich der Anzahl der Masterstationen und der maximalen Paketlänge einsetzbar.

Ein deterministisches Zeitverhalten ist für den Einsatz eines Feldbusses in der Pozeßautomatisierung unbedingte Voraussetzung, dabei ist nicht die Reaktionszeit selbst, sondern allein deren Berechenbarkeit in allen denkbaren Betriebsfällen entscheidend. Die akzeptable Reaktionszeit hängt dann von der Anwendung ab. In Tabelle 1 ist die Eignung der beschriebenen Zugriffsverfahren für den Sensor/Aktor- bzw. Zellenbereich aufgezeigt.

Zuteilungsverfahren	CSMA/CA	CSMA/CD	Summenrahmen	Logischer Tokenring und Master-Slave
Vertreter	CAN-Bus	Ethernet	Interbus-S	PROFIBUS
deterministscher Buszugriff	ja	nein	ja	ja
Reaktionszeit	++	--	+	o
Prioritätsstufen	2032	keine	keine	2
Sensor/Aktor Ebene	++	--	+	o / + [1]
Zellen Ebene	-	o	-	++

Urteil: ++ sehr gut; + gut; o befriedigend; - schlecht; -- sehr schlecht

[1] o in Betriebsart 'logischer Tokenring'; + in 'Betriebsart Master/Slave'

Tabelle 1: Vergleich der Buszuteilungsverfahren

3. Einbindung in das Prozeßrechnerbetriebssystem

Während die Datenübertragungsschicht häufig als Slave- oder I/O-Prozessor in einer eigenen Hardware realisiert ist, wird die Anwendungsschicht als Schnittstelle zum Feldbus in die restliche Software des Feldbusteilnehmers integriert. In Singletaskingsystemen bietet sich eine prozedurale Schnittstelle mit Ereignispolling an. Bei vielen nebenläufigen Aufgaben (mehrere parallel laufende Regler, Protokollfunktionen, usw.; s. Bild 1) stößt eine Pollingstruktur jedoch schnell an ihre Grenzen und ist insbesondere für Prozeßrechner in der Feldebene nicht mehr übersichtlich zu implementieren. Auch sind bei der Programmierung von digitalen Regelalgorithmen sehr hohe zeitliche Anforderungen zu erfüllen, die ohne Betriebssystemunterstützung nicht zufriedenstellend zu erfüllen sind. Hier bietet sich der Einsatz eines echtzeitfähigen Multitasking-Betriebssystems mit einer entsprechenden Programmiersprache wie z.B. PEARL an. Für ein Echtzeit-Betriebssystem ist ein prozeduraler Anschluß jedoch nur sinnvoll, wenn keine Wartezeiten bei der Bearbeitung der Ein/Ausgabe auftreten, da ansonsten ein niederpriorer Prozeß den Feldbus durch die Wartezeit blockieren könnte.

3.1. Die Anwendungsschicht der Sensor/Aktor-Ebene

Durch die geringen Wartezeiten, die hohen Datenraten und die Anforderungen an die zeitliche Konstanz der Messungen ist im Sensor/Aktor-Bereich eine Schnittstelle über wiedereintrittsfeste globale Prozeduren die richtige Wahl, um unnötige Taskwechsel zu vermeiden (Bild 3). Die Prozeduren müssen natürlich über eine Semaphore vor einer Unterbrechung des Zugriffs auf die Datenübertragungsschicht geschützt werden. Ist die Datenübertragungsschicht nicht bereit Daten anzunehmen, muß entweder die Sendepufferinterruptroutine oder ein entsprechender Systemprozeß für das Senden der Daten sorgen. Die prioritätsgeordnete Abarbeitung der Aufträge und Zuteilung der Daten zum Feldbus ergibt sich dabei automatisch durch die prioritätsgerechte Bearbeitung der Prozesse.

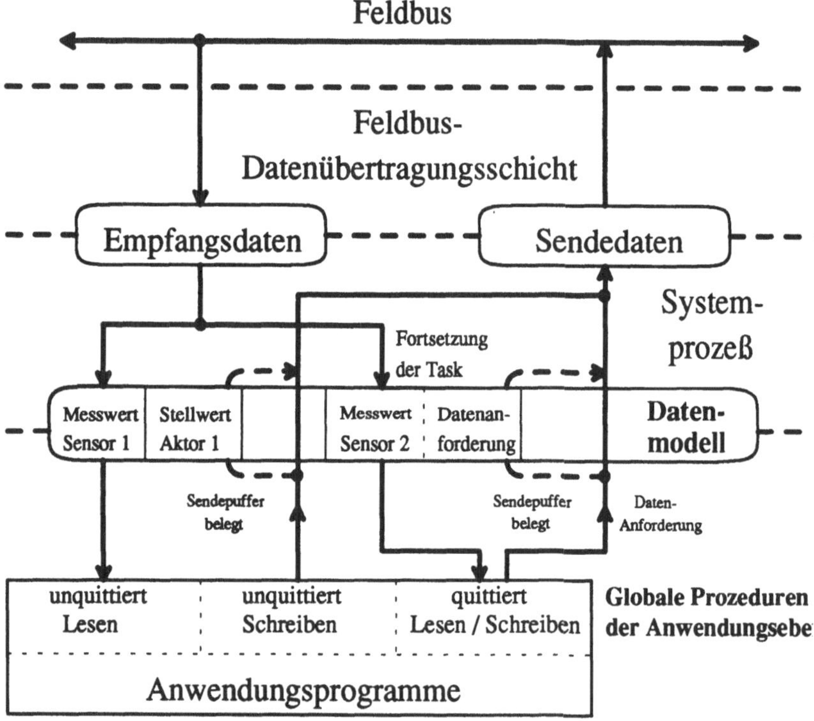

Bild 3: Die Anwendungsschicht der Sensor/Aktor-Ebene

Die Anwendungsschicht im Sensor/Aktor-Bereich bietet vor allem die Dienste 'Variable schreiben' und 'Variable lesen'. Für viele Anwendungen ist es ausreichend, wenn die Sensoren zyklisch mit relativ hoher Rate ihre Meßwerte über den Feldbus an die Masterstation übertragen. Dort erneuert dann ein Systemprozeß (z.B. die Empfangsinterruptroutine) in einem Datenmodell des Feldbusses eine Kopie des Meßwertes (Interbus-S Prinzip). Dieser maximal um die Zykluszeit des Sensors veraltete Wert steht dann dem Anwendungsprozeß ohne Wartezeit zur Verfügung (Bild 3). Sind veraltete Werte oder die unnötige Busbelastung für selten benötigte Messwerte nicht tolerabel, muß es allerdings auch die Möglichkeit geben, einen Wert auf Kosten einer geringen Wartezeit direkt vom Sensor anzufordern. Beim unquittierten Schreiben kann in der Sendeprozedur direkt auf den Sendepuffer der Datenübertragungsschicht geschrieben werden. Bei belegtem Sendepuffer sorgt ein Systemprozeß (Interruptroutine) für das Verschicken der Daten. Beim quittierten Schreiben muß der Empfängersystemprozeß zusätzlich die in der globalen Prozedur wartende Task fortsetzen.

3.2. Die Anwendungsschicht der Zellenebene

Auf Zellenebene ist im Gegensatz zur Sensor/Aktor Ebene nicht mehr von vernachlässigbaren Wartezeiten auszugehen. Auch muß der Zellenrechner in einem hierarchisch aufgebauten Kommunikationssystem asynchron auf Dienstanforderungen von der übergeordneten Netzwerkebene prioritätsgerecht reagieren, ohne die eigentlichen Steuer- und Regelungsaufgaben zu verzögern oder gar zu blockieren.

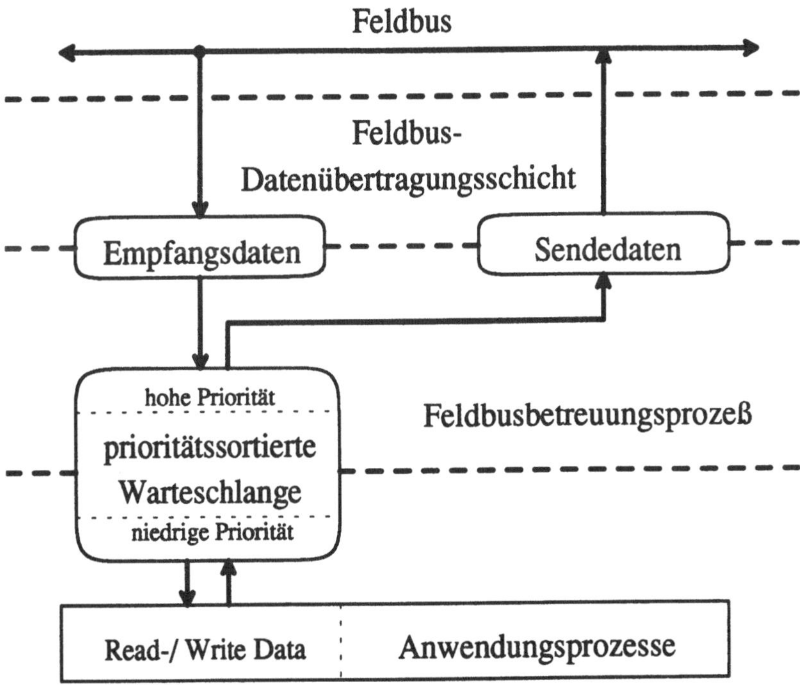

Bild 4 Die Anwendungsschicht in der Zellen-Ebene

Hier wird die Implementierung einer unabhängigen Ein/Ausgabetask für die Betreuung des Feldbusses vorgeschlagen, die ihre Aufträge über eine prioritätssortierte Warteschlange erhält (Bild 4). Dabei sollte sich die Feldbusbetreuungstask dynamisch an die zur Zeit höchste Priorität in der Warteschlange anpassen.

4. Ein portables Kanalkonzept für Feldbusse

Für die Anwendung von Feldbussen ist unabhängig vom gewählten Feldbus-Buszuteilungs-verfahren eine einheitliche Anwenderschnittstelle ohne aufwendige Konfiguration wünschens-wert. Daher wurde der Netzwerk-Filehandler des Echtzeit-Multitaskingbetriebssystems RTOS-UH um virtuelle Datenkanäle erweitert, die eine Prozeßkommunikation über Stations-grenzen hinweg erlauben. Die unterlagerte Datenübertragungsschicht bestimmt damit lediglich das Zeitverhalten der Netzwerkkanäle und ist für den Anwender völlig verborgen. Die Daten-kanäle werden gemäß den Anforderungen aus 3.2. über eine prioritätengesteuerte Warte-schlange mit Daten versorgt, und der betreuende Systemprozeß (Netzwerk-Filehandler) ist als dynamisch priorisierter Ein/Ausgabeprozeß realisiert. Dadurch paßt er sich der höchsten anste-henden Priorität seiner Aufträge an.

Der Netzwerk-Filehandler als betreuender Systemprozeß für die Datenkanäle ist zur Zeit mit einer an den PDV-Bus angelehnten Datenübertragungsschicht und alternativ mit einer UDP-Implementierung (Ethernet) in Betrieb. Eine Implementierung der Kanäle für den CAN-Bus als Ergänzung zur prozeduralen Sensor/Aktor-Anwendungsschicht gemäß 3.1. befindet sich in der Erprobung. Eine Anpassung an weitere Protokolle kann durch den Austausch eines Treibers erfolgen. Als Schnittstelle benötigt er lediglich eine gesicherte, sortierte Übertragung von Datenblöcken und ist daher relativ leicht zu erstellen. Zusätzlich zu den Kanälen stellt der Netzwerk-Filehandler den angeschlossenen Prozeßrechnern alle E/A-Resourcen der anderen Stationen im Netz wie z.B. Festplatten, Drucker etc. zur Verfügung (verteiltes Filesystem).

4.1. Zugriff auf die Netzwerk-Datenkanäle aus PEARL-Programmen

Die Netzwerk-Datenkanäle sind als zusätzliche Datenstation realisiert und damit auch ohne Spracherweiterung auf Hochsprachebene nutzbar. Ein virtueller Kanal wird dynamisch durch die erste Schreib- bzw. Leseoperation (in PEARL z.B.: PUT, GET, ..., s. Bild 5) geöffnet und kann mit einem 'CLOSE'-Befehl wieder geschlossen werden. Es können bis zu 128 Kanäle pro Stationspaar je Richtung gleichzeitig geöffnet sein. Sie sind über den Gerätenamen '/STx/CHname' erreichbar und werden durch ihren Namen unterschieden. Damit ist keine besondere Konfiguration des Netzwerk-Filehandlers als Anwendungsschicht nötig. Für den Anwender ist der Feldbus völlig verborgen, er muß nur dafür sorgen, daß die in einen Kanal eingeschriebenen Daten im gleichen Format auf der Empfängerseite wieder ausgelesen werden. In Bild 5 ist ein Auszug aus einem PEARL-Programm gezeigt, das die Nutzung der Netzwerkkanäle verdeutlicht. Die Sendetask 'writeparameter' der Station 29 schreibt in den Kanal 'CH/PARAMETER' der Station 5 einen Parametersatz, der in der Station 5 von der Empfängertask 'readparameter' gelesen wird.

```
MODULE station29;                                        ! modulname
SYSTEM;
parameterkanal: /ST5/CH/PARAMETER ->;                    ! definition: parameterkanal
...
PROBLEM;
SPC parameterkanal DATION OUT ALPHIC CONTROL(ALL);       ! parameterkanal -> outputdation
DCL (kp,ki,kd) FIXED;                                    ! definition kp, ki, kd
...
  writeparameter: TASK PRIO 15;                          ! task definition...
    PUT kp,ki,kd TO parameterkanal BY 3 F(3),SKIP;       ! parameter schr...
  END;                                                   ! ende: task writeparameter
MODEND;                                                  ! ende: modul station29

MODULE station5;                                         ! modulname
SYSTEM;
parameterkanal: /ST29/CH/PARAMETER <-;                   ! definition: parameterkanal
...
PROBLEM;
SPC parameterkanal DATION IN ALPHIC CONTROL(ALL);        ! parameterkanal -> outputdation
DCL (kp,ki,kd) FIXED;                                    ! definition kp, ki, kd
...
  readparameter: TASK PRIO 15;                           ! task definition...
    GET kp,ki,kd FROM parameterkanal BY SKIP,3 F(3);     ! parameter lesen
  END;                                                   ! ende: task readparameter
MODEND;                                                  ! ende: modul station5
```

<u>Bild 5: Nutzung der Datenkanäle in einem PEARL-Programm</u>

4.2. Ein Anwendungsbeispiel für die Datenkanäle

Für die Messe Echtzeit '93 wurde eine Anti-Schlupfregelung mit einem Fuzzy-Entwicklungstool für ein mechanisches Modell realisiert (Bild 6). Das Modell, ein Motor mit Rutschkupplung und Schwungmasse, wurde von einem Prozeßrechner (KAT-CE 70 mit 68070 CPU) gesteuert. Über Analog/Digitalwandler wurde die Antriebs- und die Abtriebsdrehzahl gemessen um daraus den Schlupf zu bestimmen. Der Antriebsmotor konnte über eine Pulsweitenmodulation vom Prozeßrechner gesteuert werden. Der Fuzzy-Regler lief auf dem Leitrechner, einem VME-Rechnersystem mit einer Motorola MVME-165 CPU (68040 mit 25 MHz), der auch die Visualisierung in einer echtzeitfähigen Multiwindowumgebung übernahm. Der Leitrechner erhielt seine Schlupf- und Drehzahlmeßwerte über einen Datenkanal des Netzwerk-Filehandlers (CH/drehzahl). Über einen zweiten Kanal gab er die berechnete Pulsweite an den Prozeßrechner weiter (CH/pulsweite). Der Anti-Schlupfregelkreis wurde damit über den Netzwerk-Filehandler geschlossen. Die Abtastzeit lag bei 300 ms, die Datenrate auf der Verbindung betrug 38,4 kBaud. Als Datenübertragungschicht für den Netzwerk-Filehandler diente eine gesicherte serielle Verbindung, da nur eine Punkt-zu-Punkt Verbindung benötigt wurde und für die Messe ein sehr kompakter Prozeßrechner gefordert war.

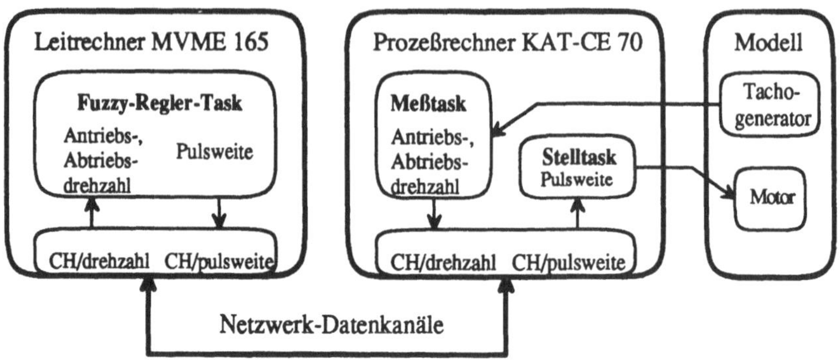

Bild 6: Anti-Schlupfregelung

5. Zusammenfassung

Bei den Datenübertragungsschichten von Feldbussystemen sind sehr unterschiedliche Zugriffsmechanismen realisiert, die jeweils auf ihre speziellen Anwendungsbereiche optimiert wurden. Mit einem universellen, genormten Feldbus, sowohl für den Sensor/Aktor-, als auch für den Feldbereich, ist in absehbarer Zeit nicht zu rechnen. Daher sollte man für eine Anwendung und den daraus folgenden Anforderungen aus dem verfügbaren Angebot wählen, wobei die oben angeführten Kriterien als Anhaltspunkt dienen können.

Neben dem Buszugriffsverfahren bestimmt auch die Einbettung der Anwendungsschicht in das Betriebssystem ganz entscheidend das Zeitverhalten des Gesamtsystems. Insbesondere in einem Multitasking-Betriebssystem muß die Schnittstelle zum Anwendungsprogramm sehr sorgfältig ausgewählt werden. Der häufig gewählte prozedurale Anschluß ist dabei nur unter besonderen Bedingungen sinnvoll. Für den Zellenbereich fügt sich eine Schnittstelle über vom Betriebssystem unterstützte priorisierte Warteschlangen dagegen sehr gut in die Echtzeitumgebung ein und ermöglicht auch eine prioritätsgerechte Reaktion auf asynchrone Zugriffe von anderen Teilnehmern über den Feldbus.

Die vorgestellten Datenkanäle des Netzwerk-Filehandlers stellen ein sehr einfach zu nutzendes Mittel zur Kommunikation über einen Feldbus dar, wobei kein Konfigurationsaufwand anfällt. Bei unterschiedlichen Feldbussen als Übertragungsebene verhalten sich die Kanäle abgesehen von der Reaktionszeit für den Anwender völlig gleich, so daß die Anwendungsprogramme beim Austausch des Feldbusses nicht geändert werden müssen. Durch die Implementierung als Datenstation ist der Zugriff auch aus Hochsprachprogrammen über die normalen Ein-/Ausgabebefehle leicht möglich.

Echtzeitfähige Simulation dynamischer Systeme auf Kleinstrechnern

Karsten Schulze

c/o FOXBORO Deutschland GmbH

Heerdter Lohweg 53 - 55

40549 Düsseldorf

Zusammenfassung

Es wird ein Simulationspaket für die Regelungstechnik vorgestellt, das nicht nur die gängigen Entwurfsverfahren bereit stellt, sondern auch den Echtzeitbetrieb direkt an der realen Anlage ermöglicht. Anhand eines Beispiels - ein invertiertes Pendel - werden Sprachelemente und Vorgehensweise erläutert. Das in PEARL entwickelte Paket ist auf Rechnern unterschiedlicher Leistungsfähigkeit einsetzbar und steht so dem Anlagenentwickler sowohl am Arbeitsplatz als auch auf dem Prozeßrechner vor Ort zur Verfügung.

1   Einleitung

Die rasante Entwicklung der Rechnertechnik in den letzten Jahren erlaubt es heute, auch komplexe Regelungsstrategien auf technische Prozesse anzuwenden. Gleichzeitig steigen damit die Anforderungen an die notwendige Modellbildung. Da nicht alle physikalischen Zusammenhänge und Parameter zugänglich sind, entsteht ein hinreichendes Modell erst in einem iterativen Prozeß aus Struktur- und Parameteränderung und Simulation.

Diese Vorgehensweise sowie die sich anschließende Regelungskonzeption wird heute von vielfältiger Software unterstützt (z.B. [2, 5, 6, 8]). Sehr kurze Entwicklungszeiten sind jedoch nur zu erwarten, wenn ein Programmpaket nicht nur die gängigen Verfahren innerhalb einer komfortablen Entwicklungsumgebung zur Verfügung stellt, sondern der entworfene Regelalgorithmus direkt, also ohne Umsetzung in ein anderes Programm, an der Anlage getestet werden kann.

Im folgenden wird ein echtzeitfähiges Simulations- und Analyseprogramm mit genau diesen Leistungsmerkmalen vorgestellt. Das Beispiel eines Pendelstabes, der in der labilen Gleichgewichtslage zu stabilisieren ist, macht die Anwendung des Paketes beim Regelungsentwurf deutlich. Abschließend wird der in der Simulation gefundene Algorithmus durch eine einfache Umlenkung der Ausgabe an einer Experimentieranlage online eingesetzt.

2 Phasen des Regelkreisentwurfes

Die weiter steigenden Forderungen beispielsweise nach Energie- und Schadstoffminimierung, wie auch nach Kostenoptimierung, erfordern häufig eine genaue Kenntnis der zugrundeliegenden physikalischen Zusammenhänge der technischen Anlage. Auch werden in zunehmenden Maße insbesondere aus der Verfahrenstechnik Aufgabenstellungen an die Regelungstechnik herangetragen, die mit den klassischen Methoden nicht zu lösen sind, sondern den Einsatz modellgestützter Verfahren erfordern [7]. Diese Ansätze lassen aufgrund der Vielzahl möglicher Parameter wie auch der häufig fehlenden Interpretierbarkeit eine experimentelle Reglereinstellung nicht zu. Auch ist der Aufbau von Prototypen, bedingt durch den gerätetechnischen Aufwand, wirtschaftlich oft nicht zu vertreten. Damit erhält die Streckenanalyse eine größere Bedeutung innerhalb des Konzeption der Gesamtanlage. Die Softwareunterstützung kann entscheidend zur Verkürzung dieser Tätigkeit beitragen.

Die Entwicklung eines Regelungskonzeptes zerfällt in drei Phasen. Zunächst steht die Frage im Vordergrund, für die technische Anlage aufgrund des theoretischen Wissens zu einem mathematischen Modell zu gelangen. Da i.a. nicht alle Parameter und Zusammenhänge bekannt sind, wird der theoretische Aspekt durch die experimentelle Bestimmung dieser Werte ergänzt. Das Modell muß einerseits alle relevanten Reaktionen des Prozesses nachbilden, darf aber andererseits, zur Minimierung des Entwurfsaufwandes, nicht zu umfangreich sein. Somit weist diese erste Phase immer eine iterative Struktur auf, indem Differenzen zwischen Messung und Simulationsergebnis zu einer entsprechenden Nachbesserung des Modelles führen. Ein Entwurfswerkzeug muß sich diesem iterativen Vorgehen durch eine flexible Benutzerführung anpassen. Die Echtzeitfähigkeit der Simulation ermöglicht hier den parallelen Betrieb von Anlage und Modell, um so die technischen Verhältnisse in größtmöglichem Umfang zu erfassen. Zugleich vermindert diese Option die Anzahl der erforderlichen Arbeitsschritte, da der Einsatz unterschiedlicher Programmsysteme zur Datenerfassung und Simulation nicht erforderlich ist.

Die zweite Phase wird durch den eigentlichen Reglerentwurf gebildet. Basierend auf den theoretischen Erkenntnissen hat der Entwickler aus verschiedenen Ansätzen das für diesen Zweck am besten geeignete Regelungskonzept auszuwählen, um so die Entwurfsziele zu erreichen. Da die Verifikation i.a. nicht an der realen Anlage durchzuführen ist, muß bereits die Simulation aussagekräftige Ergebnisse liefern. Aber auch hier wird man erst durch Iteration zu einem akzeptablen Kompromiß zwischen Aufwand und gesetztem Ziel gelangen, so daß das Simulationspaket, wie schon bei der Streckenanalyse, diese Tätigkeit flexibel unterstützen muß. Die Modellbildung führt häufig auf nichtlineare Beziehungen zur Beschreibung der Strecke. Andererseits wächst der Umfang der nichtlinearen Regelungstheorie ständig durch neue Forschungsergebnisse. Das Entwurfswerkzeug muß sich diesen Gegebenheiten anpassen und die Anbindung neuer Programmteile, beispielsweise für den Entwurf nichtlinearer Beobachter, erlauben. Ein wichtiger Aspekt hierbei ist, daß alle verfügbaren Informationen über die Strecke externen Programmen zur Verfügung stehen.

Abschließend ist der gefundene Regelalgorithmus zu realisieren und in Betrieb zu nehmen. In dieser Phase werden, bedingt durch Vernachlässigungen in der Modellierung

2 Phasen des Regelkreisentwurfes

Die weiter steigenden Forderungen beispielsweise nach Energie- und Schadstoffminimierung wie auch nach Kostenoptimierung erfordern häufig eine genaue Kenntnis der zugrundeliegenden physikalischen Zusammenhänge der technischen Anlage. Auch werden in zunehmenden Maße insbesondere aus der Verfahrenstechnik Aufgabenstellungen an die Regelungstechnik herangetragen, die mit den klassischen Methoden nicht zu lösen sind, sondern den Einsatz modellgestützter Verfahren erfordern [7]. Diese Ansätze lassen aufgrund der Vielzahl möglicher Parameter wie auch der häufig fehlenden Interpretierbarkeit eine experimentelle Reglereinstellung nicht zu. Auch ist der Aufbau von Prototypen, bedingt durch den gerätetechnischen Aufwand, wirtschaftlich oft nicht zu vertreten. Damit erhält die Streckenanalyse eine größere Bedeutung innerhalb des Konzeption der Gesamtanlage. Die Softwareunterstützung kann entscheidend zur Verkürzung dieser Tätigkeit beitragen.

Die Entwicklung eines Regelungskonzeptes zerfällt in drei Phasen. Zunächst steht die Frage im Vordergrund, für die technische Anlage aufgrund des theoretischen Wissens zu einem mathematischen Modell zu gelangen. Da i.a. nicht alle Parameter und Zusammenhänge bekannt sind, wird der theoretische Aspekt durch die experimentelle Bestimmung dieser Werte ergänzt. Das Modell muß einerseits alle relevanten Reaktionen des Prozesses nachbilden, darf aber andererseits, zur Minimierung des Entwurfsaufwandes, nicht zu umfangreich sein. Somit weist diese erste Phase immer eine iterative Struktur auf, indem Differenzen zwischen Messung und Simulationsergebnis zu einer entsprechenden Nachbesserung des Modelles führen. Ein Entwurfswerkzeug muß sich diesem iterativen Vorgehen durch eine flexible Benutzerführung anpassen. Die Echzeitfähigkeit der Simulation ermöglicht hier den parallelen Betrieb von Anlage und Modell, um so die technischen Verhältnisse in größtmöglichem Umfang zu erfassen. Zugleich vermindert diese Option die Anzahl der erforderlichen Arbeitsschritte, da der Einsatz unterschiedlicher Programmsysteme zur Datenerfassung und Simulation nicht erforderlich ist.

Die zweite Phase wird durch den eigentlichen Reglerentwurf gebildet. Basierend auf den theoretischen Erkenntnissen hat der Entwickler aus verschiedenen Ansätzen das für diesen Zweck am besten geeignete Regelungskonzept auszuwählen, um so die Entwurfsziele zu erreichen. Da die Verifikation i.a. nicht an der realen Anlage durchzuführen ist, muß bereits die Simulation aussagekräftige Ergebnisse liefern. Aber auch hier wird man erst durch Iteration zu einem akzeptablen Kompromiß zwischen Aufwand und gesetztem Ziel gelangen, so daß das Simulationspaket, wie schon bei der Streckenanalyse, diese Tätigkeit flexibel unterstützen muß. Da aber lineare Modelle häufig zur Streckenbeschreibung nicht genügen und andererseits die nichtlineare Theorie ständig durch neue Forschungsergebnisse wächst, muß das Entwurfswerkzeug die Anbindung neuer Programmteile erlauben und alle verfügbaren Informationen über die Strecke zur Verfügung stellen.

Abschließend ist der gefundene Regelalgorithmus zu realisieren und in Betrieb zu nehmen. In dieser Phase werden, bedingt durch Vernachlässigungen in der Modellierung wie auch durch nicht erfasste Störungen, häufig Nachbeserungen am Regelungsansatz erforderlich sein. Diese Phase verschmilzt daher mit der Vorherigen in einem wiederum wie auch durch nicht erfasste Störungen, häufig Nachbesserungen am Regelungsansatz erforderlich sein. Diese Phase verschmilzt daher mit der Vorherigen in einem wiederum iterativen Prozeß. Läßt das Entwurfswerkzeug den Betrieb an der realen Anlage zu, so entfällt der jeweils erforderliche Schritt der Reglerrealisierung; kürzestmögliche Entwicklungszeiten sind die Folge. Speziell in dieser Phase der Regelungskonzeption erweist sich die Echtzeitfähigkeit der Simulation als entscheidener Vorteil.

3 Das Simulationspaket MARES

Der Name MARES steht für **M**odell-**A**nalyse, **R**egelungs**E**ntwurf und **S**imulation. Diese Bezeichnung spiegelt die Anforderungen an ein Entwurfswerkzeug wieder, die in dem Paket realisiert wurden. Bild 1 zeigt die Struktur des vorgestellten Paketes, dessen Kern von einem echtzeitfähigen Simulationsmodul gebildet wird. Aufbauend darauf existieren Programmteile für die Parameteridentifikation sowie für die Berechnung der Zustandsraummatrizen und der Übertragungsfunktion im Falle linearer Systeme. Damit lassen sich alle gängigen Verfahren der linearen Theorie an das Paket anbinden.

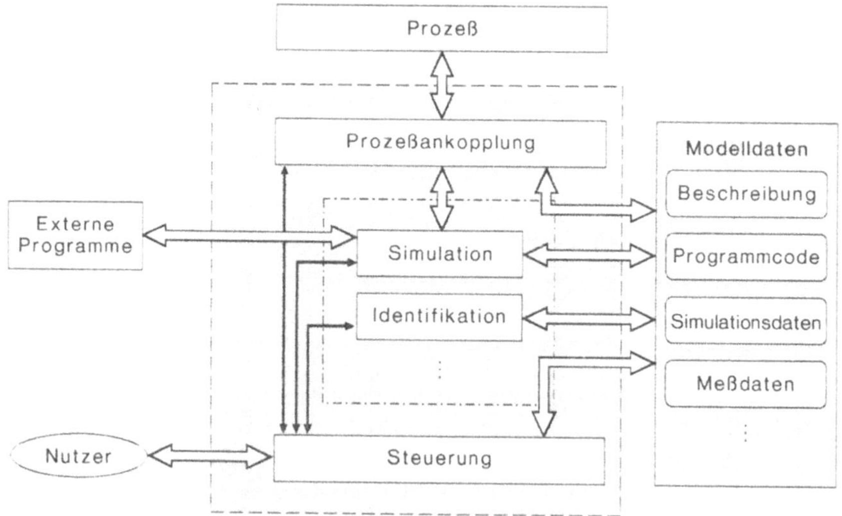

Bild 1: Struktur von MARES

Syntax der Simulationssprache

Die Beschreibung eines Modells, und damit die Eingabe für alle vorhandenen Berechnungsverfahren, erfolgt in einer Simulationssprache, die sich eng an die mathematische Darstellung durch explizite, lineare oder nichtlineare Differential- bzw. Differenzengleichungen sowie beliebige algebraische Gleichungen anlehnt. Eine bestimmte Form oder Reihenfolge ist ebensowenig vorgeschrieben wie die Ordnung der Gleichungen. Allerdings dürfen keine algebraischen Schleifen auftreten, d.h. zum Zeitpunkt der Berechnung einer Gleichung müssen alle auf der rechten Seite auftretenden Größen bekannt sein. Die eingegebenen Gleichungen werden automatisch so sortiert, daß diese Bedingung erfüllt ist, falls eine solche Reihenfolge nicht existiert, erkennt der Algorithmus dies als Syntaxverletzung und bricht die weitere Bearbeitung ab. Für die Verknüpfung von Variablen sowie zur Beschreibung von Ein- und Ausgangsgrößen stehen neben einigen mathematischen Standardfunktionen das Totzeitelement sowie einige gängige nichtlineare Elemente (z.B. Schalter, Tote Zone, Begrenzung) zur Verfügung. Das Modell kann modular aufgebaut werden, wobei der Einsatz bereits vorhandenener Grundsysteme denkbar ist.

Anhand eines Beispiels sei die verwendete Syntax kurz verdeutlicht. Ein lineares System zweiter Ordnung soll als Modell eingegeben und die Sprungantwort für verschiedene Dämpfungen simuliert werden. Mit den Bezeichnungen U für die Eingangsgröße und X für die Ausgangsgröße läßt sich die Aufgabe mit

```
X'' = -D*X' - X + K*U;
U   = SPRUNG(0);
```

lösen. In dieser Beschreibung sind Dämpfung D und Verstärkung K Konstanten, die erst zu Beginn der Simulation mit Zahlenwerten zu belegen sind. Der geforderte Einheitssprung am Eingang ist durch das Steuerwort SPRUNG(0) vorgegeben, der hier zum Simulationszeitpunkt T=0 erfolgen soll. Das Modell wird ohne weitere Änderung für verschiedene Werte von D simuliert.

Ein Übersetzer erstellt aus der Beschreibung einen simulationsfähigen internen Code, wobei alle relevanten Informationen abgespeichert und den nachfolgenden Programmteilen zugänglich gemacht werden. Beispielsweise schließt eine automatische Erkennung nichtlinearer Verknüpfungen eine Anwendung der linearen Theorie aus. Zur Simulation des dynamischen Modells wird der interne Code emuliert, wobei an den Interpreter zur echtzeitfähigen Simulation besondere Anforderungen zu stellen sind.

Echtzeitelemente

Zur Ankopplung an den realen Prozeß muß die Möglichkeit bestehen, bestimmte Größen zu festlegten Zeitpunkten der physikalischen Zeit einzulesen bzw. auszugeben. Andererseits ist der Parameter T als Symbol für die Simulationszeit unabhängig von der realen Zeit t und wird nur durch die verwendete Hardware bestimmt. Im Echtzeitbetrieb der Simulation muß daher eine Synchronisation zwischen Simulationszeit und Realzeit erfolgen. In MARES geschieht diese Kopplung durch die Angabe, welcher Zeiteinheit ein Simulationsschritt entspricht.

Für die Ein-/Ausgabe muß das Simulationspaket den Zugriff auf die Analog/Digital Umsetzer des Rechners besitzen. Um hier eine möglichst komfortable Anbindung ohne die Zahlenkonvertierung auf Simulationsebene zu ermöglichen, sollten geeignete Treiber zur Verfügung stehen. Im vorgestellten Paket erfolgt die Ein-/Ausgabe mit den Sprachelementen, die auch in der Offline-Simulation der Ergebnisdarstellung dienen. Damit läßt sich der erforderliche Befehlsumfang des Paketes auf ein Minimum reduzieren und so die Akzeptanz des Nutzers erhöhen. Zusätzlich besteht die Möglichkeit, die Ein-/Ausgabe zu bestimmten Zeitpunkten, zyklisch oder einmalig, einzuplanen. Mit diesem Konstrukt läßt sich beispielsweise die Genauigkeit der Simulation verbessern, indem als Simulationsschrittweite ein ganzzahliger Teil der Abtastzeit gewählt wird und die Ein-/Ausgabe lediglich zu den Abtastzeitpunkten erfolgt.

Um innerhalb des Modells auf Ausnahmezustände reagieren zu können, ist die Einbindung eines Interruptkonzeptes auf Simulationsebene wünschenswert. So ließe sich beispielsweise bei einer Grenzwertüberschreitung auf einen anderen Regelalgorithmus umschalten. Ein entsprechende Einbindung wurde bislang nicht realisiert. Die Einhaltung der zulässigen Zustandsbereiche ist daher im Modell ggf. durch Abfrage zu überwachen; die vorhandenen IF-Strukturen und Schalter unterstützen den Nutzer bei dieser Aufgabe.

4 Regelkreisentwurf am Beispiel eines Pendels

Als Beispiel für die Anwendung des Paketes wird die Regelung eines Pendels behandelt, das in der labilen Gleichgewichtslage zu stabilisieren ist [3]. Bild 2 zeigt den prinzipiellen Aufbau, bei dem ein Wagen auf einer Schiene verfahrbar ist. An dem Schlitten ist drehbar ein Pendel befestigt. Durch die Bewegung des Wagens läßt sich eine Kraft auf das Pendel ausüben; die Wagenbeschleunigung ist Eingangsgröße des Systems. Als Messungen stehen die Wagenposition und der Pendelwinkel zur Verfügung. Die Aufgabe besteht darin, das Pendel aus einem beliebigen Anfangszustand in die obere Gleichgewichtslage aufzuschwingen und dort zu stabilisieren. Die Regelung ist mittels eines Prozeßrechners zu realisieren.

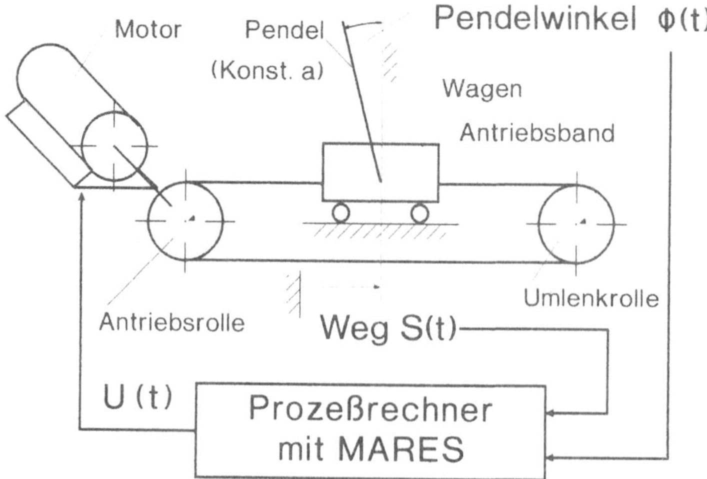

Bild 2: Prinzipskizze des Versuchsaufbaus 'Pendel'

Kräfte- und Momentenbilanz führen auf die vereinfachten Modellgleichungen

$$\begin{aligned}
\ddot{\Phi}(t) - a\,g\,\sin\big(\Phi(t)\big) &= a\cos\big(\Phi(t)\big)U(t) & \Phi(t=0) &= \Phi_0 & \dot{\Phi}(t=0) &= \dot{\Phi}_0 \\
\ddot{S}(t) &= U(t) & S(t=0) &= S_0 & \dot{S}(t=0) &= \dot{S}_0
\end{aligned}$$

In diesen Beziehungen wurden sowohl Dämpfungeinflüsse wie auch die Rückwirkung des Pendels auf den Wagen vernachlässigt. Die Konstante a berechnet sich aus den technischen Daten des Aufbaus, g stellt die Erdbeschleunigung dar. Die Umsetzung in die Simulationssprache gestaltet sich sehr einfach, denn mit den Eingaben

```
PHI'' = A * G * SIN( PHI ) + A * COS( PHI ) U;
  S'' = U;
```

ist das Modell bereits vollständig beschrieben. Die Konstanten werden ebenso wie die erforderlichen Anfangswerte vor dem Start der Simulation mit Zahlenwerten belegt.

Die gestellte Regelungsaufgabe zerfällt in zwei Teile. Die Stabilisierung in der oberen Gleichgewichtslage kann mit einem linearen Zustandsregler erfolgen, wie die Simulation des geschlossenen Kreises zeigt. Allerdings erfordert dieses Konzept die Kenntnis *aller* Zustände, also auch der Wagengeschwindgkeit und der Winkelgeschwindigkeit des Pendels. Auf den Einsatz eines Beobachters zur Schätzung dieser Größen wird hier jedoch verzichtet; es zeigt sich nämlich, daß die Bildung der Differenzenquotienten auf der Basis der aktuellen und um einen Abtastschritt verzögerten Positionswerte zur Regelung ausreicht.

Das Aufschwingen des Pendels aus einer beliebigen Anfangsposition erfordert eine nicht-lineare Regelungsstrategie. Hierfür wurde von KLUGE [3, 4] ein Zielmengenregler vorgeschlagen. Dieses Konzept beruht nicht auf der Regelung auf einen Arbeitspunkt, sondern auf eine Menge von Zuständen, die geeignet zu definieren ist. Übertragen auf den hier gegebenen Anwendungsfall sind alle Zustände zulässig, in denen die Summe aus potentieller und kinetischer Energie des Pendels identisch der Energie des stehenden Stabes ist. Mit diesem Konzept wird dem Pendel genau die zum Aufschwingen erforderliche Energie zugeführt; im theoretischen Idealfall bliebe der Stab genau in der oberen Lage stehen. Minimierung der so formulierten Abstiegsfunktion bezüglich der Eingangsgröße liefert unter Beachtung der Stellgrößenbeschränkung eine Zweipunktregelung, wobei die Umschaltzeitpunkte durch die Zustandsgrößen bestimmt sind. Zusätzlich werden die erlaubten Zustände durch die Forderung eingeschränkt, daß sich der Wagen in Richtung Schienenmitte bewegt, sobald die erforderliche Energie in das Pendel eingetragen ist. Sind diese Bedingungen erfüllt und befindet sich das Pendel in der Nähe der labilen Gleichgewichtslage, wird auf den linearen Zustandsregler umgeschaltet.

Die Simulation des Aufschwingens in Bild 3 zeigt, daß der Regler das gesetzte Ziel sehr gut erreicht. Bereits nach ca. zwei Sekunden befindet sich das Pendel in der gewünschten Lage und wird dort durch den linearen Regler gehalten. An dem Verlauf der Wagenposition ist deutlich das Hin- und Herfahren, bedingt durch den Zweipunktregler, zu erkennen.

Um den Algorithmus an der realen Anlage zu verifizieren, wird die Ein-/Ausgabe auf die Peripherie umgelenkt. Zusätzlich sind die Geschwindigkeiten näherungsweise zu

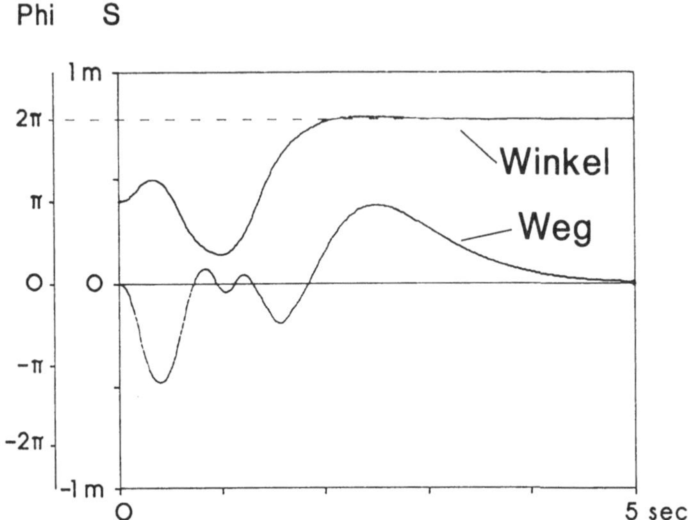

Bild 3: Simulation des Aufschwingvorganges aus der Ruhelage

berechnen, da diese Größen im Gegensatz zur Simulation nicht zur Verfügung stehen. Bild 4 zeigt den Vergleich zwischen Simulation und realem Prozeß, wobei lediglich der Pendelwinkel dargestellt ist. Beide Verläufe zeigen ein ähnliches Verhalten, sofern man die Mehrdeutigkeit des Winkels berücksichtigt. Der Darstellung entnimmt man, daß zwar das Pendel der realen Anlage in umgekehrter Richtung als in der Simulation aufschwingt, jedoch das Ziel nach praktisch dergleichen Zeit erreicht ist.

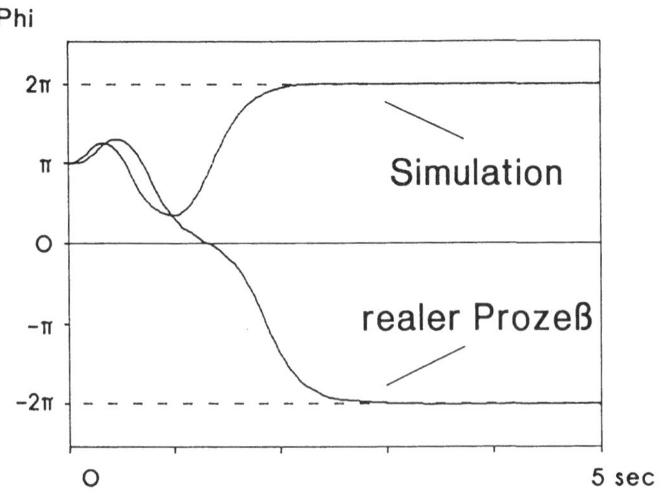

Bild 4: Vergleich der Simulation mit dem realen Verhalten

Die Simulation wurde auf einem Kleinrechner (Prozessor 68 000, 8 MHz, 1 MB Speicher) durchgeführt, für die Regelung der realen Anlage stand ein VMEBus-System (68 020, 25 MHz, 4 MB) zur Verfügung. Die durchgeführten Testläufe auf dem letztgenannten Rechner zeigen, daß sich Abtastfrequenzen bis zu etwa 50 Hz erreichen lassen und die Leistungsfähigkeit zur Regelung dieses kritischen Prozesses ausreicht. Es müssen allerdings Effekte Berücksichtigung finden, die durch die nicht mehr vernachlässigbare Rechenzeit des Reglers entstehen.

5 Zusammenfassung und Ausblick

Das vorgestellte Simulationspaket läßt sich, neben den gängigen Offline-Anwendungen, bei nicht extrem zeitkritischen Regelungsaufgaben online einsetzen. Das Paket ist in PEARL geschrieben und unter dem Echtzeitbetriebssystem RTOS-UH lauffähig. Damit steht das Paket sowohl auf kleinen Arbeitsplatzrechner als auch auf Prozeßrechern unterschiedlicher Leistungsfähigkeit zur Verfügung. Die Möglichkeit, Zugriff auf die Simulation in unterschiedlichsten Umgebungen zu haben, führt auf kurze Entwurfszeiten für die Reglerkonzeption.

In Arbeit befindliche Weiterentwicklungen werden die bislang nicht implementierte gleichzeitige Behandlung von kontinuierlichen und diskreten Systemen enthalten. Für die Anwendungssicherheit ist die Einbindung eines Konzeptes zur Interruptverarbeitung geplant, um innerhalb eines Modells auf Ausnahmezustände reagieren zu können.

Literatur

[1] N.F. Benninger; U. Konigorski. Simulation und Linearisierung nichtlinearer Systeme im Rahmen des Programmverbundes PILAR. *Automatisierungstechnik*, 35(2):72–78, 1987.

[2] G. Grübel. Die regelungstechnische Programmbibliothek RASP. *Regelungstechnik*, 31(3):75–81, 1983.

[3] M. Kluge; M. Thoma. Aufschwingen eines Pendels mit strukturvariablem Regler. *Automatisierungstechnik*, 38(3):114–117, 1990.

[4] M. Kluge. Modellierung, Regelung und Optimierung einer Penicillinfermentation. Band 224 (Reihe 8) der *VDI-Fortschrittberichte*. Düsseldorf, 1990. Dissertation, Universität Hannover.

[5] L. Litz; N.F. Benninger. PILAR Programmsystem zur Interaktiven Lösung von Aufgabenstellungen der Regelungstechnik. *Regelungstechnik*, 32(10):335–342, 1984.

[6] C. Posten; R. Scheithauer; W. Schulze. SIGID: Ein praxisorientiertes Simulationspaket mit Echzeitelementen. *Automatisierungstechnik*, 33(12):373–378, 1985.

[7] W. Scheiding; H. Schlingmann; T. Tauchnitz. Regelungstechnik - Anforderungen aus der Praxis. *Automatisierungstechnik*, 37(2):46–55, 1989.

[8] W. Scheiding; H. Hartmann; P. Tönishoff. SATU86 - Simulationsrahmen zur dynamischen Prozeßsimulation für den industriellen Einsatz. *Chem.-Ing.-Tech*, 61(4):292–299, 1989.

Experiment-Datenverarbeitung bei der deutschen Spacelab Mission D-2

Christian Sommer
Werum Datenverarbeitungssysteme GmbH
Erbstorfer Landstraße 14
21337 Lüneburg

Zusammenfassung

Während der zweiten deutschen Spacelab Mission D-2 wurden erstmals die kontinuierlich zu der Bodenstation im German Space Operations Center (GSOC) übertragenen
Experimentdaten direkt in Echtzeit aufbereitet und den Wissenschaftlern zur Verfügung
gestellt. Hierdurch war es möglich, unmittelbar erste Analysen vorzunehmen und spontan
auf Fehlersituationen zu reagieren bzw. auf unerwartete Experimentverläufe gezielt ein-
zugehen.

Aufgrund der hohen Datenraten – im Fall der Experimentanlage Anthrorack z.B. werden
kontinuierlich aus bis zu 400 Meßkanälen mindestens 256 KBit Rohdaten pro Sekunde
übertragen – wurden bei den bisherigen Spacelab Missionen die Daten lediglich auf Mag-
netbändern aufgezeichnet. Diese konnten dann erst Wochen nach der Mission in unauf-
bereiteter Form zur wissenschaftlichen Auswertung genutzt werden.

Für die Experimentdatenverarbeitung bei der D-2 Mission wurde im Auftrag des
Microgravity User Support Center (MUSC) der DLR Köln, das für die Betreuung
wesentlicher Nutzlastelemente zuständig ist, von der Hauptabteilung Angewandte Daten-
technik der DLR Oberpfaffenhofen in Zusammenarbeit mit Werum ein sogenanntes
Ground Support Program Equipment (GSPE) entwickelt. Die wesentlichen Aufgaben
dieses GSPE sind die Aufnahme der Experimentdaten von dem Kontrollzentrum, die Aufbereitung (z.B. Konvertierung oder Limitprüfungen), die Verteilung an Workstations für
grafische Anzeigen sowie Abspeicherung des bis zu 150 KBytes pro Sekunde großen
Datenstroms in Echtzeit. Hierfür wurde das Echtzeit-SQL-Datenbanksystem BAPAS-DB
von Werum eingesetzt. Diese Datenbestände bilden die Basis für ein umfangreiches Informationssystem des MUSC.

Das GSPE wurde bereits im Rahmen der Missionsvorbereitungen sowie bei der 10tägigen
D-2 Mission und den Experimenten nach der Landung erfolgreich eingesetzt. Durch die
direkten Auswertungen konnten kurzfristig erste Analysen vorgenommen und in den
weiteren Experimentablauf eingebracht werden.

Die Software des GSPE ist so ausgelegt, daß jede Bearbeitungskomponente durch
Parametertabellen im Dialog sogar zur Laufzeit zu konfigurieren ist. Dadurch ist es
möglich, eine Vielzahl unterschiedlichster Experimentanlagen mit demselben Programmpaket zu bearbeiten. Für die nächste internationale Spacelab Mission IML-2 kommt das
GSPE wiederum zum Einsatz.

Anforderungen

Das GSPE hat zur Aufgabe, mit großer Rate kontinuierlich angelieferte Daten entgegenzunehmen, aufzubereiten und dann für grafische Anzeigen oder andere Auswertungen
bereitzustellen sowie die aufbereiteten Daten abzuspeichern. Dabei muß ein Dauerbetrieb
möglich sein.

Das System muß Daten von unterschiedlichen Datenquellen wie z.B. dem Boden-
kontrollzentrum, aber auch direkt von den Experimentanlagen, aufnehmen können.
Zusätzliche Schnittstellen sollen einfach einzubringen sein. Die D-2 Experimentanlage
Anthrorack liefert z.B. 256 KBit Rohdaten aus bis zu 400 einzelnen Meßkanälen. Dabei
können pro Kanal bis zu 4.000 Werte pro Sekunde vorkommen. Aufbereitet und in der
Datenbank abgelegt können sich dann bis zu 1 GByte in 4 Stunden ergeben.

Die angelieferten Rohdaten sollen in ihrer physikalischen Größe konvertiert werden. Diese
Daten können wiederum korrigiert und gegen Grenzwerte überprüft sowie zu ersten Er-
gebnissen verknüpft werden. Die Aufbereitungsparameter müssen jederzeit modifizierbar
sein, so daß z.B. auf die Meßbereichsänderung eines Sensors eventuell auch
automatisch reagiert werden kann.

Ziel des GSPE ist es, die größtenteils aus übertragungstechnischen Gründen komprimier-
ten und gewandelten Rohdaten zentral einmalig aufzubereiten. Die weiteren Auswertungen (Anzeigen etc.) setzen dann alle auf demselben Datenbestand auf, und es kann zu
keinem inkonsistenten Zustand zwischen mehreren Auswertungen kommen.

Als weitere Komponenten des GSPE, die auf diesen zentral aufbereiteten Datenstrom
aufsetzen, sollen vom Experimentator gestaltbare Realtime-Darstellungen in
verschiedenen Anzeige-Modi möglich sein. Hierfür sind mehrere Anzeige-Workstations
vorgesehen. Weiterhin muß der Realtime-Datenstrom über unterschiedliche Schnittstellen
an andere GSPE-externe Auswertungen verteilt werden können. Die aufbereiteten Daten
sollen in einer Datenbank abgespeichert und für die Experimentatoren komfortabel über
verschiedene Schlüsselzugriffe selektiert werden können.

Zentrale Aufbereitung

Für die Datenentgegennahme (Acquisition) sind mehrere Varianten implementiert worden. Aufgabe dieser Komponente ist die Kommunikation und Synchronisation mit den
sendenden Prozessen, Flußkontrolle und Pufferung von Lastschwankungen. Die direkten
Anschlüsse der Experimentanlagen wurden z.B. über ein PCM-Interface oder über einen
Front-End-PC mit entsprechender Hardwarekarte vorgenommen. Vom Bodenkontrollzentrum wurden die Daten über Ethernet / DECnet bereitgestellt.

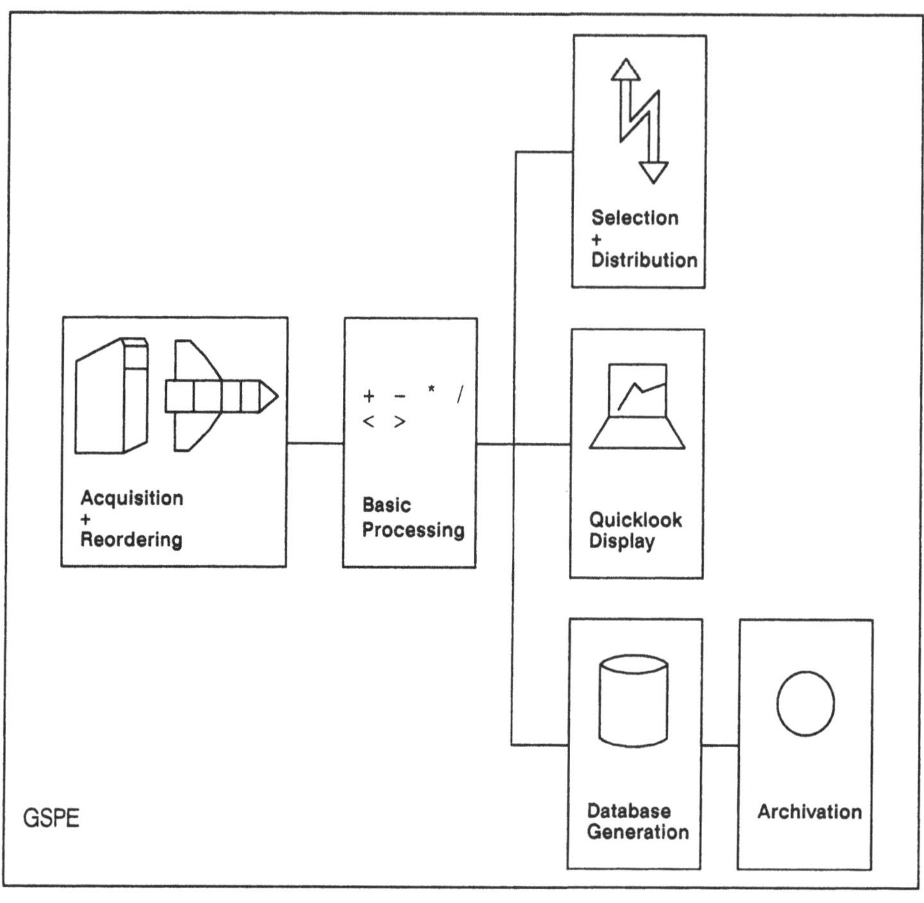

Die Komponente Reordering dient zur Generierung einer einheitlichen kanalorientierten internen Datenstruktur aus den verschiedenen Übertragungsformaten. Nach der Datenbearbeitung durch Acquisition und Reordering können die unterschiedlich übertragenen und formatierten Daten mit denselben Verfahren weiterbearbeitet werden.

Im Rahmen des Basic Processing werden die Konvertierung der Rohdaten in die physikalischen Einheiten (Conversion), Korrekturberechnungen von abhängigen Werten (Correction), Ableitung neuer Kanäle (Derivation) sowie Plausibilitätsprüfungen (Limit Checking) durchgeführt. Weiterhin ist eine Inflight-Kalibrierung zur automatischen Ermittlung von Konvertierungsparametern (Calibration) vorgesehen.

Für die Konvertierung stehen eine Reihe von Funktionen (z.B. Polynome, Logarithmen, Exponential-Funktionen) zur Verfügung. Weiterhin können Wertepaar-Tabellen (z.B. Sensorkalibrierungen) herangezogen werden. Für Korrekturalgorithmen sind definierte Schnittstellen vorbereitet. Die Generierung neuer Kanäle kann entweder über mathematische Verknüpfungen von anderen Kanälen oder auch über spezielle Benutzeralgorithmen erfolgen. Für das Limit Checking können komplexe Vergleiche mit Grenzwerten definiert werden. Alle Aufbereitungsschritte sind für jeden Kanal gesondert im Dialog durch Tabelleneinträge beeinflußbar.

Datenverteilung

Alle weiteren Komponenten des GSPE setzen auf dem zentral aufbereiteten Datenbestand auf. Dieser muß also an alle weiteren Prozesse weitergeleitet werden. Dabei ist die Anzahl z.B. der Realtime-Anzeigen nicht fest vorgegeben, und es ist auch nicht direkt bekannt, welcher Kanal von welchem Prozeß aktuell benötigt wird.

Um eine möglichst flexible Struktur zu erhalten und alle "Verbraucher"-Prozesse gleichzeitig mit dem Datenstrom zu versorgen, wurde ein sogenanntes Multicast-Verfahren gewählt, das unabhängig von der Existenz der Prozesse alle Daten zur Verfügung stellt bzw. auf dem Netz versendet. Jeder "Verbraucher"-Prozeß kann sich an diesen Datenstrom anhängen und die benötigten Daten selektieren. Für die rechnerinternen Prozesse können gemeinsame Speicherbereiche eingesetzt werden. Für die Netzkommunikation wurde ein eigenes Anwendungsprotokoll definiert, das der Echtzeit-Datenverteilung entgegenkommt.

Für die Datenverteilung an Auswertungen außerhalb des GSPE sind die Komponenten Selection und Distribution vorgesehen. Die Selection dient zur Reduzierung der zu liefernden Daten auf den von der Anwendung benötigten Umfang. Das ist vor allem bei der Übertragung über öffentliche Netze sinnvoll.

Die Distribution-Prozesse bieten Kommunikationsschnittstellen zu Prozessen außerhalb des GSPE. Die Daten werden in einem definierten Format in Blöcken übergeben. Jeder Block umfaßt die selektierten Daten einer Sekunde. Als Übertragungsvarianten sind z.Zt. eine TaskToTask-DECnet-Kommunikation, eine serielle (synchron/asynchron) Kopplung, eine Ethernet-Datagramm-Übertragung sowie eine Kopplung auf IP-Level implementiert. Im Rahmen der D-2-Aktivitäten wurden sowohl die lokalen Kopplungen als auch die Realtime-Datenübertragung aus dem GSPE über öffentliche Netze (ISDN) erfolgreich durchgeführt.

Grafische Anzeigen

Die direkte Aufbereitung der angelieferten Daten ist Voraussetzung für die grafischen Darstellungen der Werte. Die Komponente Quicklook Display dient zur Anzeige von Kanälen aus dem Realtime-Datenstrom.

Der Experimentator kann dabei den Bildschirmaufbau, den Umfang und die Art der Anzeige nach seinen Erfordernissen definieren und jederzeit modifizieren. Neben alphanumerischer Anzeige der Werte kann es zwischen verschiedenen grafischen Display-Modi wählen (Erase Bar, Strip Chart, Bar Graph, Correlation). Dabei werden die Werte in Kurven- bzw. Balkenform z.B. über Zeitachsen dargestellt.

Abhängig vom Display-Modus können viele Einstellungen nach Bedarf verändert werden. So ist z.B. die Kanalzuordnung frei wählbar, die Achsen können nach Bedarf skaliert werden, die Limitwerte sind darstellbar, oder es können Trigger definiert werden, die die Anzeigen beeinflussen (z.B. um bestimmte Ausschnitte von hochfrequenten Signalen auszuwählen).

Darstellungen mit einer Skalierung von bis zu 250 ms können noch schritthaltend angezeigt werden. Jedes Teilbild kann gesondert gestoppt und gestartet werden. Hardcopies sind möglich.

Für Statusinformationen ist es vorgesehen, Anlagen- oder Subsystemdarstellungen mit speziellen Statuswerten anzuzeigen.

Datenbank

Die aufbereiteten Experimentdaten werden gleichzeitig zu den Anzeige- und Verteilprozessen auch an den Abspeicherungsprozeß (Database Generation) weitergeleitet. Dieser hat die Aufgabe, den kontinuierlichen Datenstrom von bis zu 150 KBytes pro Sekunde schritthaltend abzuspeichern. Hierfür wird das Echtzeit-SQL-Datenbanksystem BAPAS-DB von Werum eingesetzt.

Ein spezielles, für die Verarbeitung von Meß- und Experimentdaten besonders geeignetes Zugriffsverfahren übernimmt die Daten, sammelt sie nach bestimmten Kriterien im Hauptspeicher auf und schreibt sie in großen Einheiten strukturiert mit hoher Geschwindigkeit auf die Platten. Für den Zugriff auf die abgespeicherten Daten werden Programme eingesetzt, die embedded SQL-Anweisungen benutzen und als Datenbank-Klienten arbeiten. Das spezielle Zugriffsverfahren ist dabei für die Anwendungen verdeckt. Diese haben eine einheitliche (SQL-)Sicht sowohl auf die Daten, die mit einem üblichen Zugriffsverfahren (z.B. B*-Baum) von BAPAS-DB eingerichtet wurden (z.B. Kalibrierungsparameter) als auch auf die Experimentdaten, die mit dem speziellen Verfahren bearbeitet wurden.

Aufgrund seines Designs bietet BAPAS-DB im Gegensatz zu Standard-Datenbanksystemen die Möglichkeit, neue spezielle Zugriffsstrategien neben den Standardzugriffsverfahren (Hash, B*-Baum) hinzuzufügen. Da auch die Standardverfahren intern normierte Schnittstellen benutzen, können auf diesen auch andere Verfahren implementiert werden. Dabei ergeben sich keine Auswirkungen auf die Anwenderschnittstellen (embedded SQL und interaktive Query Language).

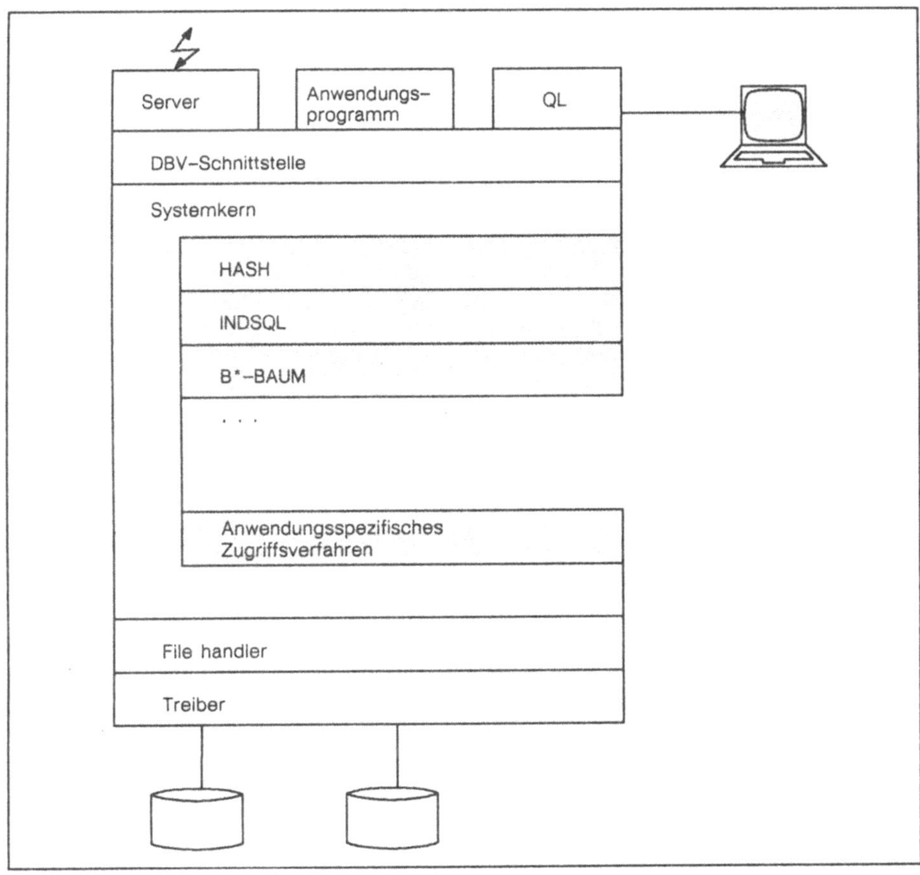

Im Fall des GSPE ist ein Zugriffsverfahren implementiert worden, das eine schnelle Datenablage gewährleistet und einen für die Auswertung von Meßreihen effizienten Zugriff bietet. Messungen der DLR haben ergeben, daß z.B. auf einer VAXstation 3500 mit 16 MB Hauptspeicher und einem RA90 Disk-Drive (17,5 ms durchschnittliche Zugriffszeit) mit diesem Zugriffsverfahren bis zu 433 KByte/s (mit anschließendem SQL-Zugriff über Schlüssel !) verarbeitet werden können.

Archivierung

Das GSPE muß einen kontinuierlichen Dauerbetrieb gewährleisten. Während des Experimentbetriebes fallen ständig Daten an, die entgegenzunehmen, aufzubereiten, zu verteilen, anzuzeigen und abzuspeichern sind. Für die Datenbankablage wurde deshalb eine

Archivierungskomponente entwickelt, die die aufgezeichneten Daten auf optische Wechselplatten sichert und dort verwaltet.

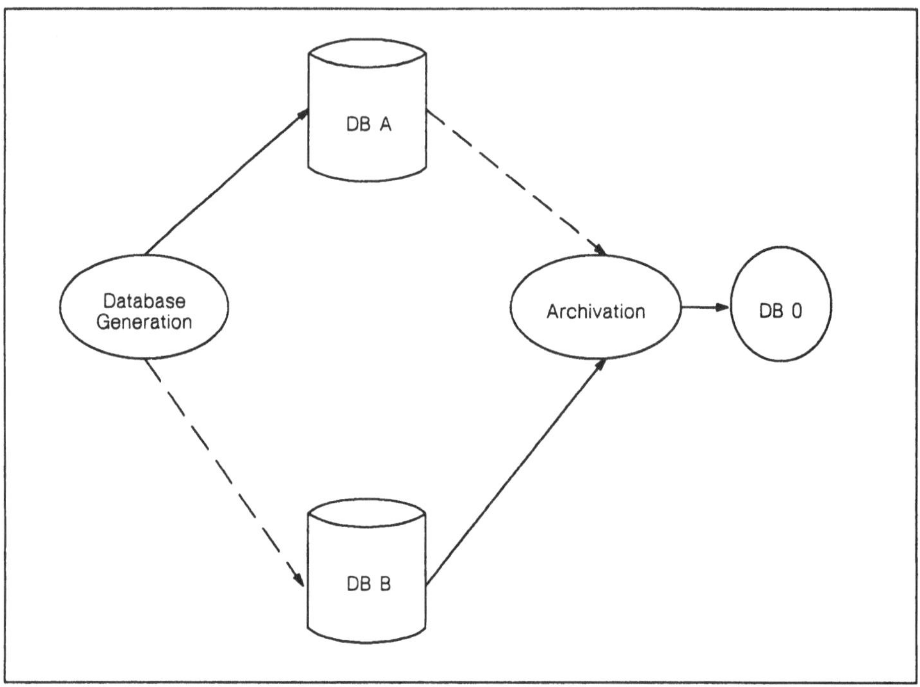

Der Abspeicherungsprozeß (DB Generation) speichert die Daten alternierend auf zwei Platten (z.B. 1-GByte-Platten). Wenn eine Platte gefüllt ist (im Fall von Anthrorack etwa alle 4 - 6 Stunden 1 GByte), wird auf die parallele Platte umgeschaltet und dort weiter gespeichert. Parallel hierzu wird die volle Platte auf optischen Platten archiviert.

Auf diese archivierten Daten kann jederzeit als Datenbankbestand direkt von den optischen Platten zugegriffen werden. Es ist keine Rearchivierung etc. notwendig. Die Informationen über die Datenverteilung auf mehrere Medien wird in gesonderten Datenbankmengen verwaltet, so daß für gewünschte Daten die entsprechende optische Platte ermittelt werden und, nachdem diese online verfügbar ist, ein Zugriff erfolgen kann.

Informationssystem

Das Microgravity User Support Center (MUSC) der DLR Köln betreibt das Informationssystem ARIADNE, das Daten zu Experimentdaten enthält, die sich mit dem Schwerkrafteinfluß beschäftigen. Die Daten, die mit dem GSPE erfaßt wurden, sind in diesem Informationssystem zugänglich.

Das Informationssystem enthält z.B. Angaben über die Experimentumgebung, Methoden und Ergebnisse. Solche Daten sind in dem Datenbanksystem Oracle gespeichert. Die eigentlichen Meßwerte, die mit dem GSPE erfaßt sind, sind über eine einheitliche Schnittstelle für Meßreihen (Series of measurement / SOM) zugreifbar. Dieses SOM-Interface verdeckt die Datenhaltung (Verteilung über mehrere GSPE und mehrere Archiveinheiten) für die Anwendungssicht des Informationssystems. Dort präsentieren sich die Experimentdaten als eine Folge von Meßwerten, die unabhängig von der Erfassung (Ort, Zeit, Anlagen, etc.) sind. Das SOM-IF besitzt die notwendigen Informationen, um die entsprechenden Daten zu selektieren.

Für den Benutzer des Informationssystems bietet sich ein homogenes System, das die Existenz von mehreren Datenbanksystemen (Oracle für die Experimentinformationen und BAPAS-DB für die Echtzeit-Experimentdaten) verbirgt. Der Datenbestand des Informationssystems wird durch die Datenablage des GSPE ständig vergrößert. Die entsprechenden Inventory-Informationen werden automatisch generiert.

Konfiguration

Die Software des GSPE ist so ausgelegt, daß alle Komponenten durch Konfigurationseinträge parametriert werden können. Die meisten dieser Parameter können sogar zur Laufzeit verändert werden. Lediglich einige grundlegende Einstellungen wie z.B. anlagenspezifische Vorgaben sind zur Laufzeit nicht veränderbar.

Die hohe Parametrierbarkeit ermöglicht es, dieselbe GSPE-Software für so unterschiedliche Experimentanlagen wie Anthrorack (humanmedizinische Experimente) und HOLOP (holographisches Optiklabor) einzusetzen.

Alle Konfigurationsparameter werden in Datenbanktabellen abgelegt. Hierfür wurde ebenfalls BAPAS-DB (mit Standard-Zugriffsverfahren) benutzt. Die Eingaben erfolgen durch tabellenorientierten Dialog. Die einzelnen GSPE-Prozesse selektieren die betreffenden Angaben und bearbeiten die Daten entsprechend. So kann die Conversion z.B. einmal eine Polynomfunktion ausführen, ein anderes Mal eine logarithmische Funktion.

Wird während der Laufzeit ein Konfigurationsparameter verändert, z.B. durch Operatoreingriff oder automatische Kalibrierung, so werden automatisch die betroffenen Prozesse darüber informiert und benutzen im Anschluß daran die neuen Parameter. Hierfür wird die Komponente "Message Routing" von BAPAS-DB eingesetzt.

"Message Routing" dient zur Einplanung und automatischen Ausführung solcher Benachrichtigungen. Über eine Entscheidungstabelle werden Bedingungen festgelegt (z.B. Insert in eine bestimmte DB-Datei), zu denen der Server automatisch eine Botschaft an vorgegebene Klienten übersendet. Dadurch ist es im Fall des GSPE möglich, die beteiligten Prozesse, z.B. mehrfaches Quicklook Display, auch über Rechnergrenzen hinweg konsistent zu halten.

Hardware

Das GSPE-Konzept ist so angelegt, daß die einzelnen Komponenten als gesonderte Prozesse implementiert sind und je nach vorliegendem Datenvolumen und Aufbereitungsanforderungen auf mehrere Rechner verteilt bzw. vereinigt werden können. Prozesse, die rechnerintern gehalten werden, tauschen die Daten über gemeinsame Speicherbereiche aus. Sind die Prozesse auf mehrere Rechner verteilt, so werden spezielle Übertragungsprozesse benutzt, die die Datenbestände zwischen diesen Rechnern austauschen. Für die einzelnen Prozesse sind die Zwischenprozesse transparent gehalten, so daß die Prozeßverteilung in einfacher Weise vorgenommen werden kann.

Bei der D-2 Mission haben sich zwei Konfigurationen als günstig herausgestellt:

Für die Experimentanlagen mit großem Datenvolumen (z.B. Anthrorack) wurden die zentralen Funktionen Acquisition und Reordering, Basic Processing, Database Generation sowie Selection und Distribution jeweils auf gesondertem Rechner installiert. Für die Archivierung und die zentralen Konfigurationsdatenbanken wurde ein weiterer Rechner, der gleichfalls als Systemserver diente, eingesetzt. Für die Quicklook Display-Anzeigen und Auswertungen wurden insgesamt 10 weitere Workstations benutzt.

Bei anderen Experimentanlagen (z.B. HOLOP) wurden alle Funktionen bis auf die Quicklook Display-Prozesse auf einem Rechner vereinigt. Für die grafischen Anzeigen wurde für jeden Arbeitsplatz eine eigene grafische Workstation bereitgestellt.

Einsatz

Im Rahmen der D-2-Aktivitäten wurde das Ground Support Program Equipment (GSPE) für die Unterstützung der Experimentanlagen Anthrorack, Baroreflex, MEDEA und HOLOP benutzt. Es wurden insgesamt sechs getrennte Installationen aufgebaut.

Schon über ein Jahr vor der eigentlichen Mission (April/Mai 1993) kam das GSPE für unterschiedliche Aufgaben zum Einsatz. Zum einen wurden in definierten Zeitabständen ständig Referenzexperimente unter Schwerkrafteinfluß durchgeführt. Diese Daten stehen den Experimentatoren ebenso wie die Missionsdaten zur Auswertung zur Verfügung. Zum anderen wurde das GSPE für die Missionsvorbereitungen herangezogen. Dazu gehörten u.a. das Training der Astronauten im Umgang mit den Anlagen und den Experimentabläufen sowie die Integrationstests mit dem Bodenkontrollzentrum in Oberpfaffenhofen. Weiterhin wurden die strengen Funktions- und Abnahmeüberprüfungen der Experimentanlagen in den verschiedenen Integrationsstufen bis zum Einbau in das Shuttle mit Hilfe des GSPE durchgeführt.

Während der 10 Tage dauernden Mission wurden die GSPEs im Kontrollzentrum in Oberpfaffenhofen rund um die Uhr betrieben und die Daten kontinuierlich aufgezeichnet. Aufgrund der direkten Auswertemöglichkeiten konnten unmittelbar erste Analysen vorgenommen und gezielt auf Fehlersituationen regiert werden. Mehrere Gigabyte archivierter Daten stehen direkt dem Informationssystem zur Verfügung.

Im Anschluß an die Mission wurden wiederum Vergleichsmessungen durchgeführt. Diese Daten ergänzen ebenfalls den Datenbestand des Informationssystems.

Für die im nächsten Jahr geplante internationale Spacelab-Mission IML-2 wird das GSPE schon jetzt wieder im Rahmen der Experimentanlagen TEMPUS und NIZEMI eingesetzt. Der Missionsbetrieb dieser Anlagen im NASA-Kontrollzentrum wird ebenfalls mit dem GSPE durchgeführt werden.

Literatur

[1]
Aberle, B.; Dobes, K.; Mikusch, E.; Schmid, C.; Stumm, G.; Wildegger, W.; Wolfmüller, M.: From Telemetry Data Acquisition to Scientific Analysis – The Functions of an Advanced Electrical Ground Support Equipment. ESA Workshop on Electrical Ground Support Equipments, ESTEC, Nordwijk, October 13–15, 1992.

[2]
Weber, T.; Padeken, D.; Hanz, H.; Ohm, S.; Duwe, H.; Wilke, D.:
ARIADNE: MUSC Microgravity Information System – Applicable for Real-Time Experiment Operations to Bibliographic Retrieval. 42nd Congress of the International Astronautical Federation, Montreal, October 5–11, 1991.

[3]
Wittmann, K.; Padeken, D.: Das Nutzerzentrum für Mikrogravitation MUSC – Unterstützung bei Weltraumexperimenten. DLR-Nachrichten, Heft 70 (Februar 1993), S. 19 – 24.

Rechnerunterstützte Verteilung eines Ada-Programms auf mehrere UNIX-Prozesse

Karlotto Mangold

ATM Computer GmbH
Bücklestr. 1 - 5
78467 Konstanz
e-mail: mangold@atmkn.uucp

Zusammenfassung

In diesem Beitrag soll eine Alternative zu den POSIX-Threads dargestellt werden. Es wird rechnergestützt, auf Grund von Angaben beim System-Design, eine in Ada implementierte Applikation in mehrere kommunizierende Ada-Programme zerlegt, wobei die nötigen Kommunikationsroutinen automatisch generiert werden. Durch diese Zerlegung kann dann auch mit einer herkömmlichen Ada-Implementierung auf UNIX-Systemen die Leistung der UNIX-Prozeß-Verwaltung ausgenutzt werden.

Summary

This paper presents an alternative approach to POSIX-Threads. Depending on Pragmas, which are defined at System Design, the Ada-Application is separated into several communicating Ada-Programmes. The communication-routines are automatically added to the application. The advantage of such an approach is to use the UNIX-process-scheduling in a usual Ada-Unix-implementation.

Einleitung

Seit der Entwicklung von Ada Ende der siebziger Jahre hat UNIX nicht nur als Enwicklungssystem, sondern auch als operationell genutztes Betriebssystem sehr stark zugenommen. Hinzu kommt, daß durch die POSIX-Aktivitäten UNIX zumindest auch bei sogenannten "weichen" Realzeit-Anwendungen verstärkt eingesetzt wird. Da Ada neben PEARL praktisch die einzige Sprache zur Formulierung von parallelen Abläufen ist, steigt die Bedeutung von Ada-Implementierungen für UNIX-Systeme immer mehr. Andererseits ist UNIX als offenes System dafür bekannt, daß eine große Anzahl von Software-Produkten auf verschiedenen Hardware-Plattformen, das heißt auch auf UNIX-Systemen unterschiedlicher Lieferanten eingesetzt wird.

Ausgangssituation in Ada

In der Programmiersprache Ada [1] sind - wie auch in PEARL - Sprachmittel zur Beschreibung paralleler, bzw. quasi-paralleler Abläufe vorhanden. Mit dem Sprachmittel Task werden diese Abläufe formulierbar. Die Semantik der Tasks, sowie ihrer Kommunikationsstruktur - des Rendez-Vous - ist in der Sprache genau definiert. Da in Ada, anders als in PEARL, Taskdeklarationen praktisch überall dort erlaubt sind, wo Deklarationen zulässig sind, gibt es Taskhierarchien, und es gelten die "normalen" Sichtbarkeits- und Gültigkeitsregeln einer blockorientierten Programmiersprache. Dies bedeutet in der praktischen Anwendung, daß Tasks Zugriff auf Daten haben, die in anderen Tasks deklariert sind. In PEARL wäre dieser Fall zwar theoretisch möglich, da die Sprachdefinition [2] Taskhierarchien und Sub-Tasks zuläßt, da mir aber keine Implementierung von Subtasks bekannt ist, scheidet er in der Praxis aus. Für PEARL könnte man sich deshalb auf den einfacheren Fall beschränken, daß verschiedene Tasks Zugriff auf gemeinsame globale Daten haben, die im Regelfall statisch angelegt werden können. Es soll hier nicht untersucht werden, wie weit die dynamischen Taskhierarchien und die zugehörigen Datenzugriffe bei der Implementierung von Realzeit-Anwendungssystemen in Ada tatsächlich ausgenutzt werden. Durch die bei Ada eingeführten Validierungs-Verfahren [3] muß jedoch bei jeder Implementierung sichergestellt werden, daß diese Hierarchien und Zugriffe auch von der Implementierung unterstützt werden. Die Frage nach der Effizienz einer solchen Implementierung ist allerdings nicht Gegenstand der Validierung. Aussagen hierüber liefern zwar die Ada Compiler Evaluation Programme, die jedoch nicht zwingend vorgeschrieben sind.

Ausgangssituation in UNIX

In UNIX sind für parallele Abläufe Prozesse vorgesehen. Der (quasi-)parallele Ablauf von Tasks wird durch den Scheduler sichergestellt. Abgesehen davon, daß die in UNIX angebotene Inter-Prozeß-Kommunikation zunächst von einer anderen Kommunikationsstruktur als Ada ausgeht, wären die Ada-Tasks prinzipiell auf UNIX-Prozesse abbildbar. Mit Hilfe der UNIX-Funktion fork sind auch dynamische Prozeßhierarchien erzeugbar. Da UNIX jedoch als Mehrbenutzer-System konzipiert ist, haben hier die Prozesse im allgemeinen nichts miteinander zu tun, und zur Sicherheit gegen unbeabsichtigte, gegenseitige Beeinflussung wirkt zwischen verschiedenen Prozessen der Speicherschutz. Damit ist sichergestellt, daß ein UNIX-Prozess nicht direkt auf die Daten eines anderen Prozesses zugreifen kann. Will man die gemeinsam zugreifbaren Daten nicht durch Kopieren vervielfachen, was zu den bekannten Effizienz- und Konsistenzproblemen führt, so gibt es lediglich die Möglichkeit, sogenanntes "shared memory" zu definieren und verschiedenen Prozessen zugänglich zu machen. Dieses Konzept ist zwar für die oben skizzierte Anforderung von PEARL ausreichend, für die Task-Hierarchien in Ada ist es jedoch nicht ausreichend.

Existierende Ada-Implementierungen für UNIX-Systeme

Da UNIX vom Konzept her ursprünglich nicht als Realzeit-System konzipiert war, spielte die effiziente Implementierung von nebenläufigen Prozessen - wie sie Ada für embedded systems bietet - keine bedeutende Rolle bezüglich ihrer Echtzeitfähigkeit. Es mußte lediglich sichergestellt werden, daß das in der Sprache definierte Task-Verhalten bezüglich Task-Synchronisation und -Kommunikation semantisch korrekt implementiert wurde. Diese Anforderung kann jedoch auch durch die Abbildung von Tasks auf Prozeduren erreicht werden, da in der Sprache keine Effizienzanforderungen festgeschrieben sind. Dies führte dazu, daß - zumindest bis ins Jahr 1992 - aus den oben genannten Gründen bei Ada-Implementierungen für UNIX-Systeme stets ein Ada-Programm mit all seinen Tasks auf einen UNIX-Prozeß abgebildet wurde.

Da im allgemeinen die gesamte Anwendung als ein Ada-Programm implementiert wird, heißt das, daß die Leistungen des Betriebssystems für die Taskverwaltung gar nicht genutzt werden, sondern daß die Ada-Implementierung ihre eigene Task-Verwaltung hat. Die einzelnen Taskoperationen und die Taskzustände sind damit dem Betriebssystem nicht bekannt. Dies hat den Nachteil, daß vom Betriebssystem der i.a. ganze Prozeß suspendiert wird, wenn nur eine Task auf die Beendigung einer Ein-/Ausgabe-Operation wartet. Die vom Anwender vorgesehene und manchmal sogar erwartete (quasi-)parallele Task-Ausführung unterbleibt. Das heißt, daß bei dieser Art der Implementierung die CPU nicht von einer anderen Task des selben Ada-Programms genutzt werden kann, während eine Task auf eine angeforderte Betriebssystemleistung wartet und das System den Prozeß suspendiert. Eine solche Implementierung entspricht zwar dem Standard und ist damit validerbar; sie erfüllt aber die Anforderungen eines Echtzeitsystems im allgemeinen nicht.

Um hier eine Verbesserung zu erreichen, bietet sich eine zunächst einfach aussehende Abhilfe an. Erzeugt man mehrere Ada-Programme, von denen jedes nur eine Task enthält, so werden, da jedes Ada-Programm auf einen UNIX-Prozeß abgebildet wird, diese Tasks vom Betriebssystem als konkurrierende UNIX-Prozesse behandelt und ein entsprechendes Scheduling durchgeführt. Der Nachteil dieses Ansatzes liegt jedoch auch auf der Hand. Da in Ada das Programm die umfassende Einheit darstellt, sind in der Sprache keine Kommunikations-Mechanismen und Datenzugriffe über Programmgrenzen hinaus definiert. Diese Leistungen müssen dann über systemspezifische, nicht portable Prozeduren erbracht werden. Im Klartext bedeutet dies, daß die entsprechenden Sprachmittel von Ada nicht verwendet werden, sondern daß stattdessen, wie in C üblich, spezielle Bibliotheken eingesetzt werden.

Der Ansatz mit POSIX-Threads

Ein möglicher Ansatz, der diesen Mangel lösen könnte, wird in POSIX1003.4a [4] vorgeschlagen. Jede Thread stellt über den Betriebsmitteln eines Prozesses einen eigenen Kontrollfluß dar. Das heißt, daß mehrere Kontrollflüsse oder Tasks sich den Adreßraum eines UNIX-Prozesses teilen. Mit diesem Ansatz werden zwei unterschiedliche Ziele verfolgt. Einerseits soll damit die Zeit für den Taskwechsel reduziert werden, andererseits soll auch das oben beschriebene Problem bei Ada-Implementierungen gelöst werden, da alle Threads eines Prozesses Zugriff auf den gemeinsamen Adreßraum dieses Prozesses haben.

Der Nachteil dieses Ansatzes besteht nun darin, daß derzeit bereits Draft 13 von POSIX1003.4a vorliegt. Diese verschiedenen Versionen unterscheiden sich z.T. recht stark, ohne daß zu erkennen ist, welche Lösung wann als Standard verabschiedet wird. Zur Zeit gibt es zwar bereits die ersten Ada-Implementierungen, die Threads unterstützen; wegen der noch nicht abgeschlossenen Standardisierung bezieht sich jeder Hersteller auf eine andere Version des Standardentwurfs. Da sich, wie bereits erwähnt, die einzelnen Entwürfe zum Teil stark unterscheiden, kann die Nutzung der Threads nur durch das Zusammenwirken der UNIX-Erweiterung einerseits mit einer entsprechenden Anpassung einer speziellen Ada-Laufzeit-Organisation andererseits erfolgen. Daraus folgt, daß im allgemeinen zwei Lieferanten - der UNIX-Lieferant und der Compiler-Hersteller - eine aufeinander abgestimmte Implementierung anbieten müssen. Solange kein einheitlicher Standard vorliegt, muß deshalb davon ausgegangen werden, daß sich jeder Ada-Compiler-Lieferant auf eine andere Version des Normentwurfs bezieht und damit eine enge Bindung zwischen einer speziellen UNIX-Implementierung und der Ada-Implementierung, die diese Funktionalität nutzt, entsteht. Dies führt zu der Gefahr, auf eine einmal ausgewählte Kombination von Ada-Implementierung und UNIX-System festgelegt zu sein und damit auf einen wesentlichen Vorteil der offenen Systeme, wie sie eigentlich von UNIX vertreten werden, zu verzichten.

Die hier behauptete Herstellerabhängigkeit wird durch eine entsprechende Veröffentlichung von SUNPro [5] belegt. Zunächst wird die Funktionalität von Threads beschrieben und die Zuordnung von Ada-Tasks zu Threads propagiert. Anschließend wird aber ausgeführt, daß das Betriebssystem die Threads gar nicht kennt und deshalb die Verwaltung der Threads vom Benutzer, in diesem Fall von der Ada-Laufzeit-Organisation durchgeführt werden muß. Damit jedoch gegenüber dem bisherigen Zustand überhaupt etwas verändert wird, wurde zwischen den Threads und den UNIX-Prozessen noch sogenannte "Lightweight Processes" eingeführt, welche die effiziente Implementierung von Threads unterstützen sollen. Das Ergebnis der dort dargestellten Verbesserung scheint mir nur unwesentlich von dem nachfolgenden Alternativ-Konzept abzuweichen.

Ein Alternativ-Konzept

Der Ansatz zur Implementierung des Ada-Multiprozessor-Tool-Sets AMPATS, mit den bereits früher dargestellten Virtual-Nodes [6], bildete die Basis für ein Konzept, bei dem eine Ada-Applikation in mehrere kommunizierende Ada-Programme zerlegt werden kann. Mit einer herkömmlichen Ada-Implementierung wird dann jedes dieser Programme auf einen UNIX-Prozesse abgebildet. Bei diesem Ansatz bleiben die Grundideen von AMPATS erhalten. Es werden lediglich die verschiedenen Prozessoren eines Multi-Prozessor-Systems durch verschiedene UNIX-Prozesse ersetzt.

Die modifizierte AMPATS-Idee

Ausgehend von sogenannten "Virtual Nodes"(V_N) werden bereits beim System-Entwurf verteilbare Einheiten definiert. Bei dieser Aufteilung des Gesamtsystems ist darauf zu achten, daß die Datenkontakte eines V_N zu seiner Umgebung möglichst minimiert werden und die Laufzeit zur Ausführung des V_N hinreichend groß wird, so daß ein effizientes Verhältnis zwischen Ausführungszeit und Kommunikationszeit entsteht. Als Kommunikations-Element zwischen verschiedenen V_Ns steht dem Programmierer, wie auch innerhalb eines jeden V_N, das Rendez-Vous zur Verfügung.

Bei den heute üblichen Software-Entwicklungsmethoden entstehen solche funktionalen Einheiten fast automatisch. Außerdem wird diese Vorgehensweise von den meisten Entwicklungswerkzeugen zumindest unterstützt, wenn nicht sogar gefordert. Ein V_N kann aus mehreren, miteinander kommunizierenden, Ada-Tasks bestehen. Es sollte jedoch dabei beachtet werden, daß auf Grund der Abbildung jedes Ada-Programms auf einen UNIX-Prozeß zwischen den Tasks eines V_N kein Scheduling durch das Betriebssystem erfolgt.

Im Gegensatz zu anderen Ansätzen wird zwar bei AMPATS die komplette Applikation als ein Ada-Programm implementiert, wobei jedoch die V_N durch Pragmas gekennzeichnet werden. Damit ist die gesamte Applikation ungeändert auf jedem Ada-System ablauffähig, wenn Warnungen wegen der Verwendung unbekannter Pragmas in Kauf genommen werden. Durch die Strukturierung der Applikation in V_N wird zwar noch keine Aussage über die tatsächliche Verteilung gemacht, sondern lediglich die feinste sinnvolle Verteilbarkeit beschrieben. Es muß jedoch berücksichtigt werden, daß zur besten Ausnutzung des UNIX-Scheduling i.a. nicht empfohlen werden kann, mehrere V_Ns in ein Ada-Programm und damit in einen UNIX-Prozeß zusammenzufassen, zumal die Zahl der UNIX-Prozesse i.a. keinen Engpaß darstellt. Außerdem ist - im Gegensatz zur Anwendung von AMPATS für eine Multi-Prozessor-Applikation - der Kommunikationsweg zwischen V_Ns in einem Prozeß und V_Ns in verschiedenen Prozessen praktisch derselbe.

Die Kommunikationsstruktur

Zur Erfüllung der Forderung, daß der Implementierer bei der Programmierung den vollen Sprachumfang von Ada (insbesondere zur Intertask-Kommunikation) zur Verfügung haben muß, wurde als Kommunikationsmittel zwischen den verteilten V_N der Remote-Procedure-Call (RPC) gewählt. In Abbildung 1 sind die drei Kommunikationsmechanismen dargestellt. Zunächst ist das normale Ada Rendez-Vous zwischen einem Master, der einen Entry_Call absetzt, und einem Slave, der einen Entry bereithält, gezeigt. Hierbei handelt es sich um ein Rendez-Vous, wie es die Sprachbeschreibung zwischen beliebigen Tasks vorsieht. Bei AMPATS findet dieses dann statt, wenn die beiden Tasks in demselben V_N liegen.

Soll nun ein Rendez-Vous zwischen Tasks in verschiedenen V_Ns stattfinden, so sind zwei Fälle zu unterscheiden. Falls die beiden V_Ns innerhalb eines Prozesses installiert sind, so wird ein automatisch generiertes Zwischenstück - der Remote Slave - eingefügt, der durch seinen Rumpf für "lokale Kommunikation" (Rendez-Vous) mit dem eigentlichen Slave sorgt. Sind die beiden V_Ns auf verschiedene UNIX-Prozesse, das heißt in unterschiedlichen Ada-Programmen verteilt, so wendet sich der Remote Slave durch seinen Rumpf für "eigentliche Kommunikation" über eine Kommunikations-Schicht an einen Slave-Server, der dann mit der eigentlichen Slave-Task über Rendez-Vous kommuniziert. Es ist besonders darauf hinzuweisen, daß die für diese Kommunikation notwendigen Software-Pakete entweder automatisch generiert oder vorgefertigt der Bibliothek entnommen werden. Von der Kommunikations-Schicht wird lediglich vorausgesetzt, daß sie den RPC unterstützt. Das heißt, es kann die standardmäßig verfügbare Inter-prozeß-Kommunikation (IPC) genutzt werden. Der Vollständigkeit halber sei erwähnt, daß bei der derzeit publizierten Verteilungsstrategie von Ada9X [7] ein ganz ähnlicher Ansatz gewählt wurde. Hier sollen - aus heutiger Sicht - sogenannte aktive Partitionen über eine beliebige Kommunikationsschicht zum Beispiel mit RPC kommunizieren.

Ada Rendez-Vous between Tasks:

Rendez-Vous between units on the same processor:

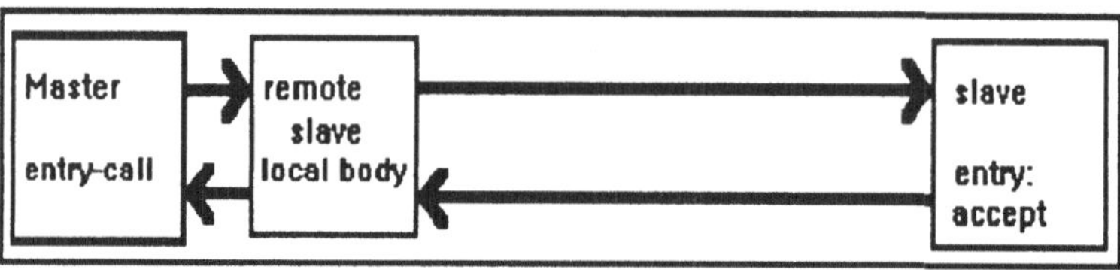

Rendez-Vous between different processors:

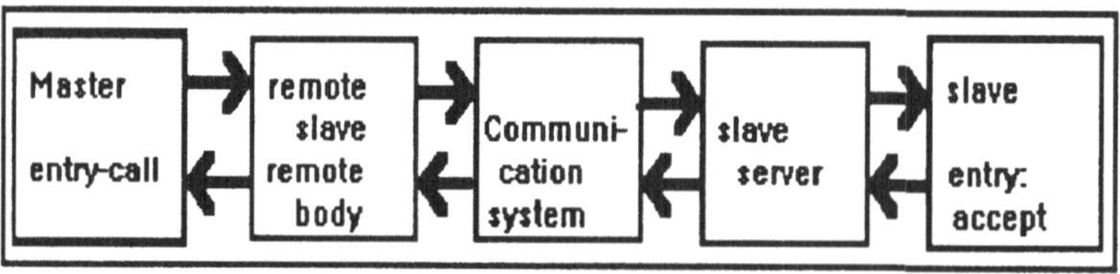

Abbildung 1: Kommunikationsstrukturen

Durch die Einführung der V_N wird, wie oben beschrieben, das Rendez-Vous zwischen Tasks in verschiedenen V_Ns etwas aufwendiger. Erste Messungen ergaben einen Overhead bei der Kommunikation zwischen V_Ns auf einem Prozessor von etwa 15 % gegenüber dem normalen Rendez-Vous.

Die Realisierung

Das Multi-Prozess-Tool-Set besteht aus drei Teilen, einem Preprozessor und einem Konfigurationstool, die beide während der Entwicklung eingesetzt werden, und einem Kommunikations-Paket, das die zur Laufzeit nötigen Kommunikationsdienste bereitstellt.

Der **Preprozessor** analysiert das Ada-Programm und zerlegt es gemäß der V_N-Beschreibung in Übersetzungseinheiten. Bei dieser Zerlegung werden Rendez-Vous zwischen V_Ns in entsprechende Prozeduraufrufe des Remote Slave abgebildet. Zusätzlich wird quasi als übergeordnete Einheit für jeden V_N eine sogenannte Instantiierungsprozedur erzeugt, die bei ihrem Aufruf die anderen Aktivitäten des V_N startet. Der Preprozessor ist vollständig in Ada implementiert und besteht aus etwa 20 000 Quellzeilen. Wir gehen davon aus, daß der Preprozessor relativ leicht portiert werden kann, da er im wesentlichen nur von der Dateiverwaltung und dem Bibliothekssystem abhängt.

Das **Konfigurations-Tool** liest die Konfigurationsbeschreibung ein. Diese Beschreibung enthält die Zuordnung der V_N zu den einzelnen UNIX-Prozessen. Aus dieser Beschreibung wird nun für jeden UNIX-Prozess eine "Ada-Main-Prozedur" generiert, die lediglich die Instantiierungsprozeduren der einzelnen V_N des jeweiligen Prozesses aufruft. Das Tool generiert außerdem einen "Job", der diese Prozedur übersetzt und als Wurzel des gesamten Ada-Programms bindet. Bei diesem Binde-Vorgang werden natürlich auf Grund der Aufrufe die notwendigen V_N automatisch nachgezogen. Das Konfigurations-Tool ist wesentlich kleinerals der Pre-Prozessor. Es ist zwar auch in Ada implementiert, da es jedoch stark von der Job-Control-Language und der Bibliotheksstruktur des verwendeten Entwicklungssystems abhängt, ist die Portierung etwas aufwendiger. Insbesondere müssen dazu die Steuerung der Bindevorgänge und die Zugriffe auf die Bibliotheksdienste angepaßt werden.

Das **Kommunikationspaket** bildet die Aufrufe in UNIX-Aufrufe ab und stellt zur Laufzeit die Funktionalität der Remote-Procedure-Calls zwischen den UNIX-Prozessen bereit.

Verfügbare Werkzeugunterstützung

Ausgehend von AMPATS wurde in einem ersten Schritt der Preprozessor und der Konfigurator auf einer SUN-Sparc unter SUN/OS implementiert. Das Kommunikationspaket nutzt die Inter-Prozeß-Kommunikation (IPC) von SUN/OS. Damit wurde die generelle Funktions-Fähigkeit nachgewiesen.

Derzeit werden die beiden Tools auf eine ATM32000-VME mit dem Realzeit-UNIX-System REAL/IX portiert. Zunächst scheint diese Portierung keine zusätzliche Funktionalität gegenüber dem SUN-System zu eröffnen. Berücksichtigt man jedoch die Tatsache, daß die ATM32000VME sowohl als Einprozessor- als auch als Vier-Prozessor-System verfügbar ist, wobei REAL/IX ein symmetrisches, transparentes Multiprocessing auf der Basis der UNIX-Prozesse unterstützt, so wird damit die effiziente Nutzung einer Mehrprozessor-Architektur mit Ada und UNIX geboten. Mit diesem Ansatz wird es erstmals möglich, mit einem Ada-Programm auch Mehrprozessor-RISC-Konfigurationen, wie z.B. Motorola 88100 oder 88110, unter UNIX zu nutzen.

Literatur:

[1] Reference Manual for the Ada Programming Language, ANSI/MIL-STD-1815A, US Department of Defense, Washington D.C., January 1983
[2] DIN 66 253 Teil 2: Full-PEARL, Berlin, 1980
[3] Ada Compiler Validation Procedures, Version 2.0, Ada Joint Program Office, Washington D.C., May 1989
[4] Threads Extensions for Portable Operating Systems; IEEE P1003.4a /Draft 6 Febr. 1992
[5] Implementing Ada Tasking in a Multiprocessing, Multithreaded UNIX Environment, SunPro, Mountain View, CA, June 1993
[6] Mangold,K: AMPATS: A Multiprocessor Ada Tool Set, in: van Katwijk,J.(Ed.): Ada Moving Towards 2000, Proceedings of the Ada Europe International Conference, Berlin, Heidelberg 1992, pp 300-311
[7] Ada9X Reference Manual, Draft, Version 3.0 , Ada9X Mapping/Revision Team, Intermetrics, Cambridge Ma., 29 June 1993

Komfortables Multitasking mit PEARL 90 auf unterschiedlichen Betriebssystemen

Erwin Kneuer
Werum Datenverarbeitungssysteme GmbH
Erbstorfer Landstraße 14
21337 Lüneburg

Zusammenfassung

Die in der Echtzeitsprache PEARL definierten Sprachmittel zur Beschreibung paralleler Abläufe entsprechen funktional dem Multithreading-Konzept von POSIX 1003.4a. Ein gemeinsames Hauptmerkmal ist, daß diese parallelen Einheiten (Tasks in PEARL bzw. Threads von POSIX) auf die gleichen Variablen zugreifen können, d.h. alle Tasks bzw. Threads eines Programms müssen einen gemeinsamen Adreßraum haben. Wenn nun bei der Portierung von PEARL auf ein multithreading-fähiges Betriebssystem (z.B. OS/2) eine PEARL-Task auf eine Thread abgebildet wird, ist damit automatisch die für E/A-Operationen definierte Semantik erfüllt. Es darf nämlich nur diese Task für die Dauer der E/A-Operation suspendiert werden. Andere Tasks müssen trotzdem lauffähig bleiben.

In UNIX-Betriebssystemen ohne Multithreading-Möglichkeiten, die heute noch die Regel sind, sind für parallele Abläufe Prozesse vorgesehen, die allerdings getrennte Adreßräume haben. Aus diesem Grund müssen alle Tasks eines PEARL-Programms auf einen UNIX-Prozeß abgebildet werden. Bei E/A-Operationen von PEARL-Tasks, die direkt aus diesem Prozeß heraus durchgeführt werden, würde dies zur Suspendierung des Prozesses und damit zur Suspendierung aller PEARL-Tasks in diesem Prozeß führen. Damit wäre die von PEARL geforderte Eigenschaft der parallelen Task-Abarbeitung nicht erfüllt.

Für den Anwender muß sich ein PEARL-Programm aber immer gleich verhalten, unabhängig davon, ob er nun mit einem multithreading-fähigen Betriebssystem arbeitet oder nicht. Wie das von dem portablen PEARL 90-Programmiersystem von Werum sichergestellt wird, soll in diesem Beitrag vorgestellt werden.

1. Einleitung

Unter der Nummer DIN 66253 [DIN 82] wurde PEARL 1982 zur ersten höheren Programmiersprache mit genormten Sprachelementen für Multitasking, Synchronisation und Prozeß-E/A, d.h. mit einer genormten, virtuellen Echtzeit-Betriebssystemschnittstelle.

In den letzten Jahren erfolgte die Weiterentwicklung von PEARL unter Berücksichtigung der Erfahrungen, die inzwischen in vielen PEARL-Projekten gewonnen wurden. Der erweiterte Sprachumfang von PEARL wurde Anfang 1993 unter dem Begriff PEARL 90 als Sprachreport von der Fachgruppe 4.4.2 "Echtzeitprogrammierung, PEARL" der Gesellschaft für Informatik veröffentlicht [GI 93].

Die Werum Datenverarbeitungssysteme GmbH, langjähriger Anbieter von PEARL-Programmiersystemen und selbst intensiver Nutzer von PEARL in seinen Automatisierungsprojekten, hat die PEARL 90-Aktivitäten von Anfang an unterstützt und hatte bis Mitte 1993 bereits PEARL 90 mit seinem portablen PEARL-Programmiersystem realisiert. Dabei wurde auch das Programmiersystem, das im folgenden detaillierter vorgestellt wird, hinsichtlich Portierbarkeit, Wartbarkeit und Offenheit weiterentwickelt. Besonders wurde darauf geachtet, dem UNIX-Programmierer von heute, der in der Regel noch mit einem single threaded UNIX-Betriebssystem arbeitet, mit PEARL 90 eine komfortable Multithread-Umgebung (wie es die virtuelle Echtzeit-Betriebssystemschnittstelle von PEARL definiert) zu bieten.

2.   Das portable PEARL-Programmiersystem von Werum

In Bild 2-1 sind alle Komponenten des PEARL-Programmiersystems im Zusammenhang mit den von einem Zielsystem (Host) benutzten Komponenten dargestellt.

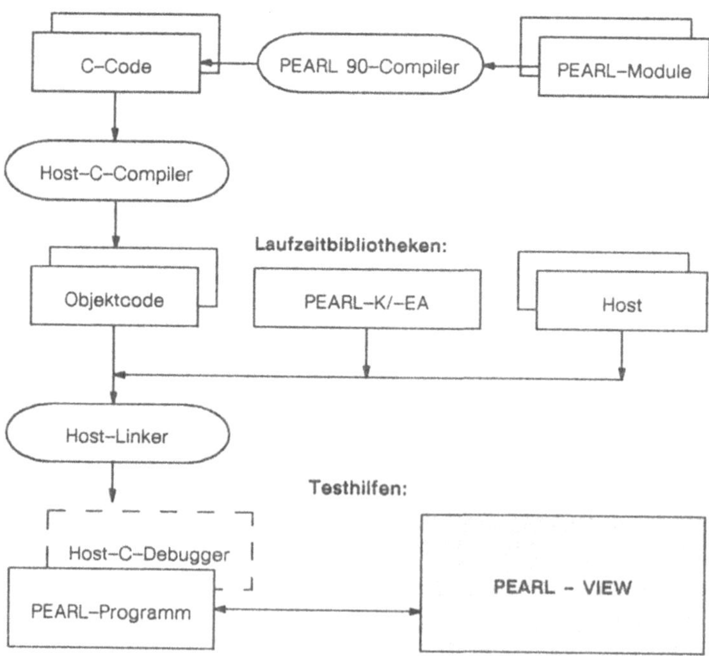

Bild 2-1

2.1   Der PEARL 90-Compiler

Der PEARL 90-Compiler selbst [Warzawa 90] ist in PEARL geschrieben, er übersetzt PEARL-Moduln in C-Moduln. Somit ist der PEARL 90-Compiler auch als C-Quelle verfügbar, und der Portierungsaufwand für den Compiler reduziert sich dadurch auf das Übertragen, Übersetzen und Linken von C-Quellen.

Die Namen der Typ-Definitionen, Variablen und Prozeduren eines PEARL-Moduls bleiben im generierten C-Code erhalten. Auch die Kontrollstrukturen für die Steuerung des sequentiellen Programmablaufs (z.B. IF, FOR, CASE) werden in equivalente C-Anweisungen umgesetzt. Dies erlaubt den Einsatz von C-Debuggern für die algorithmischen Programmteile und – für den Fall der Fälle (für Nachfolgesysteme ist kein PEARL-Programmiersystem verfügbar) – kann ein PEARL-Programm auf C-Level weiterentwickelt und gewartet werden. Außerdem können aus PEARL-Moduln in C codierte Prozeduren direkt aufgerufen werden.

Die Abhängigkeit des Anwenders von PEARL ist damit auch nicht größer als von anderen Software Engineering Tools für die Programmentwicklung.

2.2   BAPAS-K der Betriebssystemkern für PEARL 90

BAPAS-K ist ein in PEARL geschriebenes und damit portables Interface, das die vielseitigen Tasking- und Synchronisationsanweisungen von PEARL auf wenige Basisfunktionen reduziert. Die Portierung des PEARL 90-Programmiersystems auf ein Zielsystem besteht dann in der Realisierung dieser BAPAS-K-Basisfunktionen mit Systemfunktionen des Host-Betriebssystems.

BAPAS-K ist durch das Setzen von PEARL-Preprozessorvariablen für zwei Klassen von Host-Betriebssystemen konfigurierbar.

Erstens für multithreading-fähige Host-Betriebssysteme, wobei eine PEARL-Task direkt auf eine Thread des Host-Betriebssystems abgebildet wird und zweitens für nicht multithreading-fähige Host-Betriebssysteme.

Während im ersten Fall der Wechsel von einer PEARL-Task zu einer anderen durch einen Threadwechsel und damit durch den Dispatcher des Host-Betriebssystems realisiert wird, ist im zweiten Fall ein in BAPAS-K enthaltener Dispatcher notwendig, der PEARL-Taskwechsel in einem single thread Host-Prozeß durch Manipulation der Stackregister realisiert (siehe Bild 2-2).

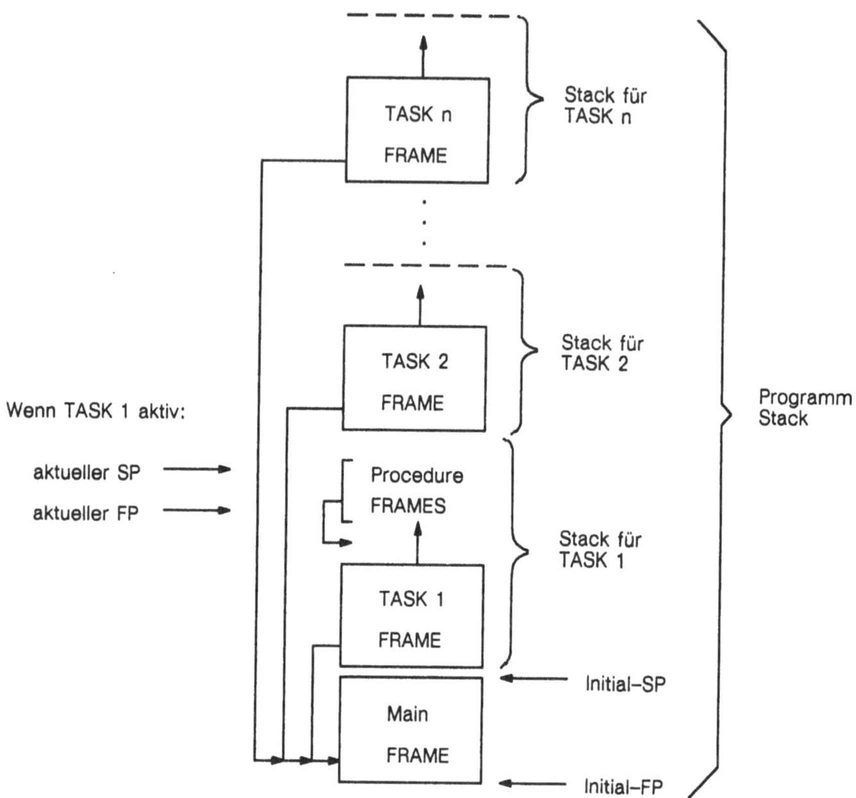

Bild 2-2

Bei der Programminitialisierung wird der für das Programm reservierte Stack auf die einzelnen Tasks aufgeteilt. Für jede Task wird künstlich ein Frame angelegt, dessen Vorgänger-Frame jeweils der bei Programmstart (main frame) angelegte Frame ist. Ein Taskwechsel wird dann durch die Manipulation der Pointer FP (= Framepointer, Beginn aktueller Frame) und SP (= Stackpointer, Ende aktueller Frame) erreicht.

2.3 Parallele E/A mit PEARL 90 auch unter UNIX ohne POSIX-Threads

In der Sprache PEARL sind umfangreiche Ein-/Ausgabemöglichkeiten vorgesehen. Auch hierfür gibt es ein portables, in PEARL geschriebenes Laufzeitpaket (PEARL-EA) für das Formatieren und Positionieren auf Datenbeständen des Filesystems bzw. von seriellen oder parallelen Schnittstellen. Der Datentransfer selbst erfolgt dann mit UNIX-System-Calls. Ein nicht multithreading-fähiges UNIX suspendiert während der Dauer des E/A-Vorgangs den UNIX-Prozeß und damit auch alle PEARL-Tasks. Um dies zu verhindern, werden E/A-Operationen in automatisch erzeugten Sohnprozessen durchgeführt (siehe auch Bild 2-3).

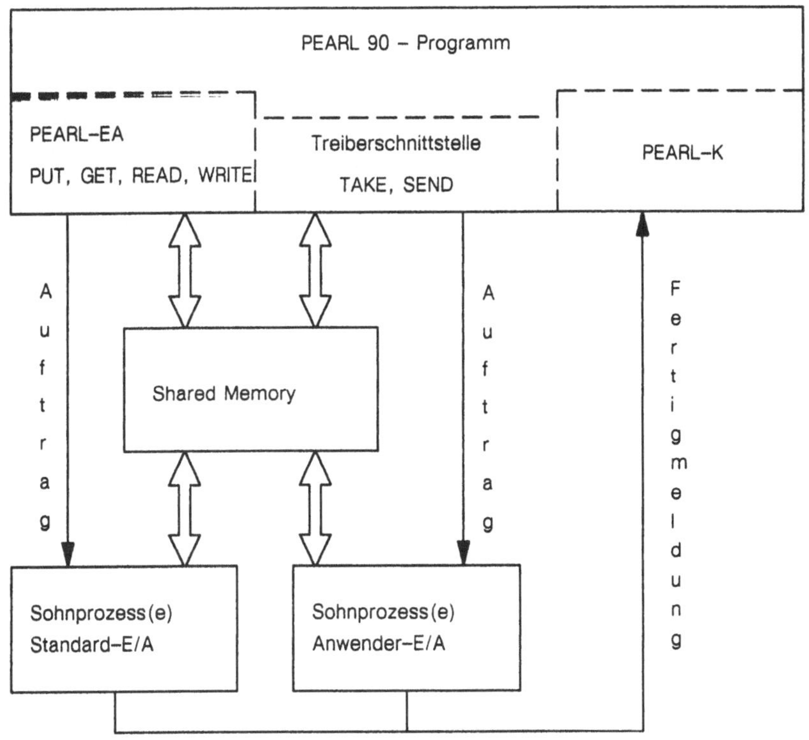

Bild 2-3

Ein PEARL 90-UNIX-Prozeß suspendiert sich selbst nur dann, wenn keine PEARL-Task mehr lauffähig ist. Damit ist bei Nutzung der PEARL-EA für den PEARL 90-Anwender bereits heute jedes UNIX-Betriebssystem multithreading-fähig.

Wie schon eingangs erwähnt wurde bei der Entwicklung des PEARL 90-Programmiersystems sehr auf einfache Portierbarkeit geachtet. Mit der Möglichkeit, Prozedur-Referenzvariablen zu nutzen, war es möglich, das Laufzeitpaket PEARL-EA so zu gestalten, daß es unverändert für alle Host-Betriebssystemarten verwendet werden kann. Auch die host-betriebssystemabhängigen Gerätetreiberprozeduren können dadurch unverändert von der PEARL-Task direkt im selben Prozeß oder über ein Interface in einem Sohnprozeß aufgerufen werden. Deshalb ist es unter nicht multithreading-fähigen UNIX-Betriebssystemen möglich, alle PEARL 90-Geräte (z.B. Terminal, Platte) entweder synchron (Gerätetreiberprozedur im Anwenderprozeß) oder asynchron (Gerätetreiberprozedur im separaten E/A-Prozeß) zu betreiben.

In der Kontrollstruktur (SDCS), die vom PEARL 90-Compiler pro benutzter Systemdation in einem PEARL-Programm angelegt wird, gibt es unter anderen die Komponenten 'driver_proc' vom Typ 'REF PROC' und 'driver_name' vom Typ 'CHAR(128)'. Die

PEARL-EA benutzt nun die in 'driver_proc' definierte Prozedur als Treiberroutine. Damit ist es möglich, ohne Änderungen der PEARL-EA weitere Systemdations einzuführen bzw. statt der eigentlichen Treiberroutine eine Interface-Routine zu aktivieren, die dann die eigentliche Treiberroutine in einem separaten Prozeß aktiviert und die dabei notwendige Aktion mit BAPAS-K, 'Task suspendieren bis E/A-Operation beendet ist', durchführt. Die Prozedur '_ioi_startchild' ist unter UNIX genau diese Interface-Prozedur, die bei der ersten Ansprache einer Systemdation den dazugehörigen Sohnprozeß kreiert; sein Name steht in der Komponente 'driver_name' (siehe Bild 2-4).

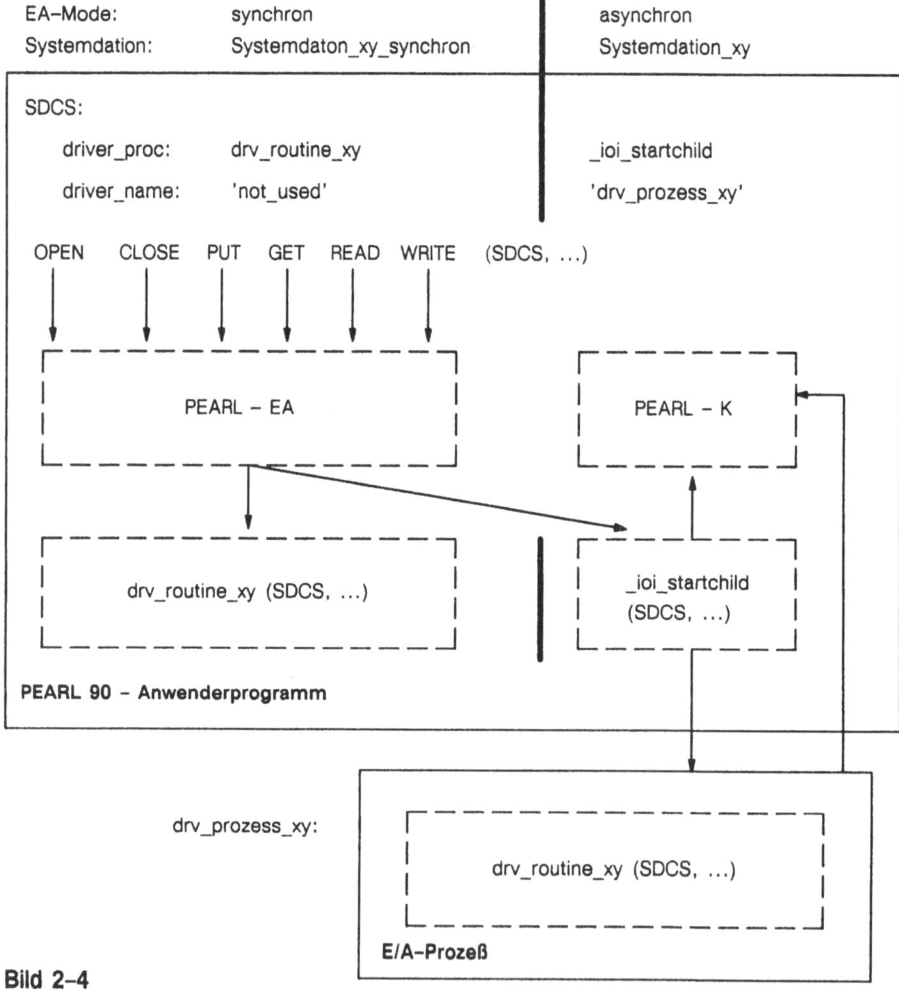

Bild 2-4

Der synchrone Modus ist immer sinnvoll bei Single-Task-Anwendungen, kann aber auch für schnelle E/A-Operationen (z.B. File lesen/schreiben) verwendet werden. Im synchronen Modus wird auf jeden Fall der gesamte Anwenderprozeß und damit alle PEARL-Tasks während der Dauer der E/A-Operation suspendiert.

2.4 Allgemeine Treiberschnittstelle

Für die meisten Anwendungen in der Automatisierungstechnik sind die standardmäßig implementierten Ein-/Ausgabemöglichkeiten (Terminal, Platte, Drucker, serielle Schnittstelle) zwar wichtig, aber in der Regel nicht ausreichend. Für bestimmte Teilaufgaben eines Automatisierungsprogramms (z.B. grafisches Benutzer-Interface, Kommunikation) werden normalerweise Standardpakete benutzt. Wegen der Parameterkompatibilität von PEARL 90 zu C können alle verfügbaren Subsysteme sowie UNIX-System-Calls direkt von PEARL 90-Programmen benutzt werden. Unter nicht multithreading-fähigen UNIX-Betriebssystemen existiert aber dann das gleiche Problem wie im vorhergehenden Kapitel beschrieben, daß nämlich bei E/A-Operationen einer PEARL-Task UNIX den gesamten Prozeß und damit auch alle PEARL-Tasks eines Programms suspendiert. Dem PEARL 90-Anwender werden deshalb die Mechanismen der Standard-E/A wie Definition von Systemdations und asynchrone E/A über shared memory durch Sohnprozesse auch für die PEARL-Statements TAKE und SEND in einfacher Form zur Verfügung gestellt.

TAKE- und SEND-Anweisungen sind nur für BASIC-Dations definiert, der Anwender muß deshalb zuerst eine für seine Zwecke geeignete Systemdation definieren. Dies erfolgt durch die Erstellung eines Definitionsmoduls für Systemdations. Darin werden mit PEARL-Sprachmitteln die Namen und Kontrollstrukturen von Systemdations festgelegt. Mit einer speziellen Compileroption erzeugt der PEARL 90-Compiler aus einem Systemdation-Definitionsmodul ein ASCII-File (Endung ".h") mit den Typdefinitionen der Kontrollstrukturen der Systemdations in C und ein Binärfile (Endung ".sys") mit einer codierten Beschreibung der Systemdations. Bei der Übersetzung von PEARL-Moduln mit anwenderdefinierten Systemdations muß dieses Binärfile dem PEARL 90-Compiler durch eine Option bekanntgemacht werden. Das ASCII-File wird im erzeugten C-Code included; es sollte auch vom Anwender für die Entwicklung der Treiberprozedur für eine Systemdation verwendet werden.

Damit ist automatisch sichergestellt, daß Übersetzungssystem und Treiberroutine mit den identischen Typdefinitionen arbeiten. In Bild 2-5 sind diese Zusammenhänge dargestellt.

Um die Treiberprozedur asynchron zum PEARL-Programm zu betreiben, muß sie mit folgender C-Main-Routine zu einem UNIX-Prozeß gebunden werden:

```
long MyDriver ( );
main (int argc, char *argv [ ])
{
   P90DriverInterface (argc, argv, MyDriver);
}
```

Die Prozedur P90DriverInterface ist Bestandteil des PEARL 90-Programmiersystems und wird in Objektform ausgeliefert.

Eine detaillierte Beschreibung dieses Interfaces findet man im PEARL 90-Benutzerhandbuch für UNIX-Systeme [Werum 93].

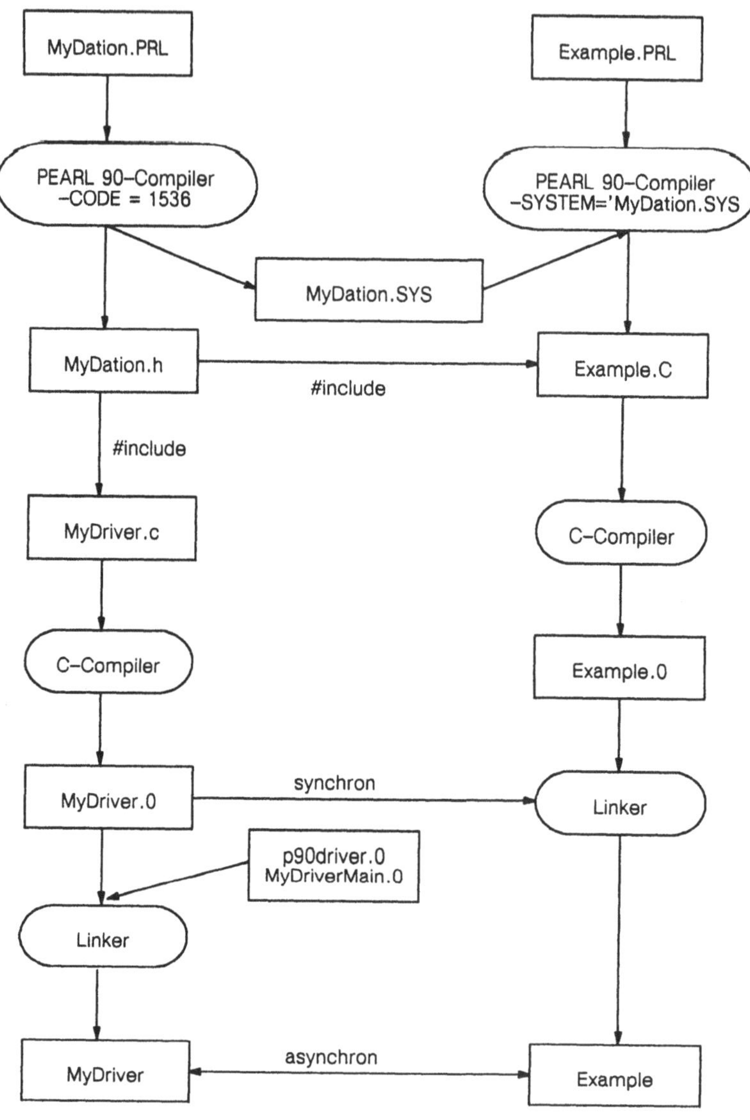

Bild 2–5

2.5 Testhilfe PEARL-View

Ein wichtiges Ziel bei der Entwicklung des PEARL 90-Programmiersystems war die einfache und kostengünstige Portierbarkeit. Dieser Zwang ergibt sich einmal aus der geringen Verbreitung von PEARL und andererseits aus dem Bestreben, PEARL 90 für möglichst viele Rechnersysteme zur Verfügung zu stellen. Mit einem Hochsprachen-Debugger für PEARL, ähnlich den heute existierenden Debuggern für weit verbreitete

Hochsprachen, war dieses Ziel nicht zu erreichen. Wegen der Erzeugung von C-Code in lesbarer Form aus den PEARL=Quellen ist es möglich, den jeweiligen C-Debugger eines Zielsystems für den Test der algorithmischen Programmteile zu nutzen. Es wurde deshalb eine Testhilfe – PEARL-VIEW genannt – entwickelt, die das Debuggen von Echtzeit-Objekten, also Tasks, Semas und Bolts, eines PEARL-Programms erlaubt. PEARL-VIEW ist ein eigenständiges Programm, mit dem man sich in laufende PEARL-Programme einklinken und testen kann.

Die Quellen des Anwenderprogramms selbst müssen nicht mit Debug-Options übersetzt werden. Es muß nur ein sogenannter Konfigurationsmodul vorhanden sein, in dem alle Modulnamen eines PEARL-Programms angegeben werden müssen, auf deren Echtzeit-Objekte PEARL-VIEW Zugriff haben soll.

3.   Schluß

Der PEARL 90-Anwender kann also heute schon unter jedem UNIX-Betriebssystem Multi-threading-Anwendungen erstellen unabhängig von den Fortschritten der Arbeitsgruppe POSIX 1003.4a, die seit mehreren Jahren versucht, ein Thread-Interface zu definieren. Außerdem hat PEARL komplexe und sichere (da in die Sprache integrierte) Mechanismen zur Manipulation und Synchronisation von Tasks (Threads).

PEARL 90 ist bereits für die wichtigsten UNIX-Betriebssysteme wie AIX, HP-UX, Interactive UNIX, REAL/IX, SCO-UNIX, SOLARIS, SORIX 386 und SunOS verfügbar und auch für die weit verbreiteten Betriebssysteme OS/2 2.x, RMX III und VMS. Weitere Portierungen sind für OSF/1 und Windows NT vorgesehen.

Literatur

[DIN 82]
   DIN 66253, Teil 2: Programmiersprache PEARL. Full PEARL. Beuth Verlag, Berlin 1982.

[GI 93]
   PEARL 90 Sprachreport. GI-Fachgruppe 4.4.2 "Echtzeitprogrammierung, PEARL".

[Warzawa 90]
   Neue Implementierungswege mit PEARL 90. In: Informatik Fachberichte 262, PEARL 90 Workshop über Realzeitsysteme. Springer Verlag, 1990.

[Werum 93]
   PEARL 90. Benutzerhandbuch für UNIX-Systeme. Werum GmbH, Lüneburg.

Homogener Entwurf einer Rechnerkernarchitektur für harte Echtzeitanforderungen

Hans-Peter Meske[1]

FernUniversität
Fachbereich Elektrotechnik
58084 Hagen

Basierend auf früheren Arbeiten wird derzeit eine an den speziellen Echtzeitbedürfnissen orientierte Prozessorarchitektur entwickelt. Es handelt sich dabei um eine RISC-Architektur mit modular aufgebauter CPU. Die einzelnen Module sind ein Kernprozessor, ein Task-Prozessor, ein Speichermodul sowie eine Steuereinheit für den internen und externen Datenaustausch. Durch Integration mehrerer Variablenfelder mit direktem Zugriff von der ALU aus wird die Notwendigkeit von Datenspeicherzugriffen eingeschränkt und die für die Prozeßumschaltung notwendige Zeit drastisch verkürzt. Betriebssystemfunktionen, Zuteilung sowie Zeitverwaltung und Unterbrechungsbehandlung werden vom Kernprozessor wahrgenommen, was den Task-Prozessor zugunsten seiner eigentlichen Aufgaben entlastet und häufige Kontextwechsel vermeidet. Insgesamt wird durch die Modularisierung und die damit gewonnene Parallelität der normalerweise sequentiell ausgeführten Programm-, Betriebssystem- und Speicheroperationen eine erhebliche Geschwindigkeitssteigerung erreicht, ohne jedoch das vorrangige Entwurfsziel — völlige Determiniertheit des Verarbeitungsverhaltens — aus den Augen zu verlieren.

1 Einführung

Die Forschung der letzten Jahre im Bereich der Echtzeitsysteme hat die aus heutiger Sicht unzutreffende Annahme widerlegt, daß Echtzeitverarbeitung notwendigerweise äquivalent mit hoher Verarbeitungsgeschwindigkeit sei. Die spezifische Qualität ist nicht das Zeitverhalten selbst, sondern die sichere Beherrschung desselben durch präzise Vorhersage und Steuerung des Zeitbedarfs auch komplexer, verteilter Prozesse. Damit sind nicht nur die logischen Ergebnisse von Berechnungen, sondern auch die Einhaltung der dafür vorgegebenen Zeitschranken Parameter, von denen die Korrektheit eines Systems entscheidend abhängt.

Das soll nun nicht heißen, daß eine hohe Verarbeitungsgeschwindigkeit per se die Handhabbarkeit eines Rechensystems verringert, jedoch führen die meisten Maßnahmen zur Geschwindigkeitssteigerung und/oder Mängelverwaltung wie Caching, virtuelle Adressierung oder asynchrone Kommunikationsprotokolle ein Maß an Nichtdeterminiertheit ein, wie es für sicherheitsgerichtete Echtzeitsysteme nicht mehr vertretbar ist.

---

[1]Dieser Artikel wurde während eines Gastaufenthaltes des Autors am Real-Time Computing Laboratory des New Jersey Institute of Technology, Newark, angefertigt.

Unter einem sicherheitsgerichteten Echtzeitsystem verstehen wir ein Rechensystem, das per Konstruktion die Berechnung des Zeitverhaltens bzw. die Bestimmung, ob ein Prozeß innerhalb einer vorgegebenen Zeitschranke terminieren kann, ermöglicht. Unter Zuteilung ist in diesem Zusammenhang die Ermittlung einer Prozeßorganisation bzw. eines Belegungsplanes zu verstehen, der für jeden Prozeß eines Echtzeitprogrammes die Einhaltung der Zeitvorgaben garantieren kann (sofern sichere Zeitabschätzungen der einzelnen Prozesse möglich sind und ein solcher Plan überhaupt existiert). Ein Verfahren, das dies leistet, wurde 1987 unter dem Namen "Zuteilbarkeitsanalyse" von Stoyenko vorgestellt [3,7].

Unverzichtbare Voraussetzung für die geforderte Kontrolle über ein Gesamtsystem ist die Kontrolle über jedes einzelne seiner aktiven Module. Damit sind hier alle Systemebenen, vom Prozessor über das Betriebssystem bis hin zur entsprechenden Anwendung angesprochen. Das heißt, daß man entweder auf dem obersten Niveau alle Nichtdeterminiertheiten deaktivieren muß, indem man die nichtdeterministischen Systemanteile "stillegt", oder aber die gewünschten Eigenschaften schon beim Entwurf der einzelnen Systemebenen sicherstellt [7].

Die Motivation für die Konzipierung eines echtzeittauglichen Gesamtsystems ergibt sich aus der unbefriedigenden Tatsache, daß trotz aller Fortschritte, die die Software zweifelsohne gemacht hat, der Hardware-Aspekt in der Echtzeitforschung vernachlässigt wurde. Die Echtzeittauglichkeit (im obigen Sinne) der zugrunde liegenden Plattformen wurde häufig implizit vorausgesetzt. Nun ist aber das Zeitverhalten konventioneller Hardware-Plattformen — in erster Linie bedingt durch ihre Komplexität — nur schwer bis überhaupt nicht vorhersagbar. Dies motiviert die Aufgabenstellung, eine streng deterministische, möglichst einfach gehaltene Rechnerarchitektur zu entwerfen, die alle Anforderungen an ein sicherheitsgerichtetes Echtzeitsystem unterstützt.

2 Architektur

Die allgemeinen Anforderungen an ein Echtzeitsystem sind, daß es

- zeitgebunden,

- vorhersagbar/deterministisch im Verhalten,

- zuverlässig/robust,

- fehlertolerant,

- modular,

- flexibel und

- einfach

sein soll [4]. Letztere Forderung ist besonders im Hinblick auf die Tatsache wichtig, daß die meisten Echtzeitsysteme in sicherheitsrelevanten Umgebungen eingesetzt werden und damit mehr als andere auf rationell durchzuführende Validierung angewiesen sind. Damit wird einmal mehr die Notwendigkeit von Systemen möglichst geringer Komplexität untermauert.

Ein Konzept für eine unter vorgenannten Leitlinien entworfene Architektur wurde in [2,3] vorgestellt. Sie besteht i.w. aus vier Modulen:

- Speichermodul,

- Kommunikationssteuereinheit,

- Kernprozessor und

- Task-Prozessor.

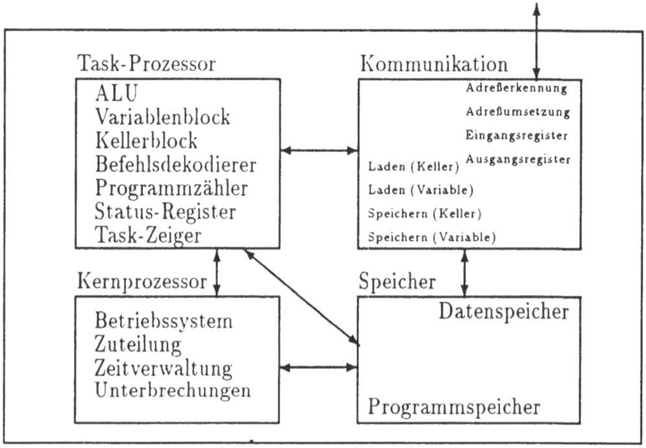

Abbildung 1: Architekturkonzept

2.1 Speichermodul

Im Speichermodul befinden sich Programm- und Datenspeicher, allerdings im Gegensatz zum von-Neumann-Prinzip in getrennten Bereichen. Der Programmspeicher ist zum Schutz vor Selbstveränderung als ROM-Modul implementiert und wird von Kern- und Task-Prozessor kontrolliert. Der Datenspeicher mit getrennten Speicherbereichen für die Inhalte von Variablenblöcken (typgebundene Variable), der Kellerdatei verdrängter Prozesse (Rücksprungadressen, Statuswörter) sowie eines allen Prozessen zugänglichen Kommunikations- (eigentlich Kooperations-) Bereiches ist als Standard-RAM vorgesehen und wird ausschließlich von der Kommunikationssteuereinheit überwacht. Daten- und Programmspeicher sind als separates Modul konzipiert, da sie die einzigen applikationsgebundenen Teile der Architektur sind.

2.2 Kommunikationssteuereinheit

Die Kommunikationssteuereinheit ist ebenfalls zweigeteilt. Die für die interne Kommunikation zuständige Komponente gewährleistet in einer für den aktiven Prozeß unsichtbaren Weise den Datenaustausch zwischen dem Datenspeicher und den für den Task-Prozessor direkt zugreifbaren Registern, die als Variablen- bzw. Kellerblöcke organisiert sind, über einen separaten, seriellen Datenbus.

Die für die externe Kommunikation zuständige Komponente hat den Datenaustausch mit Peripheriegeräten sowie mit anderen, gleichartigen Rechnerknoten in zeitlich vorherbestimmbarer Weise abzuwickeln. Die Suche nach einem "eleganten", deterministischen Kommunikationsprotokoll, das bei ausreichender Geschwindigkeit und mit begrenzten Speicherressourcen im schlechtesten Fall Zeiten garantieren kann, die möglichst nahe an der durchschnittlichen Zeit für einen Kommunikationsvorgang liegen, um damit präzise Zeitabschätzungen zu ermöglichen, ist einer der Brennpunkte des Interesses in der Echtzeitforschung.

Bewährte Protokolle, wie z.B. CSMA/CD bei Ethernet, versagen hier, da man im Falle einer möglichen wiederholten Kollision keine Zeitschranke für ein Telegramm garantieren kann. Die logisch einfachste Lösung einer Netzstruktur, die für je zwei potentielle Kommunikationspartner eine physikalische Verbindung vorsieht, scheidet in den meisten Fällen aus Aufwands- und Kostengründen aus. Stern- und Würfelstrukturen, also Store-and-Forward-Protokolle, stoßen durch die Beschränktheit des Speicherplatzes, Semaphor- und Routingprobleme an ihre Grenzen. Am ehesten für die Echtzeitkommunikation geeignet erscheint der klassische Token-Ring zu sein, der allerdings nur bei starkem Kommunikationsaufkommen aller Partner eine entsprechende Vorhersagequalität gewährleistet. Im nächsten Kapitel wird ein Verfahren geschildert, das für die meisten Anwendungsfälle gute Ergebnisse liefert.

2.3 Kernprozessor

Der Kernprozessor hat die Aufgabe, Betriebssystemfunktionen wahrzunehmen. Dazu gehören in erster Linie Prozeßverwaltung, (Zuteilbarkeitsanalyse und Prozeßzuteilung), Zeitverwaltung (Systemzeitregister; in vernetzter Struktur mit anderen aktiven Knoten zu synchronisieren), Ereignisbehandlung (Reaktion auf Statusänderungen, Zeitbedingungen und Unterbrechungen) und Handhabung von Überlastsituationen durch allmähliche Leistungseinschränkung. Durch diesen "administrativen Koprozessor" wird der in Einprozessoranlagen übliche häufige Kontextwechsel zur Betriebssystemunterstützung vermieden, der Task-Prozessor für seine eigentlichen Aufgaben entlastet und die asynchron eintreffenden Unterbrechungen synchronisiert, indem sie, mit Zeitstempeln versehen, in Polling-Registern abgespeichert werden. Der wesentliche Vorzug dieses Konzeptes besteht in einer erheblichen Steigerung der Verarbeitungsgeschwindigkeit, ohne daß dies Einfluß auf die Sicherheit der zeitlichen Vorhersagen hätte. Im Gegenteil, die Gefahr, daß ein kritischer Prozeß seine Zeitschranke dadurch verpaßt, daß seine Zuteilung zusätzlich Zeit benötigt, besteht mit dieser Architektur nicht.

2.4 Task-Prozessor

Der Task-Prozessor ist der eigentliche "Arbeiter". Er führt den Code der Prozesse ohne den sonst üblichen Betriebssystem-, Unterbrechungs- und E/A-Aufwand aus. Aus den oben erwähnten Gründen galt es, im Spannungsfeld zwischen Programmierkomfort, Komplexität, Echtzeitunterstützung und Verifizierbarkeit des Entwurfs eine möglichst einfach strukturierte Lösung zu finden, die jedoch die wesentlichen Anforderungen an ein realisierbares System erfüllt. Der Entwurf erfolgte nach RISC-Leitlinien. Dies impliziert die Ausstattung mit einem minimalen Befehlssatz, der zwar den auszuführenden Code verlängert, jedoch die Validierung der Architektur und die präzise Vorhersage des Zeitverhaltens von Prozessen deutlich erleichtert [1]. Der Aufbau des Task-Prozessors, sein Befehlssatz und seine Funktionalität werden im 4. Kapitel dieses Artikels ausführlich beschrieben.

3 Kommunikation

Wie schon im vorhergehenden Kapitel erwähnt, besteht die Kommunikationssteuereinheit aus zwei Untermodulen, deren Funktionen die architekturinterne und die periphere, externe Kommunikation sicherstellen.

Der Mechanismus für die interne Kommunikation arbeitet wie folgt. Wird ein Prozeß verdrängt, so wechselt der Task-Zeiger (das ist das Register, welches den Variablenblock des gerade in Bearbeitung befindlichen Prozesses referenziert) entsprechend. Während der Task-Prozessor nun eine andere Task bearbeiten kann, werden die Ergebnis-, Status- und Programmausführungsparameter des alten Prozesses in den korrespondierenden Bereich des Datenspeichers übertragen. Das geschieht somit parallel zur Bearbeitung des nächsten Prozesses und ohne den Task-Prozessor zu belasten. Steht ein Prozeß zur Ausführung an (unabhängig davon, ob der vorhergehende terminiert oder verdrängt wird), so stößt der Kernprozessor "rechtzeitig" vorher den umgekehrten Vorgang, also das Laden entsprechender Parameter aus dem mit dem neuen Prozeß korrespondierenden Bereich im Datenspeicher in einen der Variablen-/Kellerblöcke, an. Durch die Tätigkeit der Kommunikationssteuereinheit ergibt sich für jeden Prozeß eine minimale Verweildauer als aktiver, d.h. dem Task-Prozessor zugeteilter, Prozeß.

Zum Verständnis des Konzepts für die externe Kommunikation bedarf es einer kurzen Vorüberlegung. Ein wesentliches Merkmal eines sicherheitsgerichteten Systems ist, daß es keine Überraschungen in Form dynamischer, nicht vorhersehbarer Aktionen gibt. Damit sind also auch alle möglichen Kommunikationsobjekte, d.h. Art, Umfang, Absender sowie Empfänger aller über externe Kommunikationsverbindungen auszutauschenden Daten im voraus bekannt. Wir nennen diese Daten im folgenden "relevante Werte". Die Idee ist nun, bei der Konfigurierung eines Systems für jeden relevanten Wert, der an die Umgebung geschickt wird, und jeden, der von anderen Knoten oder Peripheriegeräten empfangen wird, ein Ausgangs- bzw. Eingangsregister vorzusehen. Jedes dieser Register enthält an definierter Stelle einen Zeitstempel, d.h. einen Speicher für die Systemzeit, der Aussagen über die Aktualität des enthaltenen relevanten Wertes ermöglicht. Dieser

Zeitstempel kann nur vom Absender und nur beim Überschreiben eines Wertes im eigenen Ausgangsregister aktualisiert werden. Wird jeder Knoten und jedes Peripheriegerät mit solch einer gleichgearteten Steuereinheit ausgestattet, so erhalten wir damit eine Menge von Kommunikationspartnern, von denen jeder die für ihn relevanten Werte in einem Eingangsregister abholen- bzw. in einem Ausgangsregister ablegen kann. Damit ist lokal ein hinreichend schneller Zugriff (in derselben Zeit wie beim Datenspeicherzugriff) auf die relevanten, externen Werte gewährleistet.

Es verbleibt die Aufgabe, die Register hinreichend schnell zu aktualisieren. Im Falle der Ausgangsregister ist das unproblematisch. Sie werden über eine Adresse wie jede Stelle im Datenspeicher angesprochen (mit dem Unterschied, daß die aktuelle Systemzeit ebenfalls festgehalten wird). Auch die Eingangsregister werden von seiten der Applikation wie Stellen im Datenspeicher angesprochen. Je nach Datentyp sind mehrere Ladebefehle notwendig, um den gesamten relevanten Wert zu lesen, mindestens jedoch zwei, nämlich für Parameter und Zeitstempel.

Die interessanteste Aufgabe war der zeitlich definierte, externe Datenaustausch. Er erfolgt über einen Bus mit Token-Ring-Protokoll. Sobald ein Teilnehmer das Token erhält, sendet er seine gesamten Ausgangsregister als Broadcast-Paket über den Bus. Jeder andere Busteilnehmer empfängt das gesamte Paket (respektive kopiert es) und entnimmt die für ihn relevanten Werte. Um das so durchführen zu können, besitzt jeder relevante Wert eine globale "Adresse" (eigentlich ein Bezeichner), die systemweit eindeutig ist. Jede Kommunikationssteuereinheit benötigt wiederum einen Erkennungsmechanismus sowie eine Adreßumsetzung, um die für den Busteilnehmer relevanten Werte zu identifizieren und ihnen ihre lokalen Adressen zuzuweisen. Sei T die (im voraus bekannte) maximale Token-Umlaufzeit [6], so wird jeder relevante Wert in jedem Eingangsregister im System mit der Minimalfrequenz $\frac{1}{T}$ aktualisiert (der jeweils beim Absender neueste, verfügbare Wert wird übertragen, was jedoch nichts über die absolute Aktualität eines Wertes aussagt).

Die dem Verfahren zu Grunde liegende Überlegung ist, daß die Aktualität (das "Alter") der somit lokal zugreifbaren relevanten Werte für die Mehrzahl der Parameter in einer realen Anwendung ausreicht. Ein Meßwert, wie z.B. die Temparatur eines Heizkessels, ist auch 10 ms nach der Messung noch interessant. Für diesen Fall haben wir aus Sicht der Applikation einen lokalen Speicherzugriff an Stelle eines Kommunikationsvorganges. Für extrem zeitkritische Werte wird zunächst anhand des Zeitstempels überprüft, ob das Alter der Daten den Anforderungen genügt. Wenn nicht geht der Prozeß in eine Abfrageschleife über, um nach einer Zeitdauer von maximal T den aktuellsten Wert auslesen zu können. Damit ist die Vorhersage für die maximale Zeitdauer des Lesens eines unkritischen relevanten Wertes gleich der Dauer für das Lesen einer Variablen im Datenspeicher. Die obere Zeitschranke für das Lesen eines zeitkritischen Wertes ist durch T gegeben.

Die auf unterschiedlichen Knoten laufenden Prozesse sind durch ihre Kommunikationsregister voneinander entkoppelt und brauchen somit nicht synchronisiert zu werden. Lediglich die Ausgabe/Eingabefrequenz zweier miteinander kommunizierender Prozesse sollte natürlich aufeinander abgestimmt sein. Sollte eine Anwendung eine engere Kopplung zweier verteilter Prozesse erfordern, so ist dies auf Aplikationsebene zu implementieren. Das Ziel, den zeitlich vorherbestimmbaren Datenaustausch zu gewährleisten, ist erreicht und dadurch, daß die meisten Werte lokal und ohne Wartezeit gelesen werden können, verbessert sich die Qualität der Vorhersage drastisch.

Die Entwicklung dieses Ansatzes ist ein Teil unserer gegenwärtigen Arbeiten. Darüberhinaus wird noch zu untersuchen sein, inwieweit man Fehlertoleranzmaßnahmen einführen kann, ohne damit die Qualität der a-priori-Zeitabschätzung zu beeinflussen.

4 Task-Verarbeitung

Die klassische Funktion eines Prozessors besteht in der linearen Abarbeitung von Programm-Code, die aber in konventionellen Mehrprozeßarchitekturen immer wieder von administrativen Operationen unterbrochen wird. Dadurch, daß hier Betriebssystemoperationen, Zuteilung, Zeitverwaltung und Unterbrechungsbehandlung vom Kernprozessor wahrgenommen werden, sowie durch das Konzept der asynchronen internen und externen Kommunikation wird der Task-Prozessor zugunsten seiner eigentlichen Aufgaben entlastet und kann diese mit wenigen, einfachen Bausteinen erfüllen.

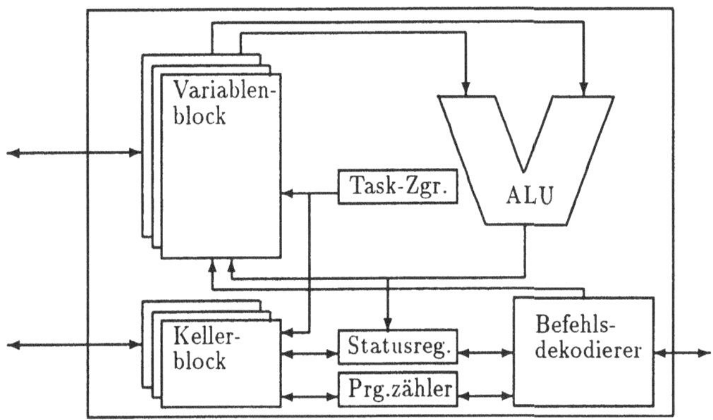

Abbildung 2: Task-Prozessor

Zum Task-Prozessor gehören folgende Komponenten.

ALU: In der arithmetisch-logischen Einheit werden Additionen und Subtraktionen je zweier ganzer Zahlen durchgeführt. Die Operanden werden aus einem Variablenblock gelesen und das Ergebnis wieder dort hineingeschrieben. Eine Operation dauert drei Taktzyklen: (1) Befehlsdekodierung, Operandenadreßdekodierung und Lesen der Operanden aus dem Variablenblock; (2) Durchführung der arithmetisch-logischen Funktion; (3) Ergebnisadreßdekodierung und Speicherung des Ergebnisses im Variablenblock. Subtraktionen werden durch Addition des Zweierkomplementes des zweiten Operanden durchgeführt. Wenn man die einzelnen Bits invertiert und das dafür notwendige Steuersignal gleichzeitig auf den Übertragseingang des niederwertigsten Bits legt, hält sich die Verzögerung im Bereich weniger Nanosekunden, so daß der Zeitbedarf von Subtraktionen i.w. dem der Additionen entspricht. Addition und Subtraktion finden in einem Restklassenring bzgl. einer Primzahl statt, der als endlicher Körper in Bezug auf alle vier Grundrechenarten abgeschlossen ist, wodurch Ausnahmebedingungen durch Über- und Unterläufe vermieden werden. Über- und Unterläufe bzgl. der klassischen Arithmetik werden durch Setzen entsprechender Bits im Statusregister signalisiert. Ob die Werte vorzeichenbehaftet oder ausschließlich positiv sind, ist reine Interpretationssache und völlig unabhängig von der Hardware.

Programmzähler: Der Programmzähler ist ein Register, dessen Wert auf die aktuelle Stelle der Programmausführung zeigt. Er kann nur absolut und nur vom Programm-Code (Sprung in ein Unterprogramm), vom Kellerblock (Rückkehr aus einem Unterprogramm) oder vom Inkrementierer (PC:=PC+1) geladen werden. Programmzählerrelative Sprünge (PC:=PC+VAR), wie sie in Architekturen, bei denen ein Programm an beliebiger Stelle im Hauptspeicher stehen kann, üblich sind, werden hier aus Sicherheitsüberlegungen ausgeschlossen.

Statusregister: Das Statusregister faßt Signalisierungs-Bits bestimmter Ereignisse zusammen und repräsentiert die aktuelle Zustandsinformation des laufenden Prozesses. Dies ist besonders für bedingte Sprünge wichtig. Neben der arithmetischen Standardinformation (Übertrag, Überlauf, Null, Negativ u.ä.) enthält es Angaben über anstehende Unterbrechungssignale, die somit dem aktiven Prozeß zugänglich sind, ohne jedoch seine Ausführung zu stören oder zu verzögern. Das Statusregister wird bei Verdrängung oder bei Unterprogrammaufruf zusammen mit dem Programmzähler und der aktuellen Systemzeit in den Keller gerettet.

Variablenblock: Der Task-Prozessor besitzt mindestens zwei gleichgeartete Variablenblöcke. Jeder Variablenblock enthält einen Satz adressierbarer Register, auf die die ALU direkten Zugriff hat. Hier befinden sich alle variablen Werte, mit denen ein Prozeß arbeitet. Ein Register im Variablenblock kann nur durch die Kommunikationssteuereinheit (vor der Aktivierung des Prozesses) oder als Zielregister eines Lade- oder arithmetischen Befehls verändert werden. Neben dem Parameter selbst enthält jedes Register die Kennung des gespeicherten Datentyps. Jeder Prozeß erhält bei der Konfigurierung einen eigenen Bereich im Datenspeicher, in den sein Variablenblock bei Verdrängung oder Terminierung gerettet wird bzw. aus dem er vor der Aktivierung des Prozesses geladen wird.

Kellerblock: Kellerblöcke sind genauso häufig vorhanden wie Variablenblöcke und werden von der Kommunikationssteuereinheit ähnlich behandelt (d.h. Abspeichern bei Verdrängung bzw. Laden vor Prozeßaktivierung). Sie bestehen im Gegensatz zu Variablenblöcken aus nicht adressierbaren Schieberegistern, in die beim Unterprogrammaufruf der Programmzähler, das Statuswort und die Systemzeit gerettet werden ("push"-Operation). Bei Beendigung eines Unterprogramms wird die vorgenannte Information wieder ausgelesen ("pop"-Operation).

Task-Zeiger: Der Task-Zeiger existiert in drei Ausführungen für den vorhergehenden, den gegenwärtigen und den nächsten Prozeß. Er enthält einen Bezeichner des entsprechenden Prozesses und einen Zeiger auf den zugehörigen Variablen- und Kellerblock. Er zeigt damit auf die zu leerenden, die aktuellen und die zu füllenden Blöcke.

Befehlsdekodierer: Der Befehlsdekodierer ist die Schnittstelle zum Steuerwerk des Prozessors. Hier wird der Befehls-Code aus dem Programmspeicher in Steuersignale umgesetzt. Der Dekodierer kann sieben verschiedene Befehle verarbeiten:

Load: Load ist ein Lesebefehl im Zweiadreßformat: "Lade Parameter von [Adresse im Datenspeicher] in [Adresse im Variablenblock]". Gelesen wird ein Parameter (mit Datentyp) entweder aus dem Datenspeicher oder aus einem der Eingangsregister der Kommunikationssteuereinheit, die sich den verfügbaren Adreßraum teilen. Alternativ dazu kann auch eine Konstante direkt aus dem Programm-Code übernommen werden. Die Befehlsdauer beträgt 2 Taktzyklen für (1) die Adreßdekodierung und (2) das Übernehmen des Parameters.

Store: Store ist der zu Load analoge Schreibbefehl: "Schreibe den Parameter aus [Adresse im Variablenblock] in [Adresse im Datenspeicher]. Geschrieben wird ein Parameter ausschließlich aus dem Variablenblock entweder in den Datenspeicher oder in eines der Ausgangsregister der Kommmunikationssteuereinheit. Auch hier kann absolut oder relativ adressiert werden. Die Befehlsdauer beträgt ebenfalls 2 Taktzyklen.

Add: Die Addition ist ein Dreiadreßbefehl, der zwei ganze Zahlen addiert: "Addiere [Operand-1] zu [Operand-2] und schreibe das Ergebnis in [Zieladresse]". Operand-1 und Zieladresse sind direkt oder indirekt adressierte Register im Variablenblock, Operand-2 kann auch eine Konstante sein. Das Ergebnis hat den selben Datentyp wie Operand-1 (wird als Kennung mit gespeichert). Die Addition erfolgt modulo einer Primzahl N, d.h. ein Überlauf wird zwar im Statusregister signalisiert, aber in keiner Weise interpretiert. Ist Operand-1 ein logischer Wert, so wird statt der Addition eine bit-weise Konjunktion ausgeführt. Die Operation dauert drei Taktzyklen (vgl. dazu Abschnitt ALU).

Sub: Sub ist die Inverse zu Add: "Subtrahiere [Operand-2] von [Operand-1] und schreibe das Ergebnis in [Zieladresse]. Die Subtraktion wird durch Addition des Zweierkomplementes von Operand-2 durchgeführt. Die Operanden sowie die Zieladresse können direkt oder indirekt adressiert sein, ein Überlauf wird im Statusregister vermerkt. Für logische Werte wird eine bit-weise "NAND"-Verknüpfung ausgeführt. Die Operation dauert drei Taktzyklen (vgl. dazu Abschnitt ALU).

Jump: Jump ist ein bedingter Verzweigungsbefehl. Er enthält eine Bedingung und eine absolute Adresse. "Wenn [Bedingung] erfüllt, dann rette Programmzähler und Statusregister in den Keller und lade Programmzähler mit [Adresse]". Mit dem Statusregister wird also das Ergebnis der letzten arithmetischen Operation oder ein anstehendes Unterbrechungssignal ausgewertet, um bei erfüllter Bedingung in ein Unterprogramm zu springen. Grundsätzlich sind nur Sprünge in Prozeduren erlaubt, die mit einem unbedingten Rücksprung — "Lade Programmzähler und Statusregister mit den letzten Werten aus dem Keller" — enden. Das erzwingt strukturierte Programmierung ohne "Goto"-Operationen (verhindert "Spaghetti-Code") und erleichtert die Zuteilbarkeitsanalyse erheblich. Die Jump-Operation dauert maximal drei Taktzyklen, und zwar (1) Vergleich der Bedingung im Befehl mit der Information im Statusregister, (2) Retten von Programmzähler und Statusregister in den Keller und (3) Laden des Programmzählers.

Wait: Wait ist im Prinzip ein "Jump"-Befehl, nur daß hier ein Zeitrahmen, eine Unterbrechungsklasse und eine Sprungadresse angegeben werden, und der Sprung nur durchgeführt wird, wenn das Unterbrechungssignal innerhalb des vorgegebenen Zeitrahmens ankommt und somit im Statusregister angezeigt wird. Anderenfalls wird der Programmzähler vom Inkrementierer mit der Folgeadresse geladen.

Time: schreibt die gegenwärtige Systemzeit aus dem im Kernprozessor befindlichen Systemzeitregister in ein direkt oder indirekt adressiertes Register im Variablenblock.

Dieser Befehlssatz ermöglicht den Transport von Daten sowohl intern als auch extern über eine deterministische Kommunikationsverbindung, arithmetische sowie logische Operationen, kontrollierte bedingte und unbedingte Verzweigungen, zeitlich beschränkte Warteschleifen zur Synchronisation mit Ereignissen und Zugriff auf die Systemzeit. Die Forderungen nach einem praktikablen, minimalen Befehlssatz, der

- in deterministischer Weise

- mit vorhersagbarem Zeitverhalten und

- unter Einbeziehung des Faktors "Zeit"

- bei Unterstützung von Hochsprachen

- in verteilten Umgebungen und

- unter speziellen Sicherheitsanforderungen

hinreichend schnell und komfortabel Echtzeitalgorithmen implementieren kann, sind damit erfüllt.

Auf die Implementierung von Multiplikation, Division, variablen Befehlslängen und Gleitkommaarithmetik wurde aus Komplexitätsgründen verzichtet. Die Einführung einer Instruktions-Pipeline, wie sie eigentlich typisch für RISC-Architekturen ist, ist auf Grund der Forderung nach strenger Determiniertheit mit Vorsicht zu handhaben. Untersuchungen, ob und wie eine dreistufige Pipeline in das Konzept zu integrieren ist, sind derzeit im Gange.

5 Zusammenfassung und zukünftige Arbeit

Im vorliegenden Artikel wurde eine modulare Architektur beschrieben, die auf die besonderen Anforderungen des asynchronen Mehrprozeßbetriebes in sicherheitskritischen Echtzeitsystemen zugeschnitten ist. Die voneinander unabhängigen Funktionen Prozeßverwaltung, Prozeßausführung, Ereigniserkennung und Kommunikation mit der Umgebung wurden verschiedenen, parallel arbeitenden Modulen zugeordnet, von denen hier zwei, die Kommunikationssteuereinheit und der Task-Prozessor, in Aufbau und Funktion eingehender beschrieben wurden. Durch Nutzung der "natürlichen" Parallelität der Funktionen trägt die Architektur zur Verringerung der Software-Komplexität bei gleichzeitiger Steigerung der Ausführungsgeschwindigkeit bei.

Schon beim Entwurf der ersten praktikablen Minimalkonfiguration wird in enger Zusammenarbeit mit den Entwicklern einer im Real-Time Laboratory des New Jersey

Institutes of Technology bereits bestehenden prototypischen Implementierung geklärt, welche Architekturcharakteristika in Bezug auf Kern, Betriebssystem, Übersetzer, Zeitabschätzung, Zuteilungsverfahren, Netzwerk, Analysewerkzeuge und Anwendungen und unter Berücksichtigung harter Echtzeitanforderungen notwendig, wünschenswert, überflüssig bzw. schädlich sind. Auch werden schon in diesem Stadium des Konzeptentwurfs bestimmte Realisierungskriterien ins Auge gefaßt, wie akzeptable Leistung, einfache Schnittstellen, Beschreibbarkeit der Logik in formalen Termen, Realisierbarkeit mit etablierter Halbleiter-Technologie, weitgehend automatisierbarer Entwurfsprozeß (Simulation, Testmustererzeugung) und einfache Testbarkeit ("Scan-Path Design") [2].

Das Ergebnis dieser Arbeiten (zusammen mit den bereits existierenden Software-Anteilen) wird der "bottom-up"-Entwurf eines vollständigen, homogenen und deterministischen Gesamtsystems für harte Echtzeitanforderungen sein, das als Plattform für entsprechende Anwendungen — per Konstruktion — die umfassende Steuerung und Kontrolle aller Prozesse gewährleistet. Damit wird die systematische Umsetzung theoretisch gewonnener Erkenntnisse und die Entwicklung geeigneter Applikationen ermöglicht.

Literatur

[1] P. Borst und H.-P. Meske: *Entwurf und Implementierung eines Prolog-RISC-Prozessors.* Universität Karlsruhe, Fakultät für Informatik, 1990.

[2] M. Colnarič und W.A. Halang: Architectural Support for Predictability in Hard Real Time Systems. *IFAC Control Eng. Practice,* 1, 1, 51 – 57, 1993.

[3] W.A. Halang und A.D. Stoyenko: *Constructing Predictable Real Time Systems.* Boston-Dordrecht-London: Kluwer Academic Publishers 1991.

[4] J.A. Heide und W.A. Halang: Performance Metrics for Real-Time Systems. *Informatik-Fachberichte 295,* 121 – 127, Berlin-Heidelberg-New York-Tokio: Springer-Verlag 1991.

[5] J. Kershaw: *The VIPER Microprocessor.* Technical Report 87014, Royal Signals and Radar Establishment, Malvern, Worcs. London: HMSO 1987.

[6] K.C. Sevcik und M.J. Johnson: Cycle Time Properties of the FDDI Token Ring Protocol. *IEEE Trans. on Software Eng..* SE-13, 3, 1987.

[7] J.A. Stankovic und K. Ramamritham: Editoral: What is Predictability for Real-Time Systems. *Real-Time Systems,* 2, 4, 246–254, 1990.

[8] A.D. Stoyenko: *A Real-Time Language with a Schedulability Analyzer.* Dissertation, Universität Toronto, 1987.